대규모 리액트
웹 앱 개발

BUILDING LARGE SCALE WEB APPS

Copyright ⓒ 2024 Addy Osmani and Hassan Djirdeh

대규모 리액트 웹 앱 개발

1판 1쇄 발행 2025년 2월 7일

지은이 애디 오스마니, 하산 지르데
옮긴이 김모세
펴낸이 장성두
펴낸곳 주식회사 제이펍

출판신고 2009년 11월 10일 제406-2009-000087호
주소 경기도 파주시 회동길 159 3층 / **전화** 070-8201-9010 / **팩스** 02-6280-0405
홈페이지 www.jpub.kr / **투고** submit@jpub.kr / **독자문의** help@jpub.kr / **교재문의** textbook@jpub.kr

소통기획부 김정준, 이상복, 안수정, 박재인, 송영화, 김은미, 배인혜, 권유라, 나준섭
소통지원부 민지환, 이승환, 김정미, 서세원 / **디자인부** 이민숙, 최병찬

진행 이상복 / **교정·교열** 김도윤 / **내지 디자인** 이민숙 / **내지 편집** 백지선 / **표지 디자인** 최병찬
용지 타라유통 / **인쇄** 해외정판사 / **제본** 일진제책사

ISBN 979-11-93926-97-0 (93000)
책값은 뒤표지에 있습니다.

제이펍은 여러분의 아이디어와 원고를 기다리고 있습니다. 책으로 펴내고자 하는 아이디어나 원고가 있는 분께서는
책의 간단한 개요와 차례, 구성과 지은이/옮긴이 약력 등을 메일(submit@jpub.kr)로 보내주세요.

대규모 리액트
웹 앱 개발

애디 오스마니, 하산 지르데 지음 / 김모세 옮김

제이펍

차 례

CHAPTER 1 시작하며 1

CHAPTER 2 소프트웨어 복잡성 관리하기 6

CHAPTER 3 모듈성 23

옮긴이 머리말 _____

우리는 항상 무엇인가의 문제를 해결합니다. 여러분은 그 문제 해결 수단으로 소프트웨어, 특히 이 책에서 다루는 웹 애플리케이션이라는 소프트웨어를 선택했습니다. 문제는 사소하거나 중요한 것, 혹은 간단하거나 복잡한 것일 수 있습니다. 시간이 지남에 따라 그 복잡성이 변하기도 합니다.

이런 변화에 큰 영향을 미치는 요소가 있습니다. 여러 사람이 같은 문제 해결에 참여한다는 점과 소프트웨어가 오랜 시간 계속해서 개발된다는 점입니다. 현재의 소프트웨어 개발은 몇 명, 몇십 명, 몇백 명의 협업을 통해 이루어집니다. 그리고 개발 인원과 관계없이 웹 애플리케이션은 시간이 지남에 따라 계속 진화합니다. 이것이 바로 **대규모 웹 애플리케이션**large-scale web application입니다.

변화에 영향을 미치는 요인이 많을수록 그 품질을 유지하기 위한 특별한 노력이 필요합니다. 이 책은 리액트를 활용한 대규모 웹 개발 관점에서 **확장 가능하고, 유지보수 가능하고, 좋은 성능을 발휘하는** 높은 품질을 유지하기 위한 특별한 노력에 관해 설명합니다. 본질적으로 복잡할 수밖에 없는 소프트웨어의 특성, 디자인 시스템, 데이터 가져오기, 상태 관리 등 핵심 개념부터 국제화, 개인화, 웹 아키텍처, 캐싱, 기술 마이그레이션, 타입스크립트, 테스팅까지 살펴봅니다.

다양한 영역을 다루는 만큼 정보의 양이 많고, 그래서 특정 시스템을 하나부터 열까지 구축하는 대신 개념과 패턴을 사용해 설명합니다. 이 책을 통해 뼈대가 되는 개념들을 익힌다면, 해결해야 할 문제에 적합한 방법들을 찾고 적용하는 데 길잡이가 될 것입니다.

지금 이 순간, 누구도 해결하지 못한 문제들을 풀고 있을 멋진 여러분을 응원합니다.

김모세

오늘날 웹이 점차 발전함에 따라 프런트엔드 개발자는 단순히 데이터를 보여주고 아름답게 꾸미는 것을 넘어 수많은 요구사항을 처리해야 하는 '대규모 웹 앱'을 만들게 됐습니다. 처음 대규모 웹앱을 마주한 개발자는 무엇을 알아야 하는지, 어떤 것이 정답인지 알 수 없어 혼란에 빠집니다. 왜 이런 일이 발생했을까요?

소프트웨어 설계와 관련된 자료에선 '은탄환은 없다'라는 표현을 자주 볼 수 있습니다. 이 말을 풀어서 써보자면 모든 상황에 딱 맞는 정답은 없으며 특정 상황에 맞는 정답을 찾아야 한다는 뜻입니다. '대규모 웹 앱'은 수많은 요구사항이 존재하며 이에 따라 엄청난 복잡성을 가집니다. 이 복잡성을 해결하기 위해서 상황과 조건, 요구사항에 맞는 정답을 스스로 찾아나가야 합니다.

소크라테스는 '모른다는 것을 아는 것이 중요하다'라고 했습니다. 하지만 수많은 정보가 쏟아지고 정답을 클릭 한 번에 찾을 수 있는 현대사회에선 정답을 찾아나가는 방법에 익숙하지 않은 경우가 많습니다. 《대규모 리액트 웹 앱 개발》은 '정답'을 알려주는 것이 아니라 '대규모 웹 앱'을 만들기 위해 '정답을 찾아가는 방법'을 알려줍니다. 이 책을 읽을 때는 단순히 읽고 넘어가는 것이 아니라 상황을 상상하고, 문제를 어떻게 해결할지 고민해보며 읽어보시길 바랍니다. 그렇게 한다면 이 책은 앞으로 여러분이 대규모 웹 앱을 마주할 때 든든한 밑거름이 되어줄 것으로 생각합니다.

이선협, 코발트 전 CTO

베타리더 후기 _____

 김호준(씨큐엔에이)

리액트를 사용하여 대규모의 웹 프런트엔드 서비스를 개발하는 데 필요한 최적의 가이드라인을 제시해주는 책입니다. 대규모 웹 서비스의 개발 및 유지보수에 필요한 도구, 디자인, 방법론을 꽤 친절하게 안내해주며, 해당 내용은 리액트라는 프레임워크에 국한되지 않고 웹 개발에 범용적으로 적용할 만하다고 생각됩니다.

김효진(에스지코드랩)

단순한 이론서를 넘어, 실제 개발 현장에서 직면하는 복잡한 문제들을 해결하기 위한 실용적인 가이드입니다. 상태 관리, 성능 최적화, 테스트, 배포 등 대규모 프로젝트에서 필수적인 요소들을 다루며, 리액트 쿼리 등 실제로 많이 사용되는 라이브러리 활용법까지 상세하게 설명합니다. 특히, 다양한 실제 케이스를 통해 이론을 적용하는 방법을 생생하게 보여주어, 독자들은 마치 숙련된 개발자와 함께 프로젝트를 진행하는 듯한 경험을 할 수 있습니다. 이 과정을 통해 대규모 웹 앱을 만들 준비가 될 뿐만 아니라, 개발자로서도 한층 더 성장할 수 있음을 느낄 수 있습니다.

문주영(스타트업 프런트엔드 개발자)

대규모 웹 앱을 만들 때 고려해야 할 기준을 제시합니다. 반드시 리액트가 아니더라도 대규모 웹 앱을 개발한다면 이 책에서 많은 도움을 받을 수 있습니다. 제일 큰 장점은 상황에 맞게 우선순위와 기준을 정할 수 있는 사항을 제시한다는 것입니다. 대규모 웹 앱을 만드는 다양한 상황에 맞춰 그 중요도를 부분별로 알려주는 친절한 책입니다. 리액트로 개발하는 모든 개발자를 한 단계 성장시킬 수 있는 매우 유용한 도서라고 생각합니다.

양성모(현대오토에버)

깊이 있는 내용을 다루고 있는 책입니다. '리액트'의 기술적 측면보다는 '대규모 웹 앱'을 개발할 때 검토해야 할 대부분의 내용을 다루고 있습니다. 백엔드를 주로 다루는 개발자이더라도 한 번쯤 읽어보면 좋을 것 같습니다. 번역이 잘되어 있고 문장도 읽기 편했던 것 같습니다. '더 읽을 거리' 부분도 도움이 되었습니다.

 유정원(아이스캔디)

리액트와 관련된 다양한 주제를 깊이 있게 다루며, 복잡한 웹 애플리케이션을 다루기 위한 실용적이고 체계적인 접근법을 제공합니다. 타입스크립트와 같은 최신 기술을 리액트와 결합해 어떻게 확장 가능한 시스템을 구축할 수 있는지에 대한 통찰을 얻을 수 있었습니다. 대규모 프로젝트에 참여하는 프런트엔드 개발자에게 매우 유용한 책이라고 생각합니다. 다소 직역투라 이해가 어려운 표현들이 있지만 도움이 되는 내용들이 가득해서 유용했습니다.

 이한섭(밀리의서재)

리액트의 기초부터 마이그레이션, 테스트, 인프라, 협업, 보안 등 다양한 주제를 다룬 포괄적 가이드입니다. 프런트엔드 개발자를 넘어, 개발 리더에게 유용한 아이디어와 실용적인 전략을 제공합니다. 프로젝트에 큰 기여를 할 수 있는 내용을 담은 도서로서, 주니어 개발자부터 리더급 개발자까지 모두에게 추천하는 바입니다.

머리말 _____

웹 애플리케이션이 점점 복잡해지고 풍부한 기능을 갖추게 되면서 개발자들은 많은 압력에서도 부서지지 않고 확장성이 있으며 유지보수 가능한 시스템을 구축하는 방법을 고려해야만 하게 되었다. 대규모 웹 애플리케이션을 구축하는 것은 도전적인 과업이다. 이 과업을 달성하기 위해서는 **확장 가능하고, 유지보수 가능하고, 좋은 성능을 발휘하는** 애플리케이션을 세심하게 계획하고 구현해야 한다.

이 책은 일련의 도구와 기술을 제안하기 위한 목적으로 썼다. 이 책에서 소개하는 도구와 기술을 활용하면 **리액트를 사용해** 대규모의, 유지보수 가능한, 확장성을 가진 자바스크립트 웹 애플리케이션을 구축하는 도전에 성공할 수 있을 것이다. 이 책에서 제시하는 많은 아이디어는 보다 넓은 영역에도 적용할 수 있다.

책의 전반부에서는 본질적인 요소들에 관해 살펴본다. 실질적인 예시를 통해 이들을 다룰 것이다. 가장 먼저 **소프트웨어 복잡성을 관리하는 방법**의 기본에 관해 살펴보고, 이후 **디자인 시스템, 데이터 가져오기, 상태 관리** 같은 핵심 개념에 관해 살펴본다. 여러분은 이를 통해 리액트 애플리케이션을 구조화하는 방법, 효과적으로 확장하는 방법에 관해 이해하게 될 것이다. 전반부를 마무리하면서 **번역**과 **국제화, 폴더와 파일을 깔끔하게 구조화하는 방법** 등에 관해 살펴본다.

책의 후반부에서는 보다 세련된 영역으로 뛰어든다. 이 영역의 지식은 풀 스케일 애플리케이션 개발을 위해 필수적이다. 여기에서는 **개인화의 어려움, A/B 테스팅, 확장 가능한 웹 아키텍처**, 그리고 **캐싱 전략**에 관해 살펴본다. **기술적 마이그레이션**에 접근하는 방식에 관해 학습하고, 이를 활용하면 애플리케이션을 최신의 유지보수 가능한 상태로 유지할 수 있다. 마지막으로 리액트 코드를 '안전하게' 만드는 데 도움을 주는 **타입스크립트**의 장점과 **테스팅**의 중요성에 관해 논의한다.

이 책은 반드시 처음부터 끝까지 순서대로 읽지 않아도 된다. 책의 각 장은 하나의 주제를 **독립적**으로 다룬다. 그러므로 여러분이 가장 흥미를 가진 부분, 혹은 현재 진행하고 있는 프로젝트에서 직면한 문제와 가장 관련된 부분부터 읽어도 좋다.

우리는 대규모 애플리케이션을 구축하는 데 필요한 가이드를 만들고자 노력했지만, 웹 개발의 지평은 매우 넓고 지금 이 순간에도 진화를 거듭하고 있다. 여러분의 개인적인 성장 혹은 프로젝트의 필요성에 따라 더 많은 주제 또는 특정한 영역을 보다 깊이 다뤄야 할 가능성 또한 충분히 있을 수 있다.

이 책의 주제 중 저자들이 충분히 다루지 못한 부분이 있다고 생각되거나 다루면 좋겠다고 생각되는 주제가 있다면 언제든지 제안해주기를 바란다. 피드백 채널[1]에 의견을 남겨달라. 여러분이 남기는 의견은 이 책을 업데이트하고 확장하는 데, 그리고 결과적으로 여러분에게 더 좋은 지식을 전달하는 데 도움이 될 것이다.

우리는 이 책을 계속 업데이트하고 새로운 내용을 추가할 것이다. 업데이트되는 내용에 관심이 있다면 뉴스레터[2]를 구독하자.

마지막으로 이 책에 담긴 지식들은 그저 이론에서 끝나지 않는다. 이 지식들은 매우 실용적인 툴킷이므로 이를 활용하면 보다 강건하고, 효율적이고, 확장 가능한 리액트 애플리케이션을 만드는 데 큰 힘이 될 것이다. 준비되었는가? 그럼 뛰어들어보자!

---

1 https://bit.ly/largeapps-feedback
2 https://largeapps.substack.com/

CHAPTER 1

시작하며

웹 애플리케이션이 점점 복잡해지고 풍부한 기능을 갖추게 되면서 개발자들은 많은 압력 아래에서도 부서지지 않는, 확장성이 있고, 유지보수 가능한 시스템을 구축하는 방법을 고려해야만 하게되었다. 이 책에서는 자바스크립트JavaScript(보다 구체적으로는 리액트React) 콘텍스트 안에서 이런 대규모 애플리케이션을 구축하기 위해 필요한 몇 가지 핵심 원칙과 전략에 관해 살펴본다.

'대규모' 웹 애플리케이션이란 무엇인가?

먼저 '대규모large-scale' 애플리케이션의 의미를 정의하는 것이 도움이 될 것이다. 수년 전, 우리는한 실험의 일환[1]으로 몇몇 중급 개발자들에게 대규모 자바스크립트 애플리케이션이 무엇인지에관해 정의해달라고 요청했다. 어떤 개발자는 '100,000 LoClines of code를 초과하는 자바스크립트애플리케이션'이라 대답했고 또 다른 개발자는 '직접 작성한 자바스크립트 코드의 용량이 1 MB를초과하는 애플리케이션'이라 제안했다. 그 밖에 다양한 제안들이 있었지만 우리는 이 두 가지 제안이 모두 **부정확하다**고 생각했다. 코드베이스 크기와 애플리케이션 복잡도 사이에 항상 상관관계가 존재하지는 않기 때문이다. 100,000 LoC의 코드도 대단히 사소한trivial 코드가 되기 쉽다.

우리는 대규모 웹 애플리케이션을 정의하는 가장 쉬운 방법이 다음과 같다고 생각한다. 수십 명혹은 그 이상의 엔지니어로 구성된 대규모 팀에 의해 개발되었거나, 소규모 팀에 의해 개발되었지

---

[1] https://addyosmani.com/largescalejavascript/

만 시간이 지남에 따라 계속 진화하는 웹 애플리케이션, 혹은 이 두 가지 성격을 모두 가진 애플리케이션을 대규모 애플리케이션이라 정의한다. 즉, 대규모 웹 애플리케이션은 유지보수에 개발자의 **상당한** 노력을 요구하는, **사소하지 않은**non-trivial 애플리케이션이라 할 수 있겠다.

대규모 애플리케이션을 개발하는 데는 많은 도전이 따른다. 이는 팀을 관리하기 위해 요구되는 복잡성과 시간이 지나면서 소프트웨어 품질에 영향을 주는 그룹의 역할 때문이다. 이런 애플리케이션을 구축할 때에는 소프트웨어 설계의 미묘한 이동에 상당한 주의를 기울여야 한다. 이런 미묘한 변화가 상당히 주요한 결과로 이어질 수 있기 때문이다. 궁극적으로 대규모 애플리케이션을 성공적으로 개발하기 위해서는 좋은 소프트웨어 설계는 물론 효과적인 팀 구성 및 조직이 요구된다.

이 문제를 다루기 위해 추상화와 근본적인 기반은 얼마나 중요한가?

대규모 웹 애플리케이션을 구축하는 데에 **올바른 추상화의 선택은 매우 중요하다**. 이 선택은 여러분이 일하는 필드에 있는 다른 개발자들의 문제 접근법을 예상하는 것, 여러분이 무언가를 알지 못하고 있는 시점을 깨닫는 것을 포함한다. 추상화는 프레임워크, 라이브러리, 플랫폼 위에 구축된 다른 헬퍼 계층을 포함할 수 있다. 또한 잘못된 추상화를 피하기 위해서는 "잘못된 추상화보다는 추상화가 없는 편이 낫다"[2]라는 아이디어를 포용하는 것도 매우 중요하다. 잘못된 추상화는 불필요한 복잡성으로 이어지고 이는 개발 시간을 늘리며 유지보수성을 저하시킨다.

또한 여러분이 사용하는 추상화(및 그 한계)의 근간을 이해하는 것도 중요하다. 소프트웨어 엔지니어링에서는 다양한 계층(핵심 언어, 구현, 인프라스트럭처, 도구, 사람)을 고려해야 한다. 이 계층들을 표면적으로만 활용해도 더 빠르게 소프트웨어를 구축할 수 있다. 하지만 (O(n) 시간 복잡도 같은 주제를 포함해) 근본적인 기반을 진정으로 이해한다면 보다 빠르게 소프트웨어를 구축할 수 있다. 시간이 지남에 따라 (프로그래밍) 언어나 프레임워크가 진화하는 경우에는 특히 그렇다.

자바스크립트 프레임워크 또는 추상화는 어떠한 역할을 하는가?

대규모 애플리케이션을 구축할 때, 우리가 사용하는 자바스크립트 프레임워크는 개발자들이 '성공할 수 있도록' 강력한 기본값들을 제공해야 한다.

여기에는 몇 가지 이유가 있다. 첫 번째, 개발자들이 새로운 프레임워크를 사용하기 시작하는 시점

---

2 https://www.industrialempathy.com/posts/designing-very-large-javascript-applications/

에는 대규모 애플리케이션의 특정한 측면(예: 애플리케이션 성능)에 관한 모범 사례나 최적의 설정에 관해 인지하지 못할 수 있다. 강력한 기본값들이 제공된다며 개발자들은 과도한 연구 혹은 시행착오를 거치지 않고도 보다 나은 결정을 내릴 수 있다. 따라서 개발자들은 시간을 아낄 수 있으며 애플리케이션이 시작 시점부터 모범 사례를 따르도록 보장할 수 있다.

두 번째, 강력한 기본값은 개발자 경험과 사용자 경험의 균형을 맞추도록 도와준다. 개발자들은 코드를 쉽고 유지보수 가능하게 작성함으로써 개발자 경험을 우선할 수도 있다. 하지만 이것이 애플리케이션을 느리거나 무겁게 만든다면 사용자 경험을 해칠 수 있다. 반대로 사용자 경험을 우선하면 개발자 경험을 어렵게 혹은 번거롭게 만들 수 있다. 강력한 기본값은 좋은 개발자 경험을 우선하는 동시에 좋은 성능과 사용자 경험을 장려함으로써 적절한 지점을 찾는 것을 도와준다.

성능 관련 주제에 관해 더 살펴보자. 크롬Chrome 팀은 협업을 통해 Next(리액트), Nuxt(Vue), Angular 같은 프레임워크를 대상으로 이미지, 폰트, 스크립트 로딩을 위한 더 완고한 컴포넌트들을 만들어왔다.[3] Astro와 Svelte 같은 다른 설루션에서도 유사한 기능들이 제공되며, 개발 팀은 이들을 활용함으로써 애플리케이션 로직을 다듬는 일에 더욱 집중할 수 있다. 그렇다고 해서 성능 이슈들을 전적으로 해결할 수 있다는 의미는 아니다. 오히려 개발자들이 웹 성능 최적화와 관련된 모든 측면을 정복하지 못했더라도 설루션에 내장된 기능을 활용해 그 성능을 충분히 개선할 수 있다는 것을 의미한다.

마지막으로, 강력한 기본값은 고품질 애플리케이션을 보장하는 데 도움을 줄 수 있다. 개발자들이 시작 시점부터 모범 사례를 활용하도록 독려받을 때, 이슈는 물론 기술 부채도 줄어든다.

대규모 웹 애플리케이션에서는 무엇을 고려해야 하는가?

애플리케이션의 품질은 '크기'가 아니라, 마찰을 일으키지 않고 사용자와 비즈니스 니즈를 충족시킬 수 있는가와 관계된다. 예를 들면 마찰 없이 작업을 완료하는 것(성공적으로 사진을 게시하거나 구매를 완료하는 등)이다. 넓은 관점에서 보면 품질은 멋진 UX를 비롯해 사용성, 접근성, 식별성, 신뢰성, 바람직함, 가치 등을 포함한다. 애플리케이션의 종류에 따라 각 특징의 중요한 정도는 모두 다르지만, 대규모 애플리케이션을 개발한다면 다음 항목들을 충분히 고려하는 것이 좋다.

---

3 https://developer.chrome.com/docs/aurora/overview?hl=ko

사용성

- **성능**: 속도(빠른 로딩), 렌더링, 상호작용, 애니메이션
- **태스크 완료**: 원하는 태스크를 완료하기 위한 최소 단계
- **안정성**: 페이지를 사용할 수 있는 상태에 이르기까지의 지속적인 기능성functionality과 가용성

접근성

- **접근 가능성**: 특별한 니즈를 가진 사용자들이 접근할 수 있는 페이지를 제공한다. 스크린 리더 지원, 키보드 내비게이션, 낮은 색 대비 혹은 기타 시각장애와 관련된 어려움 등이 고려 사항에 포함될 수 있다.

신뢰성

- **개인 정보**: 사용자 정보는 적정한 허가 수준에 따라 다뤄져야 한다.
- **보안**: 사이트에서의 데이터 및 커뮤니케이션의 무결성
- **신원**: 사이트 내 사용자 인증을 위해 사용되는 시스템에 의해 특정 지어진다.
- **진위 여부**: 애플리케이션에서 제공되는 내용은 신뢰할 수 있어야 한다.

확인 가능성

- **발견 가능성**discoverability: 검색 엔진을 통해 페이지가 발견되는 정도

유용함

- **역량**capability: 설치된 애플리케이션의 기능과 유사한 고급 기능

바람직함

- **시각적 경험**: 웹 애플리케이션의 페이지가 시각적/심미적으로 매력적이다.
- **신뢰성**: 신뢰할 수 있는 브랜드가 제공하는 콘텐츠가 보다 바람직하다.

가치

- **기능**: 사용자에게 가치를 제공하는 콘텐츠, 기능, 유스 케이스

이 밖에도 대규모 웹 애플리케이션의 좋은 품질에는 다음이 포함될 수 있다.

1. **확장성**: 증가된 사용자 트래픽과 데이터를 성능에 큰 영향 없이 취급할 수 있는 능력
2. **유지보수성**: 시간이 흐른 뒤에도 버그가 침입하거나 기존 기능을 망가뜨리지 않고 애플리케이션을 얼마나 쉽게 수정하거나 업데이트할 수 있는지 나타내는 정도

3. **신뢰도**: 버그 및 크래시에서 자유로울 수 있고, 사용자에게 지속적이고 정확한 결과를 제공할 수 있는 능력

그래서 이 책은 왜 필요한가?

대규모 웹/자바스크립트 애플리케이션 구축과 유지보수의 개념은 매우 방대하다. 아키텍처 설계부터 성능 최적화에 이르기까지 다양한 주제들을 다룰 수 있으며, 주제의 범위를 모두 다루려면 다양한 책들이 필요할 것이다.

이 책에서는 대규모 리액트 자바스크립트 애플리케이션을 관리하고 개발하기 위해 유용한 개념과 패턴에 관해 논의하는 데 도움이 되는 특정한 접근법을 선택했다. 지난 십 년 동안 리액트는 업계에서 가장 영향력 있는 자바스크립트 프레임워크의 자리에 있었으므로, 이를 중심으로 살펴보는 것은 책에서 개념들을 설명하는 방식을 단순화하는 데 도움을 줄 것이다.

주로 리액트에 초점을 두긴 하겠지만, 앞에서 언급한 이 책에서 다루는 대부분의 주제는 거의 모든 자바스크립트 프레임워크 또는 라이브러리에 적용할 수 있는 것이다. 이 책의 각 장은 현대적인 개발에 관한 중요한 주제를 다루고, 리액트를 주된 예시로 하여 코드를 설명하고 살펴본다.

설명하지만 처방전을 써주지는 않는다

이 책에서는 **처방적**prescriptive 접근법이 아닌 **설명적**descriptive 접근법을 사용해 개념과 패턴들을 설명한다. 즉 이 책에서는, 성공하기 위해 사용해야 하는 구체적인 도구나 라이브러리는 제시하지 않는다. 개념 설명에 초점을 두면서, 구체적인 라이브러리 또는 도구를 통해 그 개념을 묘사할 것이다.

이 접근법이 매우 중요한 이유는 어떠한 단일 도구 혹은 라이브러리도 문제에 관한 보편적 해결책이 아니기 때문이다. 우리는 통찰력과 방법론을 제공하며, 여러분은 이를 활용해 각자의 구체적인 니즈와 콘텍스트에 가장 적합한 도구 혹은 라이브러리가 무엇인지 평가하고 선택할 수 있을 것이다.

자, 이제 시작하자! 다음 장에서는 첫 번째 예시와 함께 소프트웨어 개발의 복잡성을 식별하고 관리하는 방법에 관해 간략하게 살펴볼 것이다. 그 뒤 대규모 리액트 애플리케이션과 관련된 구체적인 주제, 패턴, 개념에 관해 살펴본다. 모듈화된 리액트 애플리케이션을 만드는 것부터 시작하자.

2

소프트웨어 복잡성 관리하기

소프트웨어 엔지니어링에서 가장 중요한 스킬 중 하나는 **본질적 복잡성**essential complexity을 식별하고 **불필요한 복잡성**unnecessary complexity을 제거하는 능력이다. 바꿔 말하자면 가능한 모든 부분에서 복잡성의 생성을 최소화하는 스킬이다. 소프트웨어 개발 시간이 길어질수록 우리가 불필요한 복잡성에 대해 가져야 할 내성은 줄어든다.

> 대규모 소프트웨어 시스템 개발과 유지보수에서 가장 큰 문제는 복잡성이다. 대규모 시스템은 이해하기 어렵다.
>
> — **벤 모슬리**Ben Moseley **& 피터 마크스**Peter Marks[1]

복잡한 무언가를 만들 때, 그 복잡성이 효과를 내기 위한 것이라면 보상받아 마땅하다. 하지만 시간이 지나면서 우리는 그런 괴물을 만들어냈다는 사실에 후회하곤 한다. 버그를 수정하는 어려움과 그에 소요되는 시간은 결과적으로 코드의 전반적인 우아함과 직접적으로 비례한다(혹은 반비례한다). 그런 복잡도를 다룰 수 있는 소위 '도메인 전문가domain expert'를 만드는 것은 개발 팀 안에 사일로silo를 만들 뿐이다. 그 누구도 크기와 복잡성 때문에 전체 시스템이 작동하는 방식을 전혀 이해하지 못하게 된다(몇 가지 의미론이나 불변성에 관해 적기는 훨씬 쉬울 것이다).

컴포넌트들이 상호작용하면 복잡성은 늘어난다. 구글에서 볼 수 있듯, 복잡한 일련의 시스템에서

---

[1] https://curtclifton.net/papers/MoseleyMarks06a.pdf

어떤 한 부분이 복잡해지면 다른 모든 부분도 마찬가지로 복잡해진다. 복잡한 요구사항은 복잡한 코드로 이어지므로, 복잡성이 요구되는 영역에서 단순한 코드를 기대하는 것은 비상식적이다. 또한 오랫동안 그 시스템을 다루던 사람은 해당 시스템을 처음 다루는 사람과는 전혀 다른 시각에서 코드를 바라볼 것이다.

복잡성은 엔트로피와 마찬가지로 아주 작은 영역에서 그 복잡성을 제거하기 위한 충분한 노력을 기울이지 않는 한 계속해서 증가하는 경향이 있다. 제거하는 과정에서 복잡성을 한 위치에서 다른 위치로 옮기는 일도 일어나곤 한다.

이번 장에서는 리액트 혹은 자바스크립트에 국한된 어떤 주제도 다루지 않을 것이다. 대신, 소프트웨어 엔지니어링의 전체적인 맥락 안에서 내재적/우발적 복잡성에 관한 몇 가지 생각을 공유할 것이다.

1. 내재적 복잡성과 우발적 복잡성의 차이를 정의한다. 커네빈 프레임워크Cynefin framework를 활용하면 시스템 안에 어떤 유형의 복잡성이 존재하는지 식별하는 데 도움이 된다.

2. 문제의 핵심적인 복잡성을 다루고(제거, 완화, 문제 제기) 난 뒤에 이를 모델링하는 것이 가장 좋은 방법일 때가 많다. 절대 완료할 수 없는 것을 잘하려는 시도를 피하라. 복잡성은 코드, 아키텍처, 도구, 인프라스트럭처, 조직적인 관점에서 전체적으로 고려해야 한다.

3. 단순성은 단순한 해결책과는 다르다. 부담을 시스템의 다른 부분에 재분배하는 방법을 고민하지 말라. 시스템을 변경해서 부담에 의존하지 않도록 하는 방법이 있는지 생각해보라.

4. 탄력적인resilient 추상화를 만들라. 프레임워크, 라이브러리, 패턴으로 복잡성을 구분할 수 있다. 유연성이 요구되는 부분(예: 기본값을 제공하되 필요하면 덮어쓰기 가능)에서 이들이 여러분의 필요를 만족하는지 확인하라.

5. 복잡성을 갖는 경향이 있는 조직에서 작업하게 된다면 필연적으로 조직적인 문제를 해결해야 하는 업무를 맡게 될 것이다. 시지프스[2] 태스크를 해결하기 위한 영향력을 발휘해야 한다.

6. 조직적인 복잡성을 정리하고 내재적 복잡성과 우발적 복잡성을 구분했다면 대부분의 작업은 거의 완료했을 것이다. 계속해서 보던 것을 검토하라. 복잡성은 지속적으로 관리하지 않으면 이내 자라난다.

---

2 https://ko.wikipedia.org/wiki/시시포스

2.1 복잡성 설명하기

복잡성은 적어도 두 가지 이상의 유형을 고려해야 한다. 문제가 가진 복잡성(내재적 복잡성)과 해결책이 가진 복잡성(우발적 복잡성)이다.

문제가 가진 복잡성problem complexity은 여러분이 가진 실제 문제의 성격에 따라 결정된다. 여기에는 여러분이 잘 통제할 수 없는 요소들이 포함될 수 있다. 해당 도메인이 복잡하다면 모델을 사용해서 실험을 해야만 도메인에 관해 완전히 이해할 수 있다. 이를 내재적 복잡성inherent complexity이라 하며, 특정한 문제를 해결하는 데에 존재하는 복잡성을 의미한다.

해결책이 가진 복잡성solution complexity은 여러분과 여러분의 팀이 해결책을 얼마나 잘 만들 수 있는가에 따라 결정된다. **이 복잡성은 여러분이 통제할 수 있다.** 여러분이 문제를 더 잘 이해할수록 해결책을 찾아낼 가능성이 높아진다. 이 유형의 복잡성은 문제를 다양한 방식으로 다뤄봄으로써 줄일 수 있다. 이를 우발적 복잡성accidental complexity이라 하며, 문제에 관한 해결책을 구현하는 과정에서 만들어지는 복잡성을 의미한다.

즉, 내재적 복잡성은 문제 자체의 근본적인 속성이고, 우발적 복잡성은 그 문제를 해결하기 위해 취한 특정 접근법으로 인한 결과이다.

예를 들면 대규모 데이터셋을 정렬하는 문제를 생각해보자. 이 문제는 내재적 복잡성을 갖는다. 데이터를 정렬하기 위해 서로 다른 다양한 알고리즘을 사용할 수 있으며, 알고리즘마다 장단점을 갖기 때문이다. 이 문제를 해결하기 위해 선택한 특정 알고리즘은 그 해결책과 관련된 우발적 복잡성을 결정한다.

우리는 종종 단순한 문제에 관한 복잡한 해결책을 찾지만, 우리가 이상으로 삼는 바는 당면한 모든 문제를 해결할 수 있는 해결책을 제시하는 것이다. 어려운 문제에 대해서는 난해한 해결책을 피하지 못할 수도 있지만, 해결책이 가진 복잡성은 원래 문제가 가진 복잡성의 수준을 초과해서는 안 된다.

우발적 복잡성의 예: 동일한 문제에 관한 여러 해결책

우리는 언제나 다양한 이유에서 기존 문제에 관한 새로운 해결책을 만든다.

1. 의도치 않음(팀이 기존 해결책에 관해 인지하지 못함)

2. 기존 해결책이 유스 케이스를 충분히 다루지 못함

3. 여러분이 속한 조직의 통제 밖에 있거나 민첩함을 방해하는 다른 팀의 작업에 의존성을 유발함

바퀴를 다시 발명하는 것이 나은지, 외부 의존성(디펜던시)을 채택하는 것이 나은지 결정하기 어려운 경우가 많다. 하지만 한 가지는 명확하다. 두 가지 옵션 모두 시스템 복잡성을 증가시킨다. 단, 그 정도가 다를 뿐이다.

단기적으로는 한 옵션이 다른 옵션보다 간단하고 직관적으로 보일 수 있다. 이는 시스템 복잡성을 측정할 수 있는 좋은 지표를 가지고 있지 않기 때문이며, 이러한 결정을 내릴 때 복잡성의 증가를 표현하는 요소는 명확하지 않다.

내재적 복잡성

완전성을 위해서는, 내재적 복잡성과 순수한 우발적 복잡성을 구분하는 것이 좋다. 내재적 복잡성은 주로 레거시 코드와 관련되어 있다. 레거시 코드는 오랫동안 사용된 코드로 수년 동안 수많은 다양한 사람에 의해 구축되고 수정된 것이다. 오랜 시간에 걸친 우발적 복잡성을 모두 합하면 내재적 복잡성에 영향을 줄 수 있다.

끊임없는 변경과 진화의 결과, 레거시 코드는 매우 복잡해지는 경우가 많다. 수많은 여러 레이어와 의존성으로 인해 코드는 이해하고 수정하기 어렵게 된다. 복잡성은 소프트웨어 개발자들이 만나는 큰 어려움이다. 새로운 기능을 추가하거나, 에러 유입이나 기존 기능의 손상 없이 시스템을 변경하는 것을 어렵게 만들기 때문이다.

2.2 복잡성의 근본 원인 파악하기

시스템의 복잡성은 다음과 같이 여러 내재적/우발적 요소들에 의해 발생할 수 있다.

- 우리가 고려해야 하는 것의 양
- 시스템의 상이한 요소들 사이의 상호 의존성
- 제품과 해당 제품을 구축하기 위해 사용한 코드 간의 불일치

이런 유형의 복잡성을 탐험하는 수많은 글과 모델이 쓰였다. 이런 것들이 여러분의 복잡성 툴킷에서 얼마나 유용한 도구가 될 수 있는지 간략하게 설명할 것이다.

커네빈 프레임워크

커네빈 프레임워크Cynefin framework[3]를 사용하면 복잡계 시스템complex system을 이해하고 관리하는 데 도움이 된다. 커네빈 프레임워크는 데이브 스노든Dave Snowden을 중심으로 한 IBM의 연구자들이 개발했으며, 주어진 시스템의 다양한 복잡성 유형(명확한, 난해한, 복잡한, 혼란한, 무질서한)을 식별하는 방법으로 고안되었다. 각각의 복잡성 유형은 고유한 특성을 가지며 의사 결정과 문제 해결 접근법 또한 다르다.

명확한(단순한) 도메인clear(simple) domain에서는 시스템 요소들 사이의 관계가 분명하고 잘 정의되어 있다. 상대적으로 우리가 취한 행동의 결과를 예측하기 쉬우며, 모범 사례들과 전문가 지식을 활용해 의사 결정을 내릴 수 있다.

난해한 도메인complicated domain 에서는 시스템 요소들 사이의 관계가 보다 복잡하다. 하지만 여전히 알 수 있고 예측할 수 있다. 이 도메인에서는 분석과 전문성을 활용해 의사 결정을 내릴 수 있다. 하지만 상황에서의 구체적인 문맥도 고려해야 한다.

복잡한 도메인complex domain에서는 시스템 요소들 사이의 관계들이 완전히 알려져 있지 않거나 완전히 이해되지 않으며, 우리가 한 행동의 결과를 예측하기 어렵다. 이 도메인에서는 탐색적이고 반복적인 접근법을 활용해 의사 결정을 내려야 하며 그 과정에서 경험을 통해 학습하고 적응할 준비를 해야 한다.

혼란한 도메인chaotic domain에서는 시스템 요소들 사이의 관계를 예측하기 매우 어려우며, 우리가 한 행동의 결과로 어떤 일이 벌어질지 알기 어렵다. 이 도메인에서는 신속하고 단호하게 행동함으로써 상황을 안정화해야 하며, 우리가 이상적으로 가져야 하는 모든 정보를 획득하지 않은 상태에서 의사 결정을 내릴 준비를 해야 한다.

무질서한 도메인disorder domain에서는 이 시스템이 어떤 시스템에 해당하는지 불분명하다. 이 도메인에서는 먼저 질서와 명확함을 만들기 위한 단계를 밟은 뒤에야 효과적인 의사 결정을 내릴 수 있다.

전체적으로 커네빈 프레임워크는 한 시스템의 복잡성을 이해하고, 해당 콘텍스트에서의 의사 결정 및 문제 해결을 위한 적절한 접근법을 결정하는 데 유용한 도구이다.

---

3 https://en.wikipedia.org/wiki/Cynefin_framework

2.3 소프트웨어 설계 철학

존 오스터하우트John Ousterhout가 쓴《A Philosophy of Software Design(소프트웨어 설계 철학)》[4]에서는 **의존성**dependency과 **모호성**obscurity을 소프트웨어 설계에서 복잡성을 일으키는 주요 요인으로 본다.

의존성은 코드의 어떤 부분을 격리한 상태에서 이해하거나 수정할 수 없을 때 발생하며, 이 코드는 시스템의 다른 부분들과 관련지어 고려해야만 한다. 모호성은 중요한 정보가 명확하지 않을 때 발생하며, 이는 개발 당시 명확함이나 문서가 부족했던 것에서 기인하거나 설계가 너무 크고 복잡해서 모든 것을 추적하기 어려운 것에서 기인한다. 복잡성은 시간이 지남에 따라, 설계의 규모가 커짐에 따라 증가하며 설계 프로세스의 반복적이고 확장적인 특성에 의해 더욱 악화된다.

복잡성은 고수준과 저수준 모두에서 확인할 수 있다. 고수준에서의 복잡성은 속도나 민첩함의 감소, 비효율성, 불안정성과 불확실성의 증가, 전반적인 개발자들의 불만이나 두려움으로 나타난다. 저수준에서의 복잡성은 변경 증폭, 인지 부하, 무엇을 모르는지 모르는 것으로 나타난다.

- **변경 증폭**: 겉으로 보기에 작은 변경을 하기 위해 여러 파일을 수정해야 한다.
- **인지 부하**: 하나의 태스크를 완료하기 위해 요구되는 지식의 분량이 해당 지식을 학습하기 위한 시간에 반영되고 결과적으로 소프트웨어를 만드는 시간에 영향을 준다.
- **무엇을 모르는지 모르는 것**: 변경되어야 할 코드 혹은 프로그래머가 태스크를 성공적을 완료하기 위해 필요한 정보.

우리는 가능한 한 복잡성을 제거해야 한다(즉 복잡성을 최소화해야 한다). 그렇지 않으면 복잡성을 효과적으로 캡슐화해야 한다.

복잡성 최소화하기

복잡성을 최소화하려면 이해하기 쉽고, 개선하기 쉬운 방식으로 소프트웨어를 작성해야 한다. 이 책에서 구체적인 이슈들의 특성을 설명하고 이들을 해소하기 위한 개발 프로세스 과정에서 사용할 수 있는 기법들을 제시할 것이다. 이 기법에는 고수준 디자인 원칙, 감시해야 할 적신호 등이 포함된다.

---

4 https://www.amazon.com/Philosophy-Software-Design-John-Ousterhout/dp/1732102201

복잡성 캡슐화하기

다음 장에서는 소프트웨어 설계에서 모듈성을 사용하는 것에 관해 다룬다. 모듈성은 시스템을 관리 가능한 컴포넌트로 분해하는 데 도움을 준다. 모듈성을 통해 점진적이고 확장적인 접근법을 설계에 사용할 수 있고, 글로벌 복잡성을 로컬 복잡성으로 대체할 수 있다. 하지만 모듈성은 모듈 사이의 인터페이스를 통한 의존성을 만들어내며, 이는 다시 복잡성을 추가한다. 새로운 모듈은 추가되는 복잡성을 뛰어넘는 이익이 있을 때만 도입해야 한다.

2.4 타르 웅덩이 밖으로

<Out of the Tar Pit(타르 웅덩이 밖으로)>[5]에서 벤 모슬리와 피터 마크스는 '시스템을 이해하기 어렵게 만드는 어떤 것'을 복잡성이라고 정의했다. 저자들은 복잡성이 소프트웨어가 가진 대부분 문제의 근본 원인이라 주장하며 상태state와 통제control를 복잡성의 주요 요인으로 식별한다. 저자들은 시스템의 한 상태에서의 동작은 다른 상태에서의 동작에 관한 어떤 정보도 제공하지 않으며, 이는 시스템을 이해하고 합리적으로 추론하는 데 어려움을 야기할 수 있다고 말한다. 추가로 통제 혹은 어떤 일이 발생하는 순서는 시스템의 복잡성을 더할 수 있다.

논문에서는 또한 복잡성에 기여하는 같은 다른 요소들(예를 들어 코드의 양)도 설명하고, 복잡성이 더 많은 복잡성을 낳을 수 있다는 사실에 관해서도 설명한다. 이 이슈들을 해소하기 위해 논문의 저자들은 소프트웨어 개발에서 복잡성을 줄일 수 있는 여러 가지 처방을 제시한다. 함수형 프로그래밍 언어를 사용하고(상태의 복잡성을 길들이는 데 도움을 줌), 상태와 로직을 분리해 시스템을 이해하고 추론하기 쉽게 만드는 등이다. 저자들은 또한 문제를 해결할 수 있는 가장 짧은 수준의 코드를 유지하고 추상화를 사용해 불필요한 세부 사항을 숨길 것을 권장한다.

저자들은 실제 세계에서 복잡성을 다룰 때 가능한 한 우발적 복잡성을 피하고, 시스템의 순수한 로직으로부터 복잡성을 분리할 것을 권장한다. 이는 복잡성으로부터 로직을 분리함으로써 '우발적이지만 유용한' 부분들이 제거되더라도 시스템이 여전히 올바르게 작동하도록 하는 것을 포함한다. 이 접근법을 사용하면 코드를 쉽게 이해하고 추론할 수 있게 도울 수 있으며 소프트웨어의 전반적인 품질을 향상할 수 있다.

---

5   https://github.com/papers-we-love/papers-we-love/blob/master/design/out-of-the-tar-pit.pdf

이 논문의 요약본도 읽어보면 좋을 것이다.[6]

2.5 단순함이 쉬움을 만든다

> 단순성은 프로그램이 얼마나 상호 연결되었는가로 측정한다. 소프트웨어가 엉켜 있는지 아닌
> 지는 누구나 볼 수 있다. 다시 말해, 그것은 객관적이다.
>
> — 폴 쿡Paul Cook[7]

지금은 유명해진 토크인 <Simple Made Easy>[8]에서 릭 히키Rick Hickey(클로저Clojure 프로그래밍 언어 창시자)는 시스템 개발에서의 단순성의 중요함에 관해 논했다. 히키는, 단순성은 종종 '쉬움easy'으로 오해되지만 이 둘은 같지 않다고 말한다. 그의 말에 따르면 '쉬움'은 주관적이며 친숙함 혹은 무언가에 접근하기 쉬운 것을 가리키고, '단순함simple'은 객관적이며 상호 연결 수준이나 시스템의 복잡성을 가리킨다.

<Simple Made Easy> 토크의 내용은 다음과 같다.

- 복잡성을 만드는 구조보다 단순한 구조를 선택하라.
- 단순성을 기본으로 하여 추상화를 만들라.
- 문제 공간을 단순화한 뒤 시작하라.
- 단순성은 때때로 더 적게가 아니라 더 많이 만드는 것을 의미한다.
- 이익을 누리라!

히키는 도구와 (프로그래밍) 언어를 선택할 때 주로 고려해야 할 사항은 도구나 언어의 사용 편의성이 아니라 우리가 해당 도구와 언어를 사용해서 구축한 시스템이 갖는 복잡성이어야 한다고 말한다. 사용하기 쉬운 도구를 선호하는 것은 자연스러운 것이지만, 쉬운 시스템 변경이나 유지보수에 미치는 장기적인 영향에 관해서도 고려해야 한다. 사용하기 쉬운 도구가 항상 복잡성을 야기하지는 않겠지만 쉬운 사용성을 다른 모든 것보다 우선해서는 안 된다. 대신, 만들어지는 시스템의 전반적인 단순성에 초점을 두어야 한다.

---

6   https://bernhardwenzel.com/articles/out-of-the-tar-pit/
7   https://paulrcook.com/blog/simple-made-easy
8   https://www.youtube.com/watch?v=SxdOUGdseq4

히키는 오랜 시간에 걸쳐 시스템을 효과적으로 분석하고 변경하기 위해 단순성이 필수적이라고 말한다. 복잡성은 그런 것들을 하기 위한 우리의 능력을 가리기 때문이다. 히키는 또한 우발적 복잡성을 최소화하는 것의 중요성을 강조한다. 우발적 복잡성은 우리가 시스템을 구축하기 위해 사용한 도구나 구조에 의해 유입되는 복잡성을 가리킨다.

히키는 단순한 구조를 사용하고, 올바른 수준의 추상화를 적용해 컴포넌트를 설계하고, 함수형의 합성composition을 사용해서 시스템을 만들어 복잡성을 줄일 것을 제안한다. 히키는 효율적인 작업을 위해서는 단순성과 쉬움 모두에 초점을 두어야 하지만, 단순성을 보다 강조해야 한다고 제안한다.

2.6 은탄환은 없다

프레더릭 브룩스Frederick Brooks는 논문 <No Silver Bullet(은탄환은 없다)>[9]에서 기술 기법 혹은 관리 기법 모두에서 생산성, 신뢰성, 단순성을 한 단계 향상시킬 수 있는 단일 발전은 없다고 주장한다. 브룩스는 소프트웨어 구축을 어렵게 만드는 필수적인 네 가지 어려움(복잡성complexity, 순응성conformity, 변화 가능성changeability, 비가시성invisibility)에 관해 설명했다.

브룩스는 이 네 가지 속성 중에서 복잡성이 가장 어려우며, 복잡성은 시스템의 부분들 사이의 상호작용에 의해 야기된다고 주장한다. 브룩스는 추상화, 모듈성, 계층구조를 사용하면 개발자들이 한 시점에 시스템의 작은 부분에 집중하도록 함으로써 복잡성을 줄이는 데 도움을 줄 수 있다고 제안한다.

복잡성으로 인해 발생하는 문제들은 다음과 같다.

- 팀 커뮤니케이션의 어려움
- 인력 이동(지식 소실)
- 확장성 결여(구조의 복잡성)
- 프로젝트 파악의 어려움
- 제품 오류, 비용 초과, 일정 지연
- 열거되지 않은 상태(많음)
- 예기치 못한 상태(보안 구멍)

복잡성은 사양, 문서, 코드, 테스트 케이스 등 이질적인 소프트웨어 결과물 사이의 수많은 긴밀한

---

9   https://ko.wikipedia.org/wiki/은빛_총알은_없다

관계에 기인한다.

소프트웨어 개발에서는 태스크의 개념적인 컴포넌트들이 대부분의 시간과 노력을 잡아먹는다. 브룩스는 이를 해소하기 위해 세 가지 권장 사항을 제안했는데, 이들은 오늘날에도 여전히 일리가 있다. 바로 재사용, 점진적 개발, 소프트웨어 개발자에 관한 투자이다. 이 권장 사항들은 거의 30년 전에 만들어졌지만 그 가치는 현장에서 오늘까지 유지되고 있다.

복잡성에 관한 추가 토픽

여기에서 우리는 프로그래밍 복잡성programming complexity[10]에 관해 이야기했다. 하지만 소프트웨어 엔지니어링에는 다음을 포함한 다양한 유형의 복잡성이 존재한다.

- 시간 복잡성(O(log(n)) 등)[11]
- 순환 복잡성[12]
- 계산 복잡성[13]
- 콜모고로프 복잡성[14]

여러분의 결정이 비즈니스에 미치는 영향을 이해하는 것 역시 복잡성을 최소화하는 데 도움을 준다. 재사용성이 매우 높거나 범용적인 무언가를 만들고 싶은 유혹에 빠질 수 있겠지만 비즈니스 관점에서 볼 때 그것은 어떤 가치도 더하지 못한다.

2.7 시스템 디자인과 아키텍처 복잡성의 비용

많은 모던 시스템들은 매우 크고 복잡해졌으며 어떤 개인이나 팀도 이것들을 완전히 이해하지 못한다. 2013년 MIT에서 출간한 논문 <System design and the cost of architectural complexity(시스템 디자인과 아키텍처 복잡성의 비용)>[15]에서는 소프트웨어 아키텍처 복잡성과 다양한 비용 인자(생산성, 결함 밀도, 스태프 이직)의 연결 관계에 관해 살펴보고, 소프트웨어 아키텍처 개

---

10 https://en.wikipedia.org/wiki/Programming_complexity
11 https://ko.wikipedia.org/wiki/시간_복잡도
12 https://en.wikipedia.org/wiki/Cyclomatic_complexity
13 https://ko.wikipedia.org/wiki/계산_복잡도_이론
14 https://ko.wikipedia.org/wiki/콜모고로프_복잡도
15 https://dspace.mit.edu/handle/1721.1/79551

선을 목표로 하는 리팩터링refactoring을 통해 얻을 수 있는 잠재적인 재무적 이익을 강조한 바 있다.

복잡성 통제에서의 아키텍처 패턴의 역할

계층, 모듈, 추상화 레이어를 포함한 아키텍처 패턴은 대규모 소프트웨어 시스템의 복잡성을 관리하는 데 중요한 역할을 수행한다. 이런 패턴들을 통해 시스템 컴포넌트를 조직하고 분리할 수 있으며, 분산된 팀은 손쉽게 독립적으로 작업하면서도 여전히 응집된 전체에 기여할 수 있다. 조직은 또한 시스템 진화와 유지보수성을 촉진하고, 개발 팀은 변화하는 요구사항과 기술에 보다 잘 대응할 수 있게 된다.

아키텍처 복잡성과 비용의 연결 관계

앞의 논문에 수록된 연구에서, 한 성공적인 소프트웨어 기업은 자사 제품의 8개 버전에 걸쳐 아키텍처 복잡성을 측정했다. 이 과정에서 매코맥MacCormack, 볼드윈Baldwin, 러스낙Rusnak이 개발한 기법을 사용했다.

해당 연구의 결과는 해커 뉴스Hacker News에서 널리 논의되었는데[16] 증가된 아키텍처 복잡성은 생산성 50% 저하, 결함 밀도 3배 증가, 스태프 이직 증가를 일으킬 수 있음을 나타냈다. 많은 소프트웨어 개발자들이 이 사실에 공감하며 연구 결과는 널리 확산되었다. 이들은 모두 복잡한 코드베이스와 여기저기 기운 아키텍처를 가진 프로젝트에서 작업한 경험을 갖고 있었다.

아키텍처 복잡성의 재무적 영향과 리팩터링의 가치

조직들은 이 연구에서 개발된 기법을 사용해, 저하된 생산성, 증가된 결함 밀도, 높은 스태프 이직률에 화폐가치를 할당함으로써 아키텍처 복잡성의 재무적 비용을 평가할 수 있다. 이 정보를 활용해 기업들은 소프트웨어 아키텍처를 개선하기 위한 리팩터링 노력의 잠재적인 달러-가치 이익을 보다 정확하게 평가할 수 있다.

리팩터링에 대한 투자는 복잡성과 관련된 비용을 줄임으로써 상당한 장기적 관점의 절약으로 이어질 때가 많다. 개선된 아키텍처는 생산성을 높이고, 결함의 출현을 줄이고, 두려움으로 인한 인원의 이동을 줄인다. 이 잠재적인 이익을 인지한 경영 팀들은 리팩터링 이니셔티브에 자원을 할당하는 것에 대해 정보에 기반해 의사 결정을 내릴 수 있는 우위에 서게 된다.

---

16 https://news.ycombinator.com/item?id=35470905

소프트웨어 개발 속도와 품질 균형의 중요성

소프트웨어 업계의 공격적이고 빠른 특성은 종종 개발 팀을 압박하며 장기적인 안정성보다 즉각적인 결과를 우선하게 만든다. 하지만 해커 뉴스 스레드의 많은 기여자들이 지적하듯 "오늘 느리게 가는 것은 내일 더 빠르게 갈 수 있음을 의미한다"라는 속담은 아키텍처 의사 결정에서 장기적인 의미를 심사숙고하는 것의 중요성을 강조한다. 속도를 늦추고 품질에 집중함으로써 개발 팀은 보다 유지보수성이 높고 확장 가능한 시스템을 만들 수 있으며, 이는 궁극적으로 보다 빠르고 효율적인 개발 사이클을 만들어낸다.

2.8 팀은 어떻게 복잡성을 관리할 수 있는가?

소프트웨어 시스템의 규모와 복잡성이 계속해서 증가함에 따라, 개발자들은 **대규모 시스템을 작은 모듈화된 컴포넌트로 나누는 것이 복잡성을 관리하는 데 효율적인 방법임을 발견했다.** 모듈성, 잘 정의된 인터페이스, 계층형 아키텍처를 사용해 개발자들은 보다 작은 저수준 컴포넌트들로 구성된 고수준 모듈을 만들 수 있다. 이는 높은 수준의 창의적인 자율성과 유연성을 주는 동시에 여전히 필요한 제약 사항을 부여함으로써 시스템의 다양한 컴포넌트들이 서로 효과적으로 작동함을 보장한다.

그러나 이 접근법도 추가적인 '우발적 복잡성'을 야기한다. 이 우발적 복잡성은 인터페이스 및 추상화와 관련된 오버헤드의 형태로 나타난다. 이 추가적인 복잡성은 시스템의 필수적 복잡성을 보다 작은 규모의 자율적인 개발 팀이 관리할 수 있을 정도로 작게 자르기 위해 반드시 필요하다. 이로 인해 개발 팀을 보다 자유롭게 확장할 수 있지만, 이 역시 전반적인 시스템의 복잡성을 증가시킨다.

이 접근법의 이점 중 하나는 서로 다른 시스템에 관한 공통 요구사항을 합칠 수 있게 한다는 점이다. 이는 서비스 기반 또는 마이크로서비스 기반 아키텍처를 사용함으로써 달성할 수 있다.

추가로 오픈소스 소프트웨어를 사용하는 것도 이 모듈화된 컴포넌트들을 여러 조직에서 개발하고 유지보수하는 데 필요한 비용을 줄이는 데 도움을 줄 수 있다.

모듈성, 잘 정의된 인터페이스, 계층형 아키텍처는 보다 크고 복잡한 시스템을 만들면서도 개별 개발자들의 자율성과 창의성을 희생하지 않게 한다. 대규모 시스템을 모듈화된 컴포넌트들로 나누고 필요한 제약 사항을 부여함으로써 개발자들은 그들의 창의적인 자율성을 유지하면서 높은 품질의 확장 가능한 소프트웨어를 만들어낼 수 있다.

2.9 최고의 해결책은 단순하지만 간단하지 않다

단순성은 코드를 작성하기 쉽고, 디버그하기 쉽고, 유지보수하기 쉽게 작성한다. 단순성은 제품을 쉽게 사용하게 만든다. 하지만 단순성은 간단한 것과 같지 않음을 염두에 두어야 한다. 단순성은 불필요한 복잡성을 줄이고 정말로 중요한 것에 집중하는 것이다. 단순한 해결책은 이해하기 쉽지만 반드시 구현하기 쉽지만은 않다.

단순성은 정확성이나 완전성을 희생하지 않고 원하는 지점까지 신속하게 가는 것이다. 그러면 여러분은 추가적인 편집이나 연구보다 가치 있는 다른 태스크에 집중할 수 있다. 단순성의 목표는 불필요한 혹은 혼동을 일으키는 모든 것을 제거하는 것이다. '제거한다'는 것은 그 대상을 사용자의 길에서 없애버리는 것을 의미한다(사용자는 여러분의 고객 혹은 다른 개발자일 수 있다). 단순성에 관해 이야기할 때 오컴의 면도날Occam's razor[17]을 빼놓을 수는 없을 것이다.

오컴의 면도날

오컴의 면도날 원칙에서는 "엔티티들은 반드시 필요하지 않다면 늘려서는 안 된다"고 언급한다. 즉, 한 문제에 대해 여러 가능한 해결책이 있다면, 가정과 움직이는 부분이 가장 적은, 가장 단순한 옵션을 선택해야 한다.

이 면도날은 종종 단순성을 엄격하게 옹호하는 수단으로 잘못 사용되지만, "모든 것은 보다 단순하게 만드는 것이 아니라, 가능한 한 가장 단순하게 만들어져야 한다"는 아인슈타인의 격언은 훨씬 합리적인 뉘앙스를 담고 있다. 오컴의 면도날은 빠른 의사 결정을 내리고, 진실을 수립하는 데 유용하다. 특히 증거가 없거나 제한되어 있을 때 그렇다. 오컴의 면도날은 모든 사실이 알려지기 이전에 초기 결정을 내리는 데 도움을 주는 최고의 멘탈 모델이다.

이 원칙을 소프트웨어 개발에 어떻게 적용할 수 있는지 생각해보자. 웹 개발에서는 하나의 문제를 해결하기 위한 여러 접근법을 갖게 될 수 있다. 우리가 빠르게 어떤 웹 애플리케이션을 만들어야 한다고 가정하자. 이 웹 애플리케이션을 통해 사용자들은 그들의 프로파일을 생성하고 관리할 수 있어야 한다. 이 상황에서 두 가지 다른 접근법을 고려할 수 있다.

1. 우리가 직접 개발한 커스텀 설루션을 사용해 프로파일 기능을 구현한다. 이 접근법은 많은 작

---

17 https://ko.wikipedia.org/wiki/오컴의_면도날

업을 필요로 한다. 데이터베이스 스키마, 사용자 인증, 프로파일을 생성하고 관리하는 데 필요한 모든 기능을 설계하고 구현해야 하기 때문이다.

2. 기존 사용자 관리 시스템(예를 들면 OAuth[18] 혹은 Firebase Authentication[19] 같은 서드파티 옵션)을 사용해 프로파일 기능을 구현한다. 이 접근법은 보다 적은 작업을 필요로 한다. 그저 기존 시스템에 연결하기 위해 필요한 기능을 구현한 뒤 이를 웹사이트에 통합하기만 하면 된다. 하지만 다른 트레이드오프가 존재한다.

이 상황에서 **오컴의 면도날은 두 번째 접근법이 더 낫다고 제안한다.** 두 번째 방식에서의 가정과 움직이는 부분이 더 적기 때문이다. 물론 완전히 가장 단순한 해결책은 아닐 수 있지만(훨씬 사용하기 쉬운 다른 기존 시스템이 존재할 수 있으므로), 주어진 프로젝트의 현재 상태에서는 합리적으로 가장 단순한 해결책이다.

오컴의 면도날은 문제 해결 원칙일 뿐 이론은 아니다. 단순성은 여러 해결책 중 하나를 선택할 때 항상 가장 중요한 요소는 아님을 기억하자. 다른 고려 사항, 예를 들면 효과나 성능이 단순성보다 중요하게 고려될 때도 있을 것이다. 모든 요소들을 고려하고 구체적인 상황과 프로젝트의 니즈에 따라 정보에 기반한 의사 결정을 내리는 것이 중요하다.

2.10 때때로 (필수적인) 복잡성은 다른 어딘가에는 살아남아야 한다

모든 의미 있는 소프트웨어에는 필수적인 복잡성이 존재한다. 그 복잡성은 절대로 제거할 수 없다. 단지 통제할 수 있을 뿐이다.

— 그레이디 부치Grady Booch[20]

우리는 이 동전의 다른 쪽 면도 다루고자 한다. '필수적인 복잡성essential complexity', 즉 우리가 해결하고자 하는 문제에 내재된 복잡성은 때때로 단순히 '제거'하거나 '단순화'할 수 없다. 어딘가에는 살아남아야 한다. 이것은 우발적 복잡성과 반대이다. 우발적 복잡성은 존재해서는 안 된다.

단순성을 위해 단순성에 집중한다는 것은 위험한 함정이다. 때때로 코드에서 복잡성을 제거하는

---

18 https://oauth.net/
19 https://firebase.google.com/docs/auth
20 https://en.wikipedia.org/wiki/Grady_Booch

것 자체를 할 수 없기 때문이다. 이때 유일한 방법은 그 복잡한 부분을 옮겨서 여러분의 시스템에 관한 경험이 덜 풍부한 프로그래머들이 보다 쉽게(어렵지 않게) 사용할 수 있게 하는 것이다. 프레드 헤버트Fred Hebert의 유명한 격언을 소개한다.[21]

> 복잡성은 어딘가에는 살아남아야 한다. 복잡성을 포용한다면 적절한 장소를 마련하라. 여러분의 시스템과 조직이 복잡성이 존재함을 알 수 있도록 설계하라. 적응에 집중하라. 여러분의 강점이 될 것이다.

안타깝게도 복잡성은 원래 유입되었던 위치를 넘어 확산되는 경향을 갖는다. 하지만 운이 좋다면 그 필수적인 복잡성은 잘 정의된 위치(코드베이스 안의 추상화, 여러분이 작성한 문서, 팀에 새롭게 합류한 엔지니어들을 위한 교육 자료)에만 머물 것이다.

필수적인 복잡성을 숨기려 시도하지 말고 그것에 적절한 공간을 마련하라. 그것을 관리할 방법을 만들라. 하지만 언제, 어디에서 더 복잡한 접근법이 필요할지 알아야 한다.

2.11 복잡성을 관리하는 데 지속되는 어려움은 무엇인가?

소프트웨어 시스템의 규모와 복잡성이 계속해서 증가함에 따라, 그 개발과 유지보수의 관리는 매우 도전적인 태스크가 되었다. 개발자들은 전통적으로 다양한 도구와 기법(예를 들면 모듈 시스템, 추상화, 오픈소스, 분산 아키텍처)을 사용해 이 복잡성을 관리해왔다. 하지만 이 접근법들은 추가적인 '우발적 복잡성'을 만들었다. 이 우발적 복잡성들은 관리하기 어려울 수 있다.

한 가지 어려움은 서드파티 모듈에 관한 의존성 증가이다. 이는 적절한 이익을 제공하지 않고 시스템에 복잡성을 추가할 수 있다. 또한 마이크로서비스와 분산 아키텍처 사용은 시스템의 다양한 컴포넌트들의 관리와 조정을 어렵게 만들 수 있다. 그 결과 많은 조직들은 DevOps와 SRE 역할을 두어 자신들의 소프트웨어 시스템이 원만하게 작동하고 비용이 드는 장애를 방지하고자 노력한다.

이런 어려움에도 불구하고 많은 개발자들은 우발적 복잡성을 관리하고, 보다 크고 복잡한 시스템을 만들 수 있도록 도움을 주는 새로운 도구와 기법들이 계속해서 등장할 것이라는 희망을 갖고 있다. 하지만 필수적인 복잡성은 항상 늘어나며 이 복잡성을 관리하는 것이 예측할 수 있는 미래에서 만날 수 있는 핵심적인 어려움으로 남을 것임을 깨달아야 한다.

---

21 https://ferd.ca/complexity-has-to-live-somewhere.html

2.12 결론

결론적으로 효과적이고 효율적인 시스템을 만들기 위해서는 반드시 소프트웨어 복잡성을 관리해야 한다. 내재적 복잡성과 우발적 복잡성의 차이를 이해하고, 커네빈 프레임워크 같은 도구를 사용함으로써 소프트웨어 팀은 그들의 시스템을 효과적으로 만들기 위해 복잡성을 없애는 시도를 할 수 있다.

소프트웨어 개발자로서 우리는 높은 품질의 코드, 즉 깨끗하고, 강건하며, 신뢰할 수 있는 코드를 만들어내야 한다. 하지만 소프트웨어 개발의 내재적 복잡성은 많은 경우 이를 과학이 아닌 예술로 만든다. 우리는 이 복잡성의 영향을 최소화하도록 시도할 수 있다. 이를 위해서는 우리가 풀고자 하는 문제를 완전히 이해하고, 우리가 작성한 코드를 테스트하고 정제해야 한다. 하지만 궁극적으로 우리는 절대로 복잡성을 완전히 제거할 수 없다. 이런 통제의 결여는 어려울 수 있고, 이 문제에 더 나은 접근법이 없는지 우리를 방황하게 만들 것이다.

복잡성이라는 짐을 그저 시스템의 다른 부분으로 재분배하는 것보다, 불필요한 복잡성은 줄이고 시스템을 단순화할 수 있는 방법을 찾는 데 집중하는 것이 중요하다. 그리고 지속적으로 시스템을 리뷰하고 확인함으로써 불필요한 복잡성이 자라지 않게 하는 것이 중요하다.

다음 장부터는 대규모 리액트 자바스크립트 애플리케이션에서 복잡성을 식별하고 관리하는 구체적인 주제에 관해 집중해서 살펴보려 한다. 먼저 모듈성에 관해 살펴볼 것이다.

2.13 더 읽을 거리

- 《A Philosophy of Software Design》[22]
- Complexity and Strategy[23]
- Complexity and Software Engineering[24]
- Out of the Tar Pit: a Summary[25]

---

22 https://www.amazon.com/Philosophy-Software-Design-John-Ousterhout/dp/1732102201
23 https://hackernoon.com/complexity-and-strategy-325cd7f59a92
24 https://wellquite.org/posts/complexity/?utm_source=pocket_reader
25 http://kmdouglass.github.io/posts/summary-out-of-the-tar-pit/

- No Silver Bullet[26]

- There is still No Silver Bullet for Software Complexity[27]

- Simple Made Easy[28]

---

26 http://worrydream.com/refs/Brooks-NoSilverBullet.pdf

27 https://www.linkedin.com/pulse/still-silver-bullet-software-complexity-sean-mcbride/

28 https://github.com/matthiasn/talk-transcripts/blob/master/Hickey_Rich/SimpleMadeEasy.md

모듈성

대규모 애플리케이션을 구축하는 비밀, 그것은 절대로 대규모 애플리케이션을 구축하지 않는 것이다. 여러분의 애플리케이션을 작은 조각으로 나누라. 그리고 테스트할 수 있는, 바이트 크기의 그 조각들을 합쳐 큰 애플리케이션을 만들라.

— 저스틴 마이어Justin Meyer[1]

대규모 자바스크립트 애플리케이션을 구축하는 핵심 원칙 중 하나는 코드를 모듈화하고 컴포넌트화하는 것이다. 이는 **애플리케이션을 작고 독립된, 다시 말해 독립적으로 개발 및 테스트할 수 있는 모듈 또는 컴포넌트로 나누는 것**이라고 설명할 수 있다.

모듈성modularity(및 컴포넌트화componentization)은 코드의 재사용성을 높인다. 다른 프로젝트와 팀 사이에서 모듈과 컴포넌트를 공유할 수 있게 하기 때문이다. 모든 프로젝트에서 바퀴를 재발명하는 필요를 줄임으로써 시간과 비용을 절약할 수 있다. 또한 애플리케이션을 관리 및 유지보수가 쉽게 만들면 버그 발생 가능성을 줄이고 미래에 새로운 기능을 쉽게 추가할 수 있게 된다.

모듈화된 애플리케이션을 구축하는 최고의 방법은 작고, 모든 것을 포함하고 있으며 독립적으로 테스트 및 디버그할 수 있는 기능 조각에서 시작하는 것이다. 이 코드는 모듈로 작성할 수 있으며 더 많은 모듈이나 컴포넌트를 추가하기 전에 이 모듈이 예상대로 작동하는지 확인할 수 있다.

---

[1] https://twitter.com/justinbmeyer

3.1 자바스크립트에서의 모듈

자바스크립트 모듈 JavaScript module[2]을 사용하면 코드를 작은 파일로 나누어서 기능을 익스포트/임 포트할 수 있다. 네이티브 모듈 구문은 다음을 제공한다.

- `export` **선언**[3]: 함수, 객체, 프리미티브 등 모든 것을 익스포트한다.
- `import` **선언**[4]: 다른 모듈을 임포트한다.

모듈을 사용하면 재사용성과 유지보수성이 높아진다. 모듈을 작성하면 그 모듈은 애플리케이션의 다른 부분 및 다른 프로젝트에서 재사용할 수 있다. 그 결과 모듈을 업데이트하기 위해 전체 코드 베이스의 여러 곳을 변경할 필요가 없다. 모듈을 사용하면 캡슐화도 가능해진다. 우리가 공개적으 로 필요한 기능만 익스포트해서 내부의 세부적인 구현은 프라이빗 모듈 범위 안에 숨길 수 있다.

예를 들면 재사용 가능한 UI 컴포넌트를 익스포트하는 UI 모듈을 가질 수 있다.

ui.js

```
export function Button({text}) {
  // 버튼 컴포넌트
}

export function Header({title}) {
  // 헤더 컴포넌트
}
```

그리고 다른 파일에서 우리가 필요한 부분만 임포트한다.

page.js

```
import { Header } from './ui.js';

function Page() {
  return <Header title="My Page"/>;
}
```

자바스크립트 애플리케이션의 규모와 복잡성이 늘어나면서 모듈성은 더욱 중요해진다. 모듈을 사

---

2   https://developer.mozilla.org/en-US/docs/Web/JavaScript/Guide/Modules
3   https://developer.mozilla.org/en-US/docs/Web/JavaScript/Reference/Statements/export
4   https://developer.mozilla.org/en-US/docs/Web/JavaScript/Reference/Statements/import

용하면 조직화되고, 재사용할 수 있고, 유지보수성이 높은 코드베이스를 갖게 된다.

자바스크립트 모듈에 관해 간략하게 살펴봤다. 이제 리액트 애플리케이션에서 모듈의 개념을 어떻게 해석하는지 확인해보자.

리액트에서의 컴포넌트화

리액트[5] 콘텍스트에서 모듈module은 종종 '컴포넌트화componentization'라 불리는 패턴으로 적용된다. 리액트는 본질적으로 개발자들로 하여금 **컴포넌트**component를 사용해 생각할 것을 권장한다. 각 컴포넌트는 UI의 구분된 조각이며, 올바르게 구축한다면 애플리케이션의 다양한 부분에서 재사용할 수 있다. 이는 자바스크립트에서 모듈을 사용하면 코드를 재사용 가능한 것과 같다.

컴포넌트화는 앞서 논의한 모듈화된 접근법과 정렬align되어 있어 아름답다. 예를 들면 어떤 파일이 하나의 Button 컴포넌트, 다른 파일이 하나의 Header 컴포넌트를 가지고 있다고 가정해보자. 이 컴포넌트들은 자바스크립트의 모듈처럼 임포트해 리액트 애플리케이션의 필요한 위치에서 사용될 수 있다. 이는 전체적으로 일관적인 형태와 동작을 보장하는 동시에 각 컴포넌트의 로직과 상태 관리를 중앙 집중화한다.

리액트 애플리케이션의 규모가 늘어나면서 컴포넌트들을 확장 가능하고 유지보수 가능한 형태로 조직화할 필요성이 생겨난다. 그렇다면 컴포넌트 라이브러리, 어토믹 설계atomic design, 또는 도메인 주도 설계domain-driven design, DDD 같은 개념을 사용할 때이다. 이들 중 몇 가지 개념에 대해서는 책 후반부에서 다룰 것이다. 하지만 지금은 대규모 리액트 애플리케이션에서 컴포넌트화에 접근하는 몇 가지 일반적이고 중요한 전략들에 관해 먼저 살펴본다.

재사용 가능한 컴포넌트를 식별하라

리액트 애플리케이션 컴포넌트화의 첫 단계는 재사용 가능한 컴포넌트를 식별하는 것이다.

다음은 컴포넌트화하기 좋은 후보들이다.

- 버튼, 메뉴, 카드 같은 반복되는 요소들
- 헤더, 콘텐츠 영역, 푸터 같은 페이지의 구역들
- 기능의 논리적 덩어리

---

5 https://react.dev/

재사용 가능한 컴포넌트들을 식별함으로써 라이브러리나 컴포넌트들을 생성할 수 있다. 이 라이브러리나 컴포넌트들은 애플리케이션 전체 혹은 심지어 다른 프로젝트에서도 재사용할 수 있다. 재사용은 개발과 테스팅에 드는 많은 시간과 노력을 줄여준다.

Post 컴포넌트의 예를 살펴보자. 이 컴포넌트는 소셜 네트워크 사이트에서 어떤 저자에 의해 생성된 포스트post를 위한 기능을 포함한다. 이 포스트는 저자의 이름, 포스트 제목, 본문, 날짜 및 다른 세부 사항들을 포함한다.

한 컴포넌트에 모든 기능을 포함하고 있는 하나의 포스트 요소

```
function Post({ post }) {
  return (
    <div>
      <img
        src={post.profileUrl}
        alt={`${post.author}'s profile`}
      />

      <h1>{post.title}</h1>

      <p>{post.text}</p>

      <div>Author: {post.author}</div>

      <div>Date: {post.date}</div>

      <p>{`${post.numLikes} likes`}</p>

      <p>{`${post.numComments} comments`}</p>

      <p>{`${post.numShares} shares`}</p>

      <button>Like</button>
      <button>Share</button>
      <button>Comment</button>
    </div>
  )
}

export default Post;
```

앞의 예시에서는 하나의 단일 컴포넌트 안에 포스트 요소의 모든 콘텐츠를 렌더링했다. post prop은 컴포넌트에 매개변수로 전달되고 우리는 이를 사용해 제목, 본문, 저자, 날짜 및 다른 관련 정보들을 표시한다. 또한 포스트에 관한 좋아요like, 공유하기share, 댓글comment 같은 버튼을 포함한다.

그림 3-1 Post 컴포넌트

특정 요소의 모든 UI를 하나의 컴포넌트 안에 유지하는 접근법을 사용하면 단순하고 빠르게 구현할 수 있다. 하지만 코드베이스가 커지면 컴포넌트의 유지보수와 테스트가 어려워진다. 모듈성과 컴포넌트화를 사용하면 유지보수와 테스트에 도움을 줄 수 있으며 동시에 컴포넌트의 재사용 가능성을 높이고 보다 유연하게 만들 수 있다.

애플리케이션을 작은 컴포넌트로 나누라

컴포넌트화의 핵심적인 측면은 애플리케이션을 보다 작고, 관리 가능한 컴포넌트들로 자르는 것이다. 거대한 모놀리식monolithic 컴포넌트들을 만드는 대신 애플리케이션을 개발, 테스트, 유지보수하기 쉬운 보다 작은 컴포넌트로 나눌 수 있다.

작은 컴포넌트들은 보다 유연하며 여러 콘텍스트에서 재사용할 수 있다. 이는 애플리케이션의 적응성과 확장성을 높여준다.

예를 들면 Post 컴포넌트를 다음의 작은 컴포넌트로 나눌 수 있다.

- PostHeader
- PostContent
- PostFooter

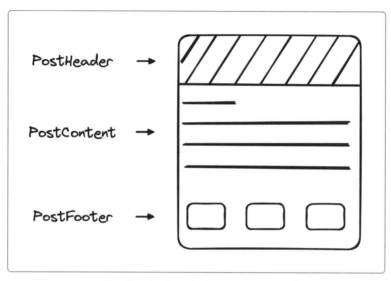

그림 3-2 PostHeader, PostContent, PostFooter 컴포넌트

PostHeader

`PostHeader` 컴포넌트는 포스트의 헤더를 출력하는 책임을 갖는다. `PostHeader`는 저자의 이름, 프로파일 이미지, 타임 스탬프를 위한 props를 받는다.

PostHeader 컴포넌트

```javascript
function PostHeader({
  authorName,
  profileUrl,
  timestamp
}) {
  return (
    <div>
      <img
        src={profileUrl}
        alt={`${authorName}'s profile`}
      />
      <p>{authorName}</p>
      <p>{timestamp}</p>
    </div>
  );
}

export default PostHeader;
```

PostContent

PostContent 컴포넌트는 포스트의 메인 콘텐츠를 출력하는 책임을 갖는다. PostContent는 포스트의 본문, 그리고 필요한 경우 미디어 요소(예: 이미지, 비디오 등)를 위한 props를 받는다.

PostContent 컴포넌트

```
function PostContent({ text, media }) {
  return (
    <div>
      <p>{text}</p>
      {media.map((element, index) => (
        <img
          key={index}
          src={element.url}
          alt={element.alt}
        />
      ))}
    </div>
  );
}

export default PostContent
```

PostFooter

PostFooter 컴포넌트는 포스트의 푸터를 출력하는 책임을 갖는다. PostFooter는 post의 좋아요, 댓글, 공유 수를 위한 props를 받는다.

PostFooter 컴포넌트

```
function PostFooter({
  numLikes,
  numComments,
  numShares,
}) {
  return (
    <div>
      <p>{`${numLikes} likes`}</p>
      <p>{`${numComments} comments`}</p>
      <p>{`${numShares} shares`}</p>

      <button>Like</button>
      <button>Share</button>
      <button>Comment</button>
```

```
      </div>
  );
}

export default PostFooter
```

Post

마지막으로 Post 컴포넌트는 이 작은 컴포넌트들을 모두 조합해 하나의 응집된 포스트 요소를 만드는 책임을 진다. 포스트의 저자, 콘텐츠, 푸터를 위한 props를 받고, 이를 필요로 하는 각각의 자식 컴포넌트(하위 컴포넌트)에 전달한다.

부모(상위) Post 컴포넌트

```
function Post({
  author,
  content,
  footer,
}) {
  return (
    <div>
      <PostHeader
        authorName={author.name}
        profileUrl={author.profileUrl}
        timestamp={author.timestamp}
      />

      <PostContent
        text={content.text}
        media={content.media}
      />

      <PostFooter
        numLikes={footer.numLikes}
        numComments={footer.numComments}
        numShares={footer.numShares}
      />
    </div>
  );
}

export default Post
```

위와 같이 포스트를 작은 컴포넌트로 나누어서 코드를 보다 모듈화하고 쉽게 유지보수 가능하게 만들었다. 그리고 이 작은 컴포넌트들은 애플리케이션의 다른 부분에서도 재사용할 수 있으므로 확장성과 적응성도 높아진다.

모든 것을 컴포넌트로 만들고 싶을 수도 있겠지만 균형이 중요하다. 너무 잘게 나누면 결국 그 코드베이스를 탐색하기 어렵게 될 것이다. 너무 성기게 나누면 앞에서 설명한 이익의 혜택을 누리지 못할 것이다. 컴포넌트로 나누는 것을 결정할 때는 여러 요소들을 고려해야 한다.

- **재사용성**reusability: 특정한 UI 요소 혹은 기능을 애플리케이션의 여러 부분에서 반복하기 원하는가? 그렇다면 자체적인 컴포넌트로 만들 수 있는 좋은 후보이다.
- **단순성**simplicity**과 가독성**readability: 컴포넌트 코드의 가독성은 어떤가? 컴포넌트를 작은 하위 컴포넌트로 나누고 각각의 책임에 집중하도록 만들면 코드를 보다 쉽게 읽고 이해할 수 있게 되는가?
- **개선된 테스트 가능성**testability: 컴포넌트가 더 작고 집중된 책임을 갖는다면 이 컴포넌트를 보다 효과적으로 테스트할 수 있는가? 작은 컴포넌트들은 일반적으로 적은 내부 상태와 적은 사이드 이펙트를 가지므로 테스트에서 격리하기 쉽고 기능의 각 조각이 의도한 대로 작동함을 보장한다.
- **성능 고려 사항**: 컴포넌트를 나눔으로써 렌더링을 최적화하거나 불필요한 조작을 줄일 수 있는가? 리액트 같은 프레임워크에서는 종종 작은 컴포넌트가 보다 적은 수의 재렌더링을 하며 컴포넌트와 계산을 메모화한다. 이는 때때로 앱의 전반적인 성능을 개선할 수 있다.

디자인 시스템을 구현하라

디자인 시스템은 재사용 가능한 컴포넌트, 가이드라인, 애셋의 집합이며 팀이 응집된 제품을 구축하는 데 도움을 준다. 오늘날 인기 있는 디자인 시스템이 다수 존재한다. 구글의 머티리얼Material, 쇼피파이의 Polaris, 애플의 Human Interface Guidelines, 마이크로소프트의 Fluent Design System이 그 대표적인 예다.

디자인 시스템을 구축하면 리액트 애플리케이션의 컴포넌트 설계와 개발을 표준화하는 데 도움이 된다. 또한 구글의 머티리얼 같은 기존의 오픈소스 디자인 시스템을 사용하면 잘 문서화된 컴포넌트 셋과 패턴을 제공함으로써 개발을 촉진할 수 있다. 이를 활용하면 애플리케이션의 구체적인 로직과 기능에만 집중할 수 있다.

5장에서 디자인 시스템 구축과 유지보수에서 재사용 가능한 컴포넌트들이 어떤 역할을 하는지에 관해 보다 자세히 살펴본다.

3.2 지연 로딩

지연 로딩lazy-loading은 리소스가 필요할 때만 로딩하는 기법이다. 이는 초기(최초)에 로딩되는 리소스의 데이터양을 줄임으로써 애플리케이션의 성능을 효과적으로 개선한다.

리액트에서는 컴포넌트가 요구될 때만(즉, 지연해서) 선별적으로 로딩해서 애플리케이션의 성능과 응답성을 개선할 수 있다. 리액트에서 제공하는 `lazy` 함수[6]와 `Suspense` 컴포넌트[7]의 도움 덕분이다.

- `lazy`: 요청이 있을 때 컴포넌트를 로딩할 수 있게 하는 함수이다.
- `Suspense`: 지연 컴포넌트가 로딩되는 동안 대체fallback 컴포넌트를 표시하기 위해 사용하는 컴포넌트이다.

리액트에서 지연 로딩을 사용해 앞에서 구현한 `Post` 컴포넌트를 로딩하는 방법을 예시와 함께 살펴보자. 먼저 `Post` 컴포넌트를 정적으로 임포트하는 기본적인 예시에서 시작한다. `React.lazy()`와 함께 동적 임포트를 사용해서 컴포넌트를 동적으로 로딩하는 방법을 살펴본다.

정적 임포트

표준적인 정적 임포트static import를 사용하는 경우 파일 맨 위에서 `import`[8]를 선언해 `Post` 컴포넌트를 임포트한다.

Post 컴포넌트 정적 임포트

```
import React from 'react';

// Post 컴포넌트 임포트
import Post from './components/Post';

function App() {
  return (
    <div>
```

---

6 https://react.dev/reference/react/lazy
7 https://react.dev/reference/react/Suspense
8 https://developer.mozilla.org/ko/docs/Web/JavaScript/Reference/Statements/import

```
      <Post />
    </div>
  );
}

export default App;
```

Post 컴포넌트의 크기가 커서 로딩하는 데 시간이 걸리는 경우, 특히 초기 렌더링 시 Post 컴포넌트가 즉시 필요하지 않다면 상위 컴포넌트인 App 컴포넌트의 초기 로딩 시간에 영향을 줄 수 있다. 왜냐하면 정적 임포트는 전체 Post 컴포넌트와 그 의존성들을 가져와서 실행한 후 App 컴포넌트를 초기화하기 때문이다.

동적 임포트

이 이슈를 피하기 위해 리액트의 lazy() 함수 안에서 Post 컴포넌트를 지연해서 로딩할 수 있다 (동적 임포트dynamic import).

Post 컴포넌트 동적 임포트

```
import React, { lazy, Suspense } from 'react';

// Post 컴포넌트 동적 임포트
const Post = lazy(
  () => import("./components/Post"),
);

function App() {
  return (
    <div>
      {/*
        Suspense를 사용해 Post가 동적으로 로딩되는 동안 대체 컴포넌트를 렌더링한다.
      */}
      <Suspense fallback={<div>Loading...</div>}>
        <Post />
      </Suspense>
    </div>
  );
}

export default App;
```

앞의 예시에서는 동적 `import()`[9] 구문을 활용해 Post 컴포넌트를 비동기로 로딩한다. `import()` 함수는 프로미스promise를 반환하며, 이는 임포트된 모듈로 해결된다. 이를 리액트의 `lazy()` 함수와 함께 활용해 지연 로딩되는 컴포넌트를 만들 수 있다.

여기에서 Post 컴포넌트는 실제로 필요할 때만 로딩되므로 초기 번들 크기를 줄이고 App 컴포넌트의 로딩 시간을 개선한다.

Suspense 컴포넌트는 Post 컴포넌트가 로딩되는 동안 로딩 메시지 또는 플레이스홀더placeholder를 표시하기 위해 사용된다.

상호작용에 대한 지연 로딩

지연 로딩 패턴은 상호작용interaction이나 클릭이 발생할 때 컴포넌트를 동적으로 로딩할 때도 사용할 수 있다.

다음은 Post 컴포넌트를 지연 로딩하는 예시이다. 부모가 렌더링될 때 해당 컴포넌트를 동적으로 로딩하는 대신 클릭했을 때 로딩한다.

버튼 클릭 시 Post 컴포넌트를 지연 로딩하기

```
import React, { useState } from "react";

function App() {
  const [Post, setPost] = useState(null);

  const handleClick = () => {
    import("./components/Post").then((module) => {
      setPost(() => module.default);
    });
  };

  return (
    <div>
      {Post ? (
        <Post />
      ) : (
        <button onClick={handleClick}>
          Load Post
        </button>
```

---

9 https://developer.mozilla.org/en-US/docs/Web/JavaScript/Reference/Operators/import

```
      )}
    </div>
  );
}

export default App;
```

앞의 예시에서는 useState 훅을 사용해서 Post 상태 변수를 null로 초기화했다. 버튼이 클릭되면 동적 import() 함수를 사용해 Post 컴포넌트를 로딩한 뒤 Post 상태의 값으로 설정한다. Post가 설정되면 이후 화면에 렌더링된다.

리액트의 lazy() 함수를 동적 임포트와 함께 사용하는 것은 default exports를 사용할 때만 효과가 있다. 따라서 Post 컴포넌트가 이름 있는 익스포트를 갖는다면 그에 따라 import 구문을 조정해야 한다. 또한 리액트의 lazy() 함수를 사용한 동적 임포트는 즉시 필요하지 않은 큰 컴포넌트에만 사용해야 한다. 코드에 약간의 복잡성이 추가되고 서버 사이드 렌더링과 관련된 이슈를 야기할 수 있기 때문이다.

Intersection Observer API를 사용한 지연 로딩

Intersection Observer API[10]는 자바스크립트 API이며 이를 사용하면 뷰포트viewport에 어떤 요소가 표시되는 시점을 식별할 수 있다. 이는 온디맨드 코드 분할on-demand code splitting을 구현할 때 유용하다. 온디맨드 코드 분할에서는 사용자가 페이지의 특정 영역에 스크롤했을 때 코드를 로딩한다.

Interection Observer API를 리액트 애플리케이션에서 사용하려면 고유한 커스텀 기능을 만들거나 react-intersection-observer[11] 같은 서드파티 라이브러리에서 이 기능을 임포트해야 한다.

다음은 커스텀 useIntersectionObserver 훅을 사용해서 Post 컴포넌트가 뷰포트에 들어올 때 지연 로딩하는 간략한 예시이다.

Intersection Observer를 사용한 지연 로딩

```
import React, {
  useState,
  useRef,
```

---

10 https://developer.mozilla.org/ko/docs/Web/API/Intersection_Observer_API
11 https://github.com/thebuilder/react-intersection-observer

```
  lazy,
  Suspense,
} from "react";
import useIntersectionObserver from "./hooks";

const Post = lazy(
  () => import("./components/Post"),
);

function App() {
  const [shouldRenderPost, setShouldRenderPost] =
    useState(false);
  const postRef = useRef(null);

  const handleIntersect = ([entry]) => {
    if (entry.isIntersecting) {
      setShouldRenderPost(true);
    }
  };
  useIntersectionObserver(
    postRef,
    handleIntersect,
    { threshold: 0 },
  );

  return (
    <div>
      <div style={{ height: "1000px" }}>
        Some content before the post
      </div>
      <div ref={postRef}>
        {shouldRenderPost ? (
          <Suspense
            fallback={<div>Loading...</div>}
          >
            <Post />
          </Suspense>
        ) : (
          <div>Loading...</div>
        )}
      </div>
      <div style={{ height: "1000px" }}>
        Some content after the post
      </div>
    </div>
  );
}
```

```
export default App;
```

앞의 예시에서는 `useIntersectionObserver` 훅을 사용해서 `postRef` 요소의 가시성의 변화를 주시하고, 해당 요소가 뷰포트에 들어왔을 때 `hadlerIntersect()` 콜백을 트리거한다. `shouldRenderPost` 상태 속성은 해당 요소가 만나면 `true` 값으로 설정되고 이는 Suspense 컴포넌트 안에 있는 Post 컴포넌트의 렌더링을 트리거한다.

앞의 예시에서는 `useIntersectionObserver` 훅이 코드베이스의 어딘가에 정의되어 있다고 가정한다.

지연 로딩 컴포넌트는 필요할 때만 리소스를 로딩함으로써 애플리케이션의 초기 로딩을 크게 최소화하고 사용자 경험과 리소스 효율을 개선한다. 코드 분할 개념은 여기에서 한 걸음 더 나아가 애플리케이션 전체를 독립적으로 로딩될 수 있는 작은 덩어리로 나눈다.

3.3 코드 분할

코드 분할code-splitting은 애플리케이션 코드 전체를 보다 작은, 관리 가능한 덩어리로 나눔으로써 대규모 애플리케이션의 성능을 최적화하는 기법이다.

모듈화된 혹은 컴포넌트화된 애플리케이션 구조를 갖추는 것은 효율적인 코드 분할을 위한 토대를 닦는 것이다. 컴포넌트가 독립적이고 필요한 모든 것을 가지고 있도록 설계되면 이들을 필요할 때 로딩할 수 있는 구분된 덩어리로 분리하기 더욱 쉬워진다. 이 모듈화 접근법은 코드 분할의 밑바탕에 있는 핵심 아이디어와 완벽하게 정렬된다. 코드 분할의 목표는 전체 애플리케이션을 미리 로딩하지 않고 사용자에게 필요한 순간에 필요한 코드만 로딩하는 것이다.

리액트 애플리케이션에서 코드 분할 패턴은 공통적으로 다음을 포함한다.

* **라우트에 따라 분할하기**: 사용자의 탐색에 따라 페이지 모듈을 로딩한다.
* **컴포넌트에 따라 분할하기**: 그래프나 테이블 같은 큰 컴포넌트를 지연 로딩한다.
* **온디맨드 로딩**: 사용자가 버튼, 드롭다운 등을 클릭할 때 코드를 로딩한다.

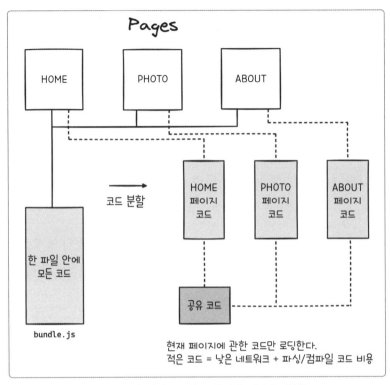

그림 3-3 **모놀리식 bundle.js를 작은 덩어리로 분할**

코드 분할을 구현하려면 가장 먼저 애플리케이션의 크리티컬 패스critical path를 식별해야 한다. 크리티컬 패스는 애플리케이션이 사용자에게 표시되기 전에 반드시 로딩되어야 하는 리소스의 순서를 의미한다. 이 크리티컬 패스를 식별함으로써 어떤 리소스를 먼저 로딩해야 하는지, 어떤 리소스를 보다 발전된 코드 분할 기법을 사용해서 지연 로딩할 수 있는지 결정할 수 있다.

이어지는 몇 개 절에서는 대규모 리액트 애플리케이션에서 발전된 코드 분할 기법에 접근하는 몇 가지 전략에 관해 살펴본다.

엔트리 포인트 분할

엔트리 포인트entry point는 사용자가 웹사이트를 방문했을 때 로딩되는 첫 번째 자바스크립트 파일이다. **엔트리 포인트 분할**entry point splitting은 **초기 자바스크립트 파일을 작은 덩어리로 자른다.** 이 덩어리들은 필요할 때만 로딩되며 페이지의 초기 로딩 시간을 줄인다.

예를 들면 다음과 같은 웹사이트가 있다고 생각하자.

- 하나의 home 페이지
- 하나의 product 페이지
- 그리고 하나의 contact 페이지

각 페이지는 고유한 자바스크립트 코드를 갖는다. 모든 코드를 한 번에 로딩하면 초기 페이지 로딩 시간은 느려질 수 있다. 엔트리 포인트 분할을 사용해 각 페이지에 관한 코드를 별도의 덩어리로 나눌 수 있다. 엔트리 포인트 분할 유형을 사용하면 사용자가 방문했을 때 다음과 같이 작동한다.

- **home 페이지**: home 페이지에 관한 코드만 로딩된다.
- **product 페이지**: product 페이지에 관한 코드만 로딩된다.
- **contact 페이지**: contact 페이지에 관한 코드만 로딩된다.

이 코드 분할 유형은 더 빠른 로딩 시간과 더 나은 사용자 경험을 제공할 수 있다. 구체적인 각 페이지에 대해 필요한 코드만 로딩하기 때문이다. 이를 통해 중복되고 불필요한 데이터를 가져오는 양을 줄일 수 있다.

벤더 분할

벤더 분할vendor splitting은 코드에서 서드파티 의존성을 분리할 때 사용하는 기법이다. 서드파티 라이브러리나 프레임워크를 사용하면 해당 라이브러리 코드는 우리의 자바스크립트 번들에 포함된다. 번들의 크기는 커지고 로딩 속도는 느려지며 라이브러리가 업데이트되었을 때 캐시 무효화 cache invalidation 이슈를 야기할 수도 있다.

벤더 분할을 사용하면 이 서드파티 의존성과 관련된 코드를 별도의 덩어리로 잘라내 독립적으로 캐싱할 수 있다. 다시 말해 우리 코드를 업데이트했을 때, 최종 사용자는 전체 라이브러리를 다시 다운로드하지 않아도 된다는 의미이다. 라이브러리는 이미 캐싱되어 있기 때문이다. 이것은 캐싱을 최적화하고 불필요한 데이터 다운로드를 줄임으로써 더 빠른 로딩 시간과 더 나은 사용자 경험을 제공한다.

동적 분할

동적 분할dynamic splitting은 자바스크립트 코드를 필요할 때 필요한 만큼 로딩할 때 사용하는 기법이다. 코드의 각 부분이 특정한 상황에서만 필요한 대규모 자바스크립트 애플리케이션에 유용하다.

예를 들면 대시보드와 설정 페이지를 갖는 애플리케이션이 있다고 가정하자. 대시보드 코드는 사용자가 설정 페이지에 있을 때는 불필요하며, 반대의 경우도 마찬가지다.

동적 분할을 사용하면 각 페이지 혹은 컴포넌트의 코드를 필요할 때만 로딩할 수 있다. 이는 페이지의 초기 로딩 시간을 줄이고 전체적인 성능을 개선한다. 또한 자바스크립트 번들의 크기를 통제 가능한 수준으로 유지하는 데 도움을 준다. 이는 대규모 애플리케이션에서 중요하다.

동적 분할은 미리 정해진 엔트리 포인트에만 의존하지는 않는다는 점에서 엔트리 포인트 분할과 다르다. 대신 동적 분할은 리액트의 `lazy/Suspense` 혹은 동적 `import()` 기능 도구나 패턴들을 사용해서 코드를 특정한 모듈 혹은 컴포넌트로 분할한다. 개발자들은 사용자 상호작용이나 다른 런타임 조건에 따라 코드베이스의 다른 부분들이 로딩될 때 점진적으로 통제할 수 있다.

컴포넌트 수준 분할

컴포넌트 수준 분할component-level splitting에서는 각 컴포넌트를 필요할 때만 지연 로딩한다. 즉, 애플리케이션은 현재 페이지에서 요청된 컴포넌트만 로딩한다는 의미이다. 이 기법은 네트워크 대역폭을 보다 효율적으로 사용할 수 있지만 경우에 따라 컴포넌트를 로딩해야 하기 때문에 지연을 증가시키기도 한다.

라우트 기반 분할

라우트 기반 분할route-based splitting에서는 애플리케이션이 라우트에 기반해 각각의 번들로 나뉜다. 사용자가 다른 라우트를 방문하면 적절한 번들을 필요에 따라 로딩하며, 초기에 다운로드해야 할 코드의 양을 줄인다. 이 기법은 애플리케이션의 초기 로딩 시간을 줄이는 데 도움을 줄 수 있지만, 네트워크 대역폭 사용 관점에서는 컴포넌트 수준 코드 분할보다 효율적이지 않을 수 있다.

공격적인 코드 분할의 트레이드오프

공격적인 코드 분할aggressive code-splitting은 애플리케이션의 자바스크립트를 수많은 작은 덩어리로 과도하게 자르는 프랙티스를 가리킨다. 코드 분할은 주어진 뷰 혹은 동작에 관한 필요한 코드만 로딩한다는 관점에서는 이익이 있지만, 공격적인 코드 분할로 인해 야기되는 몇 가지 어려움들도 있다.

1. **입도(세분성)**granularity **트레이드오프**: 공격적인 코드 분할은 수많은 작은 코드 덩어리를 만든다. 이것은 캐싱이나 중복 제거 관점에서는 좋을 수 있지만 압축이나 브라우저 성능 관점에서는

좋지 않을 수 있다. 각각 압축된 작은 덩어리들의 압축률은 더 작으며, 로딩 성능에도 영향을 미칠 수 있다. 25개 정도의 덩어리에서 영향이 나타나기 시작하며 100개 이상의 덩어리로 분할하면 그 영향이 심각하게 나타난다.

2. **상호 운용성**: 브라우저, 서버, CDN마다 코드 분할을 다르게 구현할 수 있으며 이는 호환성 이슈로 이어질 수 있다.

3. **오버헤드**: 코드 분할은 로딩 성능을 개선하지만 다른 한편으로 여러 파일의 처리, 가져오기, 파싱을 위해 필요한 추가적인 오버헤드를 발생시킬 수 있다. 이는 종종 애플리케이션의 속도를 늦추며 느린 기기나 네트워크에서 속도 저하가 두드러진다.

4. **디버깅**: 수많은 작은 덩어리들로 구성된 코드가 여러 파일에 분산되어 있기 때문에 코드를 디버그하고 이슈를 식별하기 어려울 수 있다.

5. **빌드 복잡성**: 공격적인 코드 분할은 빌드 프로세스를 한층 복잡하며 오랜 시간을 소요하게 만든다. 코드베이스가 여러 작은 덩어리로 나뉘어 있어 각각 관리해야 하고 때때로 개별적으로 빌드해야 하기 때문이다.

3.4 정리

컴포넌트화를 통해 모듈성을 확보하면 애플리케이션을 유지보수 가능하고 확장 가능하게 만드는 동시에 개발자 경험을 향상할 수 있다. 모듈성은 컴포넌트의 명확한 구조와 재사용성을 제공하기 때문이다.

애플리케이션의 복잡성이 늘어나면서 성능과 사용자 경험 최적화가 무척 중요해졌다. 코드 분할을 사용하면 애플리케이션을 관리 가능한 덩어리로 나눌 수 있고, 이를 통해 사용자가 필요한 코드를 적절한 시점에 로딩하도록 보장할 수 있다. 애플리케이션을 컴포넌트로 자르면 사용자의 상호작용이나 현재 뷰에 기반해 개별 컴포넌트를 동적으로 로딩할 수 있으므로 코드 분할을 효율적으로 구현할 수 있다.

다음 4장에서는 성능을 주제로 도움이 될 만한 자료들에 관해 좀 더 논의하고 공유한다.

4

성능

웹 성능은 웹페이지가 로딩되고 작동하는 속도와 효율성을 측정한 것이다. 대규모 웹 애플리케이션에서 최적의 성능을 유지하는 것은 긍정적인 사용자 경험을 보장하는 데 매우 중요하다. 애플리케이션의 규모가 커지면 트래픽 증가, 무거운 리소스 사용, 광범위한 기능으로 인해 점점 성능 유지가 어려워지기 때문이다.

우리가 최적화에 집중하는 대상이 핵심 웹 중요성 지표Core Web Vitals metrics[1]든, 직접 고안한 사용자 시점 지표user timing metric[2]든, 혹은 다른 어떤 것이든 성능과 관련된 여러 가지 중요한 주제들을 항상 염두에 두어야 한다. 이런 관점에서 성능은 매우 방대한 주제이다. 수많은 뉘앙스, 복잡함, 방법론이 존재하며 각각 심오하게 다루기에 충분한 영역이다.

이번 장에서는 웹 개발과 자바스크립트 영역에서의 성능 최적화에 관한 몇 가지 핵심 개념을 살펴본다. 특정 측면에 관해 더 깊이 들여다보고 싶은 여러분을 위해 관련 링크와 리소스들을 공유하겠다.

---

1 https://web.dev/articles/vitals?hl=ko
2 https://developer.mozilla.org/en-US/docs/Web/API/User_Timing_API

4.1 브라우저는 어떻게 작동하는가?

우리는 웹 애플리케이션이 빠르게 로딩되고, 응답성이 좋고, 매끄러운 사용자 경험을 제공하기를 원한다. 이를 달성하기 위해 먼저 브라우저가 어떻게 콘텐츠를 렌더링하고, 칠하고, 로딩하는지 이해하자.

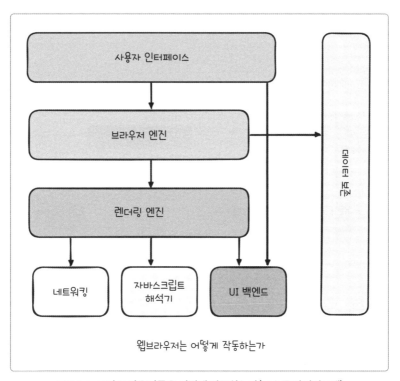

그림 4-1 **모던 브라우저들은 어떻게 작동하는가(고수준 다이어그램)**

렌더링

렌더링rendering부터 살펴보자. 브라우저는 HTML 문서를 받으면 **파싱**parsing 처리를 진행한다. **파서**parser는 받은 문서를 읽어 문서 객체 모델document object model, DOM[3] 트리를 생성한다. DOM은 문서의 구조를 나타낸다. 다음은 간단한 HTML 문서의 예시이다.

---

3 https://developer.mozilla.org/ko/docs/Web/API/Document_Object_Model

HTML 문서

```
<!DOCTYPE html>
<html lang="en">
<head>
  <meta charset="UTF-8">
  <title>Sample Page</title>
</head>
<body>
  <header>
    <h1>Welcome to My Page</h1>
  </header>
  <section>
    <p>This is a paragraph in a section.</p>
    <ul>
      <li>List item 1</li>
      <li>List item 2</li>
      <li>List item 3</li>
    </ul>
  </section>
  <footer>
    <p>Contact us at contact@example.com</p>
  </footer>
</body>
</html>
```

브라우저는 이 DOM 트리를 사용해 페이지에 콘텐츠를 렌더링한다. 브라우저는 HTML을 파싱해 DOM을 생성하면서 CSS를 처리해 CSS 객체 모델CSS object model, CSSOM[4]을 만든다. CSSOM은 DOM 요소에 적용될 CSS 스타일의 표현이다.

하지만 렌더링은 그저 콘텐츠를 화면에 표시하는 것만은 아니다. 렌더링의 두 가지 주요 단계는 **레이아웃**layout과 **페인트**paint이다. 레이아웃 단계에서 브라우저는 CSS에 정의된 스타일과 레이아웃 규칙을 기반으로 페이지에서 각 요소의 크기와 위치를 계산한다. 레이아웃을 완료하면 브라우저는 페인트 단계에 진입한다. 페인트 단계에서 브라우저는 각 요소를 화면에 그린다.

---

4 https://developer.mozilla.org/ko/docs/Web/API/CSS_Object_Model

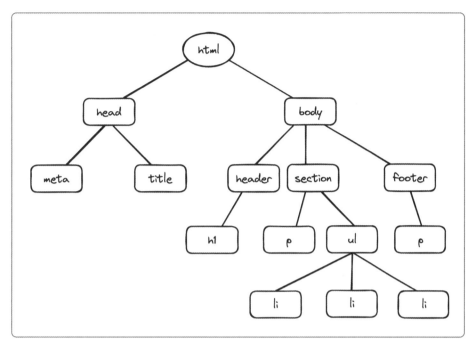

그림 4-2 DOM 트리

이 처리 과정을 이해하는 것은 애플리케이션의 성능을 최적화하는 데 도움이 되므로 매우 중요하다. 예를 들면 페이지 안에 수많은 요소들이 존재하는 경우 브라우저는 레이아웃을 계산하는 데 많은 시간을 소요할 수 있다. 이 애플리케이션의 속도는 느리고 응답성이 낮을 것이다. 페이지의 요소 수를 최소화하거나, CSS 그리드css grid[5]를 사용하거나 Flexbox[6]를 사용해 레이아웃을 단순화함으로써 애플리케이션의 성능을 개선할 수 있다.

로딩

브라우저 성능에 중요한 또 다른 측면은 **로딩**loading이다. 브라우저는 HTML 문서를 받으면 문서에 참조된 리소스(예를 들면 이미지, 스타일시트, 스크립트 등)를 로딩하기 시작한다. 이 프로세스는 특히 로딩해야 할 리소스가 매우 많을 경우 병목이 될 수 있다.

로딩 프로세스를 이해하는 것 또한 애플리케이션 성능을 최적화하는 데 도움을 준다. 예를 들면 지연 로딩lazy-loading[7]을 사용해 리소스가 필요할 때만 로딩할 수 있다. 또한 미리 가져오기

---

5   https://developer.mozilla.org/ko/docs/Web/CSS/CSS_grid_layout

6   https://developer.mozilla.org/ko/docs/Learn/CSS/CSS_layout/Flexbox

7   https://developer.mozilla.org/ko/docs/Web/Performance/Lazy_loading

prefetching[8]나 미리 로딩하기preloading[9] 같은 리소스 힌트resource hint를 사용할 수 있다. 이들을 사용하면 브라우저에게 미래에 사용할 리소스에 관한 정보를 제공할 수 있다.

성능 병목 식별하기

브라우저 엔지니어링에 관해 자세히 이해해야 하는 중요한 이유는 성능 병목을 식별하고 해결하기 위해서일 것이다. Chrome DevTools 같은 브라우저 개발자 도구를 사용하면 애플리케이션 성능을 조사하고 속도를 늦추는 영역을 식별할 수 있다. 이를 활용하면 코드를 최적화하고 애플리케이션 성능을 개선하는 데 도움이 된다.

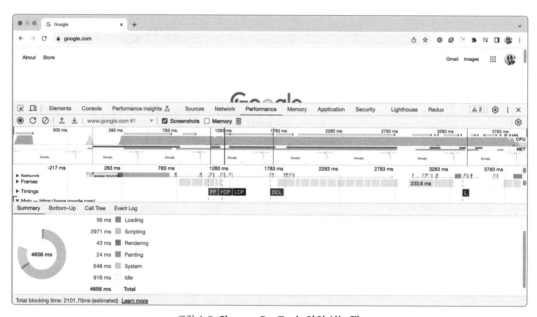

그림 4-3 **Chrome DevTools 안의 성능 탭**

브라우저 엔지니어링에 관해 더 자세히 알고 싶다면 구글 크롬 개발자 블로그의 '최신 웹브라우저 들여다보기' 시리즈를 읽어보자.[10] 이 시리즈는 브라우저의 다양한 컴포넌트들 및 이들이 함께 작동해 웹페이지를 렌더링하는 방법에 관한 종합적인 시각을 제공한다. DOM과 CSSOM의 내부 동작에 관해 더 자세히 알고 싶다면 web.dev의 아티클 <객체 모델 생성>[11]과 <렌더링 트리 생성, 레

8   https://web.dev/articles/link-prefetch?hl=ko
9   https://web.dev/articles/preload-critical-assets?hl=ko
10   https://developer.chrome.com/blog/inside-browser-part1?hl=ko
11   https://web.dev/articles/critical-rendering-path/constructing-the-object-model?hl=ko

이아웃 및 페인트>[12]를 읽어보자.

무료로 제공되는 《Web Browser Engineering》(파벨 판체카Pavel Panchekha, 크리스 해럴슨Chris Harrelson 저)[13]도 추천한다. 이 책은 브라우저 엔지니어링에 관해 자세히 다루며 파싱, 레이아웃, 렌더링, 네트워킹 같은 주제도 커버한다. 브라우저가 작동하는 방법에 관해 밑바닥부터 이해하고 싶어 하는 모든 개발자들을 위한 훌륭한 리소스다.

4.2 자바스크립트에서의 비용 이해하기와 줄이기

자바스크립트는 상호작용할 수 있는 사용자 경험과 동적 콘텐츠를 사용 가능하게 함으로써 모던 웹 개발의 핵심 요소가 되었다. 하지만 자바스크립트를 사용하는 비용은 성능, 구체적으로는 다운로드 시간과 CPU 실행 시간과 관련해 부정적인 영향을 미칠 수 있다. 이는 페이지 로딩 시간을 늦추고, 상호작용성을 줄이고, 형편없는 사용자 경험(특히 느린 CPU가 탑재된 랩톱과 모바일 기기를 사용하는 사용자들이 해당함)을 만든다.

자바스크립트 CPU 실행 최적화를 통해 총 차단 시간total blocking time, TBT[14] 및 다음 페인트와의 상호작용interaction to next paint, INP[15] 같은 상호작용성 지표를 개선할 수 있다. 여기에서 2024년 기준 자바스크립트 비용에 관해 자세히 살펴보겠다. 자바스크립트 성능을 개선하고, 빠르고 응답성이 뛰어난 웹 경험을 전달하기 위한 최신 기법들과 모범 사례들을 확인할 수 있을 것이다.

다운로드 시간(네트워크 전송)

자바스크립트와 관련된 가장 큰 어려움은 다운로드 시간을 줄이는 것이다. 5G 같은 고속 네트워크의 성장에도 불구하고 많은 사용자들은 여전히 느린 네트워크 연결 속도(특히 이동 중)를 경험하고 있다. 다운로드 시간을 최적화하려면 **자바스크립트 번들의 크기를 작게(특히 모바일 기기를 위해) 유지해야 한다.** 번들의 크기가 작을수록 다운로드 속도가 개선되고, 메모리를 적게 사용하고, CPU 비용이 낮아진다.

하나의 거대한 번들의 사용을 피하는 것도 중요하다. 번들의 크기가 50~100 KB를 초과한다면 작은

---

12 https://web.dev/articles/critical-rendering-path/render-tree-construction?hl=ko
13 https://browser.engineering/
14 https://web.dev/articles/tbt?hl=ko
15 https://web.dev/articles/inp?hl=ko

번들로 나눠야 한다. HTTP/2 멀티플렉싱multiplexing[16]을 사용하면 복수의 요청과 응답 메시지를 동시에 전송할 수 있고 이를 통해 추가적인 요청의 오버헤드를 줄일 수 있다.

앞서 3장에서 하나의 큰 번들을 보다 작은 여러 번들로 코드 분할하는 방법에 관해 설명했다.

실행 시간

다운로드를 완료한 뒤에는 이제 스크립트 실행 시간이 대다수의 비용을 차지한다. 브라우저의 메인 스레드가 자바스크립트를 실행하느라 바쁘면 사용자 상호작용은 지연될 수 있다. 따라서 스크립트 실행 시간과 네트워크 관련 병목을 최적화하는 것이 영향을 미칠 수 있다. 이를 최적화하기 위해서는 다음을 고려하자.

- 메인 스레드를 바쁘게 유지시킬 수 있는 **긴 태스크를 피하라**. 그리고 페이지들이 상호작용할 수 있는 상태가 되면 곧바로 내보낸다. 긴 태스크들은 메인 스레드를 점유하므로 이를 작은 작업들로 분할하는 것이 중요하다. 코드를 분할하고 로드되는 순서의 우선순위를 지정하면 페이지들이 보다 빠르게 상호작용 가능하게 만들 수 있고, 입력 지연을 줄일 수 있을 것이다.
- **거대한 인라인 스크립트를 피하라**(이들 역시 메인 스레드에서 파싱 및 컴파일된다). 첫 번째 규칙을 기억하라. 스크립트 크기가 1 KB를 넘으면 인라인으로 작성하지 말라. 1 KB는 외부 스크립트에 관한 코드 캐싱을 실행하는 크기이기도 하다.

파싱과 컴파일

지난 몇 년간 자바스크립트 관련 비용의 가장 주목할 만한 변화는 브라우저의 스크립트 파싱 및 컴파일 속도가 크게 향상되었다는 점이다. 2024년 기준으로 파싱과 컴파일 비용은 더 이상 과거만큼 높지 않다(즉, 느리지 않다). 구글의 자바스크립트 엔진 V8의 원시 자바스크립트 파싱 속도는 크롬 60 이후로 계속 빨라졌으며, 크롬의 다른 최적화들로 인해 원시 파싱 및 컴파일 비용은 덜 가시적이고 덜 중요해지게 되었다.

V8에서는 메인 스레드의 파싱과 컴파일양이 평균 40% 줄었고, 워커 스레드로 하여금 이를 수행하게 했다. 이것은 기존의 오프-메인-스레드off-main-thread 스트리밍 파싱 및 컴파일에 추가된다. V8은 메인 스레드를 중지시키지 않고 자바스크립트를 파싱 및 컴파일할 수 있다. 이는 이전 버전의

---

16 https://web.dev/articles/performance-http2?hl=ko

크롬에 비해 눈에 띄게 개선된 것이다. 이전 버전의 크롬은 스크립트 전체를 다운로드한 뒤 파싱을 시작했다.

V8 엔진의 (바이트)코드 캐싱(byte)code-caching[17] 최적화도 도움이 된다. 스크립트가 처음 요청되면 크롬은 해당 스크립트를 다운로드하고 V8에게 컴파일을 지시한다. 또한 해당 파일을 브라우저의 온-디스크 캐시에 저장한다. JS 파일이 두 번째로 요청되면 크롬은 요청받은 파일을 브라우저 캐시에서 꺼내고 V8에게 재컴파일을 지시한다. 하지만 이번에는 컴파일된 코드는 직렬화되어 캐싱된 스크립트 파일에 메타데이터로 추가된다. 파일이 세 번째로 요청되면 크롬은 두 파일을 모두 꺼내고 캐시에서 해당 파일의 메타데이터를 꺼내 V8에 전달한다. V8은 메타데이터를 역직렬화하고 컴파일을 건너뛴다. 첫 두 번의 방문이 72시간 안에 발생하면 코드 캐싱을 실행한다.

모바일 기기

앞서 언급한 요소들 외에 자바스크립트는 모바일 기기의 배터리 수명에도 영향을 미칠 수 있다. 자바스크립트를 실행하기 위해서는 많은 CPU 리소스가 필요하며, 배터리가 빨리 소진되게 할 수 있고 로우-엔드 기기일수록 이런 현상은 두드러진다. 그래서 느린 CPU가 탑재된 휴대전화에서는 자바스크립트 실행 시간이 중요하다.

CPU, GPU, 서멀 스로틀링thermal throttling의 차이로 인해 하이엔드/로엔드 휴대전화의 성능에는 큰 차이가 발생한다. 자바스크립트 실행은 CPU와 연관되므로 이는 자바스크립트 성능에 매우 중요하다.

이 이슈를 해결하기 위해 웹 개발자들은 그들이 작성한 자바스크립트 코드의 다운로드 시간과 실행 시간 최적화에 집중해야 했다. 다음을 통해 이를 달성할 수 있다.

- 자바스크립트 번들의 크기를 줄인다.
- 큰 번들을 작은 번들로 나눈다.
- 메인 스레드를 블로킹할 수 있는 긴 태스크를 피한다.

---

17 https://v8.dev/blog/code-caching-for-devs

4.3 상호작용 최적화

상호작용 대비interaction-readiness는 사용자의 상호작용에 대해 웹페이지가 얼마나 빠르게 반응할 수 있는지를 평가하는 웹 성능 지표이다.

이 지표는 웹 성능의 핵심 측면이다. 사용자는 웹페이지가 자신의 입력(예를 들면 클릭, 스크롤, 타이핑 등)에 즉각 반응하기를 원하기 때문이다. 웹페이지가 느리게 응답하면 사용자는 답답함을 느끼고 해당 사이트를 떠날 것이다. 상호작용 대비는 네트워크 지연, 서버 처리 시간, 브라우저 렌더링 성능 등 다양한 요소의 영향을 받는다. 상호작용 대비를 다양한 측면에서 측정하는 여러 지표들을 찾아볼 수 있다. 상호작용 시작 시간time to interactive, TTI[18] 혹은 TBT 지표를 예로 들 수 있다.

INP도 사용자 상호작용에 관한 웹페이지의 응답성을 측정하는 지표이다. 하지만 INP는 사용자가 상호작용을 시작한 순간부터 스크린에 다음 프레임이 그려지는 순간까지의 응답성을 측정한다. 이 지표는 웹페이지의 로딩 및 런타임 응답에 관한 보다 정확한 추정을 제공한다.

startTransition[19]과 Suspense[20]를 통해 구현되는 React.js 타임 슬라이싱을 사용하면 선택적이고 점진적인 흡수hydration를 활성화할 수 있으며 언제든 방해를 받을 수 있는 작은 슬라이스 안에서 흡수할 수 있다. 이 접근법은 INP의 개선을 도우며 리액트 앱이 자동 완성 같은 대규모 트랜지션을 하는 동안에도 키 스트로크, 호버hover 효과, 클릭에 보다 잘 반응하게 한다. Next.js는 새로운 라우팅 프레임워크인 앱 라우터App Router를 개발하고 있는데, 앱 라우터는 기본적으로 startTransition을 사용해 라우트를 전환한다. Next.js 사이트 소유자들은 이를 활용해 리액트 타임 슬라이싱을 도입함으로써 라우트 전환의 반응성을 개선할 수 있다.

4.4 네트워킹

HTTP/3은 HTTPHypertext Transfer Protocol의 새로운 버전이며 인터넷에 관한 성능과 보안을 개선하기 위해 설계되었다. HTTP/3은 QUIC 전송 프로토콜을 사용한다. 이 프로토콜은 지연과 혼잡을 줄이고 멀티플렉스 스트림과 커넥션 마이그레이션을 지원하기 위해 설계되었다. 구글 크롬, 모질라 파이어폭스, 마이크로소프트 엣지 같은 모든 주요 브라우저들은 HTTP/3을 기본적으로 지원하거

---

18 https://web.dev/articles/tti?hl=ko
19 https://react.dev/reference/react/startTransition
20 https://react.dev/reference/react/Suspense

나 설정에서 활성화하여 지원할 수 있다.

스트리밍streaming은 전체 파일 혹은 리소스가 로딩될 때까지 기다리지 않고 데이터를 덩어리 혹은 조각으로 보내고 받을 수 있는 능력을 가리킨다. 스트리밍은 사용자들이 콘텐츠를 보다 빠르게 소비하게 함으로써 성능을 개선할 수 있다.

플러싱flushing은 전체 응답이 생성되기 전에 데이터를 브라우저에게 보낼 수 있는 능력을 가리킨다. 플러싱은 콘텐츠를 스트리밍하는 데 유용하며 동시에 모든 리소스가 로딩되기 전에 페이지 렌더링을 시작함으로써 인지된 성능을 개선하는 데도 유용하다.

대규모 자바스크립트 웹 애플리케이션에서 이 기술과 기법들은 성능을 개선하는 데 중요할 수 있다. 특히 인터넷 연결이 느린 사용자들이나 원격지에서 애플리케이션에 접속하는 사용자들에게 그렇다. HTTP/3, 스트리밍, 플러싱을 사용함으로써 지연을 줄이고 인지된 성능을 개선할 수 있다는 사용자의 참여와 유지를 증가시킨다.

4.5 서드파티 의존성의 영향 줄이기

대규모 자바스크립트와 리액트 애플리케이션에서 작업할 때 서드파티 의존성은 때때로 성능 병목에 가장 큰 영향을 주는 요소가 될 수 있다. 이 의존성들은 라이브러리와 프레임워크에서 위젯, 분석, 스크립트에 이르기까지 다양하다. 이들은 중요한 기능을 제공하고 개발 시간을 줄여줄 수 있지만 추가적인 오버헤드를 야기하기도 한다.

리액트 애플리케이션에서 서드파티 의존성의 영향을 줄이는 것은 도전적인 태스크이다. 하지만 이 의존성을 사용하는 비용을 줄이기 위해 따를 수 있는 몇 가지 단계가 있다.

가장 비싼(느린) 의존성을 식별하라

서드파티 의존성과 성능에 미치는 그들의 영향을 감사할 때, 첫 번째 단계는 로딩과 실행에 가장 많은 시간을 사용하는 서드파티 의존성이 무엇인지 식별하는 것이다. 이때 Chrome DevTools, Lighthouse, WebPageTest 같은 도구를 활용해서 가장 느리게 로딩되는 서드파티 의존성을 식별한다.

각 의존성의 필요성을 평가하라

가장 느린 의존성을 우선 식별했다면 그들의 필요성을 평가한다. 이들이 애플리케이션의 핵심 기능에 필수적인가? 이들을 더 작거나 빠른 대안으로 대체할 수 있는가?

각 의존성의 필요성을 정기적으로 평가해 성능 비용에 적합한지 결정하는 것은 매우 중요하다.

대체 라이브러리를 고려하라

어떤 의존성이 우리 애플리케이션의 핵심 기능에 필수적이지 않다면 해당 의존성을 더 작고 빠른 대안 라이브러리로 대체할 것을 고려하자. 대체 라이브러리로 사용할 수 있는 유명한 서드파티 의존성이 많으며, 이들을 사용해 같은 결과를 달성할 수 있다.

의존성 로딩을 최적화하라

지연 로딩, 코드 분할, 트리 셰이킹tree shaking 같은 기법을 사용해 서드파티 의존성의 로딩을 최적화할 수 있다. 지연 로딩은 의존성이 필요할 때만 로딩하게 하고, 코드 분할은 코드를 작은 덩어리로 나누고 이들을 필요할 때만 로딩하게 할 수 있다.

트리 셰이킹은 번들러와 Vite, Webpack 같은 빌드 도구들이 사용하는 기법으로 죽은 코드 혹은 최종 번들에서 사용되지 않는 익스포트를 제거한다. 트리 셰이킹을 통해 사용되는 의존성에서 사용되지 않는 코드를 제거할 수 있다.

CDN 호스팅을 사용하라

서드파티 의존성을 위해 CDN 호스팅을 사용하면 로딩 시간을 줄이고 애플리케이션 성능을 개선하는 데 도움이 될 수 있다. CDN은 전 세계 각지에 위치한 서버들을 가지고 있다. 이는 사용자들이 자신과 가장 가까운 서버로부터 의존성들을 다운로드할 수 있음을 의미한다.

더블 키 캐싱double-keyed caching[21]을 사용하면 CDN 캐싱의 이익을 크게 줄일 수 있다는 점에 유의하라. 하지만 에지에서 스크립트를 제공함으로써 여전히 이익을 얻을 수 있다.

---

21 https://developer.chrome.com/blog/http-cache-partitioning?hl=ko

번들을 분석하라

Webpack Bundle Analyzer[22] 및 Lighthouse Treemap[23] 같은 도구를 사용하면 번들을 분석하고 가장 많은 공간을 차지하는 의존성을 식별하는 데 도움을 얻을 수 있다.

가장 큰 의존성을 식별했다면 이들을 보다 작거나 빠른 대안으로 대체하는 것을 시도할 수 있다.

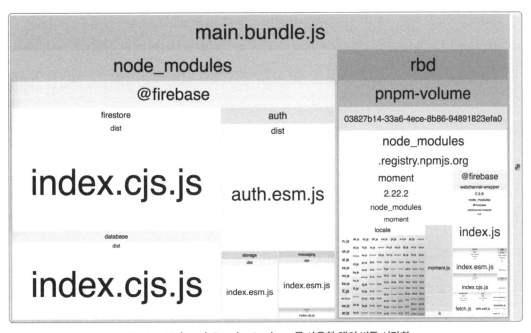

그림 4-4 **Webpack Bunder Analyzer를 사용한 앱의 번들 시각화**

서드파티 의존성 구성을 최적화하라

몇몇 서드파티 의존성은 그 성능을 개선하기 위해 최적화될 수 있는 구성configuration을 갖는다. 예를 들면 데이터 시각화 라이브러리를 사용한다면 표시되는 항목의 수를 제한함으로써 렌더링하는 데이터양을 줄일 수 있다.

---

22 https://github.com/webpack-contrib/webpack-bundle-analyzer
23 https://googlechrome.github.io/lighthouse/treemap/

4.6 렌더링 패턴

렌더링 패턴을 이해하는 것은 가능한 최상의 사용자 경험을 제공하는 대규모 자바스크립트와 리액트 애플리케이션을 구축하기 위해 매우 중요하다. 렌더링 패턴은 시간이 지남에 따라 지속적으로 진화해왔다. 서버 사이드 렌더링server-side rendering, SSR과 클라이언트 사이드 렌더링client-side rendering, CSR을 넘어서는 복잡한 패턴들이 등장했으며, 이 패턴들은 오늘날 다양한 포럼에서 논의 및 평가되고 있다. 수많은 옵션을 사용할 수 있기 때문에 프로젝트에 적절한 대상을 선택하는 것에 압도될 수도 있다. 하지만 각 패턴은 특정한 유스 케이스를 해결하기 위해 설계된 것이며, 한 유스 케이스에 효과적인 패턴이 다른 유스 케이스에는 적합하지 않을 수 있다는 점을 반드시 기억해야 한다.

또한 같은 웹사이트에 존재하는 다른 유형의 페이지들은 다른 렌더링 패턴을 요구할 수 있다. 크롬 팀은 완전한 흡수 접근 방법 대신 정적 혹은 서버 사이드 렌더링 사용을 권장한다.[24] 모던 프레임워크와 함께 사용되는 점진적 로딩progressive loading과 렌더링 기법은 시간이 지남에 따라 성능과 기능 전달 사이의 균형을 맞추는 데 도움이 될 수 있다.

다음은 patterns.dev와 stateofjs.com에서 영감을 받은 유용한 렌더링 패턴을 요약한 것이다.

- **클라이언트 사이드 렌더링,**[25] **단일 페이지 애플리케이션**single page application, SPA: 브라우저에서 완전하게 실행되는 애플리케이션

- **멀티 페이지 애플리케이션**multi-page applciation, MPA: 최소한의 클라이언트 사이드의 동적 동작과 함께 서버에서 완전하게 실행되는 애플리케이션

- **정적 사이트 생성**static site generation, SSG**을 위한 정적 렌더링**static rendering[26]: 사전 렌더링된 정적 콘텐츠, 클라이언트 사이드의 동적 요소를 포함할 수 있음

- **서버 사이드 렌더링**server-side rendering[27]: HTML 콘텐츠를 클라이언트에서 재흡수rehydrating하기 전에 서버에서 동적으로 렌더링함

- **부분적 흡수**partial hydration[28]: 클라이언트에서 컴포넌트의 일부만 흡수함(예: 리액트 서버 컴포넌트).

---

24 https://web.dev/articles/rendering-on-the-web?hl=ko
25 https://www.patterns.dev/posts/client-side-rendering
26 https://www.patterns.dev/posts/static-rendering
27 https://www.patterns.dev/posts/server-side-rendering
28 https://www.patterns.dev/posts/react-selective-hydration

- **점진적 흡수**progressive hydration[29]: 클라이언트에서 컴포넌트 흡수 순서 통제하기
- **아일랜드 아키텍처**islands architecture[30]: 정적 사이트에 여러 엔트리 포인트가 있는 동적 행동의 고립된 섬(AStro, Eleventy)
- **점진적인 정적 생성**incremental static generation[31]: 초기 구축 이후에도 정적 사이트를 동적으로 증강하거나 수정할 수 있는 능력(Next.js ISR, Gatsby DSG)
- **스트리밍 SSR**streaming SSR[32]: 서버 측에서 렌더링된 콘텐츠를 작은 스트림 덩어리로 나누는 것
- **재개 가능성**resumability: 서버에서 프레임워크 상태를 직렬화해 클라이언트가 중복된 코드 없이 실행을 재개할 수 있음
- **에지 렌더링**edge rendering[33]: 렌더링된 HTML을 에지에서 대체한 뒤 이를 클라이언트로 보냄

4.7 인지된 성능 최적화하기

인지된 성능perceived performance은 웹사이트 혹은 애플리케이션의 로딩 및 응답 속도와 관련된 주관적인 경험이며, 실제 로딩(혹은 실행)되는 정확한 시간과 대비된다. 인지적 성능은 시각적 단서, 피드백, 애니메이션 같은 다양한 요소에 영향을 받는다. 인지적 성능을 개선함으로써 실제 로딩(혹은 실행) 시간이 느리더라도 종종 보다 나은 사용자 경험을 만들 수 있다. 애플리케이션의 인지된 성능을 최적화하는 것은 중요하지만, 핵심적인 사용자 경험이 실질적으로 더 빨리 로딩되도록 하기 위해 완료해야 하는 작업을 방해해서는 안 된다.

점진적 로딩은 인지된 성능을 개선하는 기법의 하나이다. 전체 페이지 혹은 애플리케이션이 로딩되어 모든 내용 표시될 때까지 기다리는 대신, 점진적 로딩은 가장 중요한 콘텐츠 먼저 로딩하고, 백그라운드에서 추가적인 콘텐츠를 계속해서 로딩한다.

스켈레톤 스크린은 점진적 로딩의 널리 알려진 접근법의 하나이다.

---

29 https://www.patterns.dev/posts/progressive-hydration
30 https://www.patterns.dev/posts/islands-architecture
31 https://www.patterns.dev/posts/incremental-static-rendering
32 https://www.patterns.dev/posts/streaming-ssr
33 https://vercel.com/docs/concepts/functions/edge-functions

스켈레톤 스크린과 플레이스홀더 UI

스켈레톤 스크린skeleton screen은 스켈레톤 로더skeleton loader 또는 콘텐츠 플레이스홀더content placeholder라 불리며, 웹 애플리케이션의 인지된 성능을 개선하기 위해 사용하는 설계 패턴이다. 스켈레톤 스크린은 단순한 아웃라인 혹은 '스켈레톤(뼈대)'으로 구성되며 여기에 최종적으로는 콘텐츠(이미지, 텍스트, 다른 미디어 등)가 로드되어 표시된다.

스켈레톤 스크린의 목적은 콘텐츠를 지금 당장 사용할 수는 없지만 현재 로딩하고 있다는 즉각적인 시각적 피드백을 사용자에게 주는 것이다. 이 기법은 인지적 로딩 시간을 줄이고 애플리케이션에 관한 사용자의 참여와 만족을 높이는 데 도움을 준다.

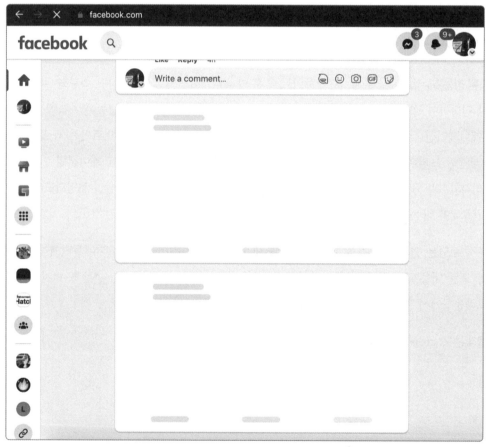

그림 4-5 **facebook.com 피드의 스켈레톤 로딩 동작**

스켈레톤 스크린은 다양한 방법으로 구현할 수 있다. 하지만 전형적으로 HTML과 CSS를 사용해서 최종 콘텐츠와 비슷한 형태의 플레이스홀더 구조를 만드는 방법을 포함한다. 이 구조는 실제 콘텐츠를 백그라운드에서 가져오거나 로딩하는 동안 표시된다.

또 다른 관련 기법으로 페이지 안의 개별 컴포넌트 혹은 UI 요소별로 스켈레톤 로더를 사용할 수 있다. 예를 들면 복잡한 데이터 테이블의 실제 데이터를 로딩하는 동안 비어 있는 셀을 표시하는 단순한 테이블 구조를 표시할 수 있다. 이 기법은 사용자가 테이블 레이아웃을 이해하고 실제 데이터가 곧 표시될 것임을 기대할 수 있게 한다.

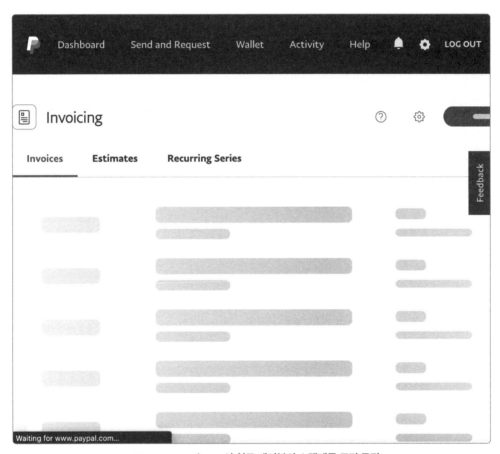

그림 4-6 **paypal.com의 청구 테이블의 스켈레톤 로딩 동작**

플레이스홀더 UI는 이와 다른 접근법으로 미리 존재하는 시각 요소를 사용해서 아직 사용할 수 없는 콘텐츠를 표시한다. 예를 들면 뉴스 애플리케이션은 기본 이미지 플레이스홀더를 사용해서 실제 관련된 이미지를 갖지 않은 아티클을 표시한다. 이 기법은 인지된 로딩 시간을 줄이는 데 효과적일 수 있지만 스켈레톤 스크린만큼 시각적으로 정보를 제공하지는 않는다.

스켈레톤 스크린과 관련 기법들은 인지된 성능 개선에 효과적이지만 잠재적인 단점도 갖고 있다. 예를 들면 스켈레톤 스크린은 최종 콘텐츠를 정확하게 반영하지 않기 때문에 사용자를 혼란스럽게 하거나 불만을 갖게 만들 수 있다. 이와 유사하게 실제 콘텐츠를 로딩하는 데 시간이 너무 많이 걸린다면 스켈레톤 스크린은 진척을 전달하는 유용한 수단이 아니라 짜증을 유발하는 원인이 될 수 있다. 스켈레톤 스크린과 다른 점진적 로딩 테크닉을 사용하는 장단점을 다음과 같이 정리할 수 있다.

장점

1. **인지된 성능 개선**: 앞서 설명했듯 스켈레톤 스크린은 인지된 대기 시간을 줄이고 웹사이트나 애플리케이션의 인지된 성능을 전반적으로 개선할 수 있다

2. **보다 나은 참여**: 가능한 한 빠르게 콘텐츠를 표시함으로써 점진적 로딩은 사용자가 전체 페이지가 로딩될 때까지 기다리는 대신 콘텐츠에 참여하고 흥미를 가질 수 있도록 유지하는 데 도움을 준다.

3. **보다 효율적인 리소스 사용**: 가장 중요한 콘텐츠의 우선순위를 높임으로써 점진적 로딩은 서버와 네트워크에 걸리는 부하를 줄이는 데 도움을 주며, 이는 웹사이트와 애플리케이션의 효율을 높인다.

단점

1. **복잡성 증가**: 점진적 로딩을 구현하기 위해서는 종종 보다 복잡한 코딩과 설계가 필요할 수 있으며 이는 구현과 유지보수에 부담을 줄 수 있다.

2. **시각적 주의 산만 위험**: 스켈레톤 스크린은 올바르게 구현하지 않으면 사용자의 주의를 산만하게 하거나 심지어 사용자를 혼란스럽게 함으로써 잠재적으로 나쁜 사용자 경험을 야기할 수 있다.

3. **기능 제한**: 점진적 로딩은 모든 콘텐츠에 적합하지는 않을 수 있다(특히 상호작용 요소 혹은 복잡한 인터페이스에).

마지막으로 점진적 로딩 기법은 다양한 기기 혹은 플랫폼에서 접근할 수 있고 잘 호환되는 방식으로 구현되도록 해야 한다.

4.8 성능 최적화 자료

이번 장에서 논의했던 개념들 외에 웹 성능 개선과 관련된 수많은 기법과 전략들이 존재한다. 이 책에서는 매우 광범위한 주체의 표면만을 다뤘으므로, 다음 영역과 리소스들을 탐험함으로써 대

규모 웹 애플리케이션의 웹 성능 최적화에 관한 더 깊은 통찰을 얻기 바란다.

서비스 워커, 사전 캐싱, 내비게이션 사전 로딩

- 서비스 워커 개요[34]
- Workbox로 사전 캐싱[35]
- 탐색 미리 로드로 서비스 워커 속도 향상[36]

스트리밍

- Streams API[37]
- fetch API를 사용한 스트리밍 요청[38]
- Streams API: TransformStream[39]

V8 코드 캐싱과 바이트코드 캐시

- Code caching[40]
- The V8 JavaScript Engine[41]
- How to make your Electron app launch 1,000ms faster[42]

Stale-While-Revalidate

- 비활성 상태 재검증을 통해 최신 상태 유지[43]
- Google에서 재확인 중 비활성으로 광고 실적을 개선한 방법[44]

---

34 https://developer.chrome.com/docs/workbox/service-worker-overview?hl=ko
35 https://web.dev/articles/precache-with-workbox?hl=ko
36 https://web.dev/blog/navigation-preload?hl=ko
37 https://developer.mozilla.org/ko/docs/Web/API/Streams_API
38 https://developer.chrome.com/docs/capabilities/web-apis/fetch-streaming-requests?hl=ko
39 https://www.chromestatus.com/feature/5466425791610880
40 https://v8.dev/blog/code-caching
41 https://nodejs.org/en/learn/getting-started/the-v8-javascript-engine
42 https://blog.inkdrop.app/how-to-make-your-electron-app-launch-1000ms-faster-32ce1e0bb52c
43 https://web.dev/articles/stale-while-revalidate?hl=ko
44 https://web.dev/case-studies/ads-case-study-stale-while-revalidate?hl=ko

브로틀리 압축

- Brotli[45]

- Brotli Compression: The secret weapon for faster websites (and why you need it!)[46]

- Enable Brotli when using a Web Server[47]

조기 힌트, 우선 힌트, HTTP/3

- HTTP/3: From Root to Tip[48]

- How to get Faster Websites With Early and Priority Hints[49]

- How To Optimize Resource Loading With The FetchPriority Attribute[50]

클라이언트 힌트

- 클라이언트 힌트로 리소스 선택 자동화[51]

- Leaner Responsive Images with Client Hints[52]

- What Are Client Hints and Are They Worth Implementing[53]

적응적 로딩

- 적응형 로드: 느린 기기에서 웹 성능 개선[54]

- Adaptive Loading - Improving web performance on low-end devices[55]

---

45 https://developer.mozilla.org/ko/docs/Glossary/Brotli_compression

46 https://medium.com/@rahul660singh/1689e4724981

47 https://www.brotli.pro/enable-brotli/servers/

48 https://blog.cloudflare.com/http-3-from-root-to-tip/

49 https://www.fastly.com/blog/faster-websites-early-priority-hints/

50 https://www.debugbear.com/blog/fetchpriority-attribute

51 https://developer.chrome.com/blog/automating-resource-selection-with-client-hints?hl=ko

52 https://www.smashingmagazine.com/2016/01/leaner-responsive-images-client-hints/

53 https://www.keycdn.com/blog/client-hints

54 https://web.dev/articles/adaptive-loading-cds-2019?hl=ko

55 https://addyosmani.com/blog/adaptive-loading/

리스트 가상화

- List Virtualization[56]
- Infinite Scroll without Layout Shifts[57]
- Rendering large lists with React Virtualized[58]

콘텐츠 가시성

- 콘텐츠 가시성: 렌더링 성능을 향상시키는 새로운 CSS 속성[59]

이미지 최적화

- 이미지 알아보기[60]
- 빠른 로드 시간[61]
- 최대 콘텐츠 렌더링 시간 최적화[62]

이 목록에 표시한 기법들을 이해하고 구현하면 대규모 애플리케이션의 웹 성능을 상당히 개선할 수 있고, 이를 통해 더 나은 사용자 경험과 사용자 참여의 증가를 만들 수 있다.

4.9 성능 문화

알렉스 러셀Alex Russell이 쓴 아티클 <A Management Maturity Model for Performance(성능 관리 성숙도 모델)>[63]는 읽을 만한 가치가 있다. 대규모 조직에서 이런 문화로 움직이는 데까지는 시간이 걸린다. 하지만 '빨라지는 것'이 하나의 도전이라면 '빠름을 유지하는 것'은 또 다른 도전임을 깨닫는 것에 의의가 있다.

---

56 https://www.patterns.dev/posts/virtual-lists
57 https://addyosmani.com/blog/infinite-scroll-without-layout-shifts/
58 https://blog.logrocket.com/rendering-large-lists-react-virtualized/
59 https://web.dev/articles/content-visibility?hl=ko
60 https://web.dev/blog/learn-images?hl=ko
61 https://web.dev/explore/fast?hl=ko
62 https://web.dev/articles/optimize-lcp?hl=ko
63 https://infrequently.org/2022/05/performance-management-maturity/

성능 문화performance culture는 **조직이 웹 성능에 관해 갖는 태도나 접근법**을 가리키며, 여기에서 성능은 비즈니스 성공을 위한 핵심적인 지표이다. 건강한 성능 문화는 과학적인 방법론들을 프로세스와 접근법에 도입하는 것, 모던 시스템의 복잡성을 깨닫는 것, 협업을 통해 미지의 대상을 학습하고 조사하는 것을 포함한다.

성능 문화를 갖는 것은 매우 중요하다. 웹 성능이 비즈니스 결과(고객 만족, 사용자 참여, 이익을 포함)와 직결되기 때문이다. 따라서 지연, 변동 및 다른 성능 속성 관리는 OKRobjectives and key results과 연계되어 성능이 우선되어야 한다. 이를 통해 성능이 항상 논의 대상에 있음을 보장해야 한다.

대규모 자바스크립트 애플리케이션을 구축할 때 성능 문화에 효과적으로 접근하기 위해서는 성능 관리 성숙도 수준에 관해 명확하게 이해해야 한다. 성능 관리 성숙도 수준은 다음과 같이 구분된다.[64]

- **수준 0**: 행복bliss
- **수준 1**: 불 *끄기*fire fighting
- **수준 2**: 글로벌 기준 & 지표
- **수준 3**: P75+, 사이트별 기준 & 지표

각 수준에 따라 성능 문화에 관한 접근법이 달라진다. 수준 0에서 조직은 성능 관리 전략과 관련된 어떠한 문제나 결여를 깨닫지 못한다. 수준 1에서 관리자들은 성능 문제를 깨닫고 이를 고치기 위해 시도한다. 수준 2에서 팀은 성능을 평가하기 위해 글로벌 기준 지표와 벤치마크를 위해 움직인다. 한편, 수준 3에서 팀은 사이트별 성능 지표에 관해 자세히 이해하고 자신들의 접근법에 과학적 방법론을 통합한다.

요약하면 건강한 성능 문화를 구축하는 것은 웹 성능을 우선하고, 과학적 방법론을 프로세스에 통합하고, 데이터 주도 접근법을 사용해 시간이 지남에 따라 성능을 개선하는 것을 포함한다. 성능 문화는 조직이 지속적인 속도를 달성하고, 잠재력을 최대화하면서 동시에 보다 나은 사용자 경험을 제공하고 비즈니스 성공을 이끄는 데 도움을 준다.

64 　옮긴이　저자가 언급한 원래 아티클(62번 각주)에는 수준 4와 수준 5 내용도 있다. P75란 제3사분위수를 뜻한다.

CHAPTER

5

디자인 시스템

디자인 시스템design system은 팀이 응집된 제품을 구축하는 데 도움을 주는 재사용 가능한 컴포넌트, 가이드라인, 애셋의 집합이다. 많은 기업들은 자신들의 특정한 니즈나 브랜드에 맞춘 커스텀 디자인 시스템을 구축하고 유지하는 것을 선택한다. 이 접근법은 그들의 제품 전체에 거쳐 설계 언어에 관한 큰 통제와 고유함을 부여한다.

하지만 팀들, 특히 가진 리소스가 제한되었거나 업계 표준 프랙티스를 찾는 팀들은 일반적으로 잘 알려진 오프소스 디자인 시스템을 활용한다. 이런 잘 알려진 시스템들로는 구글의 머티리얼, 쇼피파이의 Polaris, 애플의 Human Interface Guidelines, 마이크로소프트의 Fluent Design System 등이 있다. 이 오픈소스 시스템들은 강건하고 잘 테스트된 디자인 원칙과 컴포넌트를 제공하며, 이들을 개발한 조직 안에서 활발하게 사용되곤 한다.

디자인 시스템은 대규모 웹 애플리케이션 안에서 중요한 역할을 한다. 이들은 중앙 집중화된 설계 요소, 패턴, 가이드라인을 제공하며 개발 및 설계 프로세스의 일관성과 효율성을 보장함을 돕는다.

디자인 시스템들은 대규모 애플리케이션 구축을 위해 믿을 수 없을 만큼 중요한 도구이다. 여러분이 같은 브랜드 정체성을 가진 엔터프라이즈 수준의 애플리케이션 스위트를 구축한다면, 가장 중요한 두 가지는 접근성과 일관성이어야 한다. 디자인 시스템은 이 핵심 문제들을 해결한다. 간격, 색상, 타이포그래피를 위한 디자인 토큰 셋 위에 버튼, 드롭다운, 모달과 같은 접근 가능하고, 강건하고, 확장 가능한 컴포넌트 스위트를 갖추면 여러분의 엔지니어링 팀은 각각 개별적인 픽셀을 걱정하지 않고 보다 빠르게 애플리케이션을 구축할 수 있다. 추가로 브랜드 정체성과 설

63

계가 업데이트되면, 컴포넌트는 한 위치에서만 업데이트하면 되고 변경은 모든 통합된 플랫폼에 전파된다.

— 엠마 보스티안Emma Bostian[1]

이번 장에서는 디자인 시스템을 만드는 핵심 요소에 관해 자세히 살펴본다. 이 과정에서 이들을 통해 얻을 수 있는 이익과 이들을 구현하기 위한 몇 가지 모범 사례에 관해 살펴본다.

5.1 코딩 스타일 가이드

코딩 스타일 가이드coding style guide는 규칙과 가이드라인의 집합이며, 팀 혹은 조직 전체의 코드에서 일관성을 보장한다. 코딩 스타일 가이드는 다음을 제공하고 활성화함으로써 디자인 시스템의 콘텍스트에서 핵심적인 역할을 한다.

- **통일성**: 규칙과 관습convention의 표준화된 집합은 통일성의 보장을 돕는다. 통일성은 개발 환경 안의 일관성을 촉진한다.
- **모듈화된 코드 구조**: 코딩 스타일 가이드는 모듈화된, 재사용 가능한 컴포넌트의 생성을 독려한다. 이는 디자인 시스템 효율성의 핵심이다. 이는 서로 다른 프로젝트와 팀 사이에서 컴포넌트를 매끄럽게 공유하고 재사용할 수 있게 한다.
- **응집의 미학**: 코딩 스타일 가이드를 디자인 원칙과 시각적 가이드라인과 함께 사용하면 시각적 요소와 코드 구조를 항상 정렬align하도록 시도함으로써 일관적인 미학과 동작으로 컴포넌트를 렌더링하는 것을 돕는다.

한 가지 간단한 예시로 널리 알려진 한 스타일 가이드인 BEM 방법론BEM methodology[2]을 들 수 있다. 이는 CSS 클래스를 구조화하는 데 사용되었다. BEM은 블록block, 요소element, 수식자modifier의 앞 글자를 딴 것으로 개발자들이 모듈화된, 재사용 가능한 CSS 클래스 작성을 돕는 명명 규칙이다.

BEM을 사용할 때 클래스 이름은 다음과 같이 구조화된다.

BEM

```
.block {}
.block__element {}
.block--modifier {}
```

---

1 https://twitter.com/EmmaBostian
2 https://getbem.com/introduction/

블록은 메인 컴포넌트 혹은 컨테이너, 요소는 블록의 일부, 수식자는 블록 또는 요소의 변형 variation이다. BEM을 사용해서 CSS 클래스가 적용되는 방법을 구조화하는 예시는 다음과 같은 형태이다.

BEM 방법론을 사용해 단순한 카드들의 이름을 짓는 클래스

```
<div class="card card--featured">
  <h2 class="card__title">Featured Product</h2>
  <p class="card__description">
    Lorem ipsum dolor sit amet
  </p>
  <a href="#" class="card__link">Learn More</a>
</div>
```

BEM은 HTML 요소와 CSS 속성을 구조화하는 방법에 관한 코딩 스타일 가이드의 한 예일 뿐이다. SMACSS Scalable and Modular Architecture for CSS,[3] OOCSS Object-Oriented CSS 등 많은 코딩 스타일 가이드가 존재한다.

코딩 스타일 가이드는 CSS 구조화를 넘어 확장되고 명명 규칙, 들여쓰기, 형식, 주석 등에 관한 가이드라인까지 포함할 수 있다. 여러분이 고유의 디자인 시스템을 구축할 때는 여러분과 여러분의 팀은 이 가이드라인을 처음부터 만들거나 보다 많은 개발 커뮤니티에서 이미 사용하고 있는 잘 만들어진 프레임워크나 관습에 의존하는 것이 도움이 된다.

잘 만들어진 프레임워크의 예로 Tailwind CSS[4]를 들 수 있다. Tailwind는 개발자 커뮤니티에서 유틸리티 최우선 CSS 프레임워크로 주목받은 도구이다. 구조화된 명명 규칙을 우선하는 BEM 같은 전통적 방법론과 달리, Tailwind는 개발자들에 유틸리티 클래스 집합을 제공한다. 개발자들은 이 집합을 HTML 요소에 직접 적용해서 스타일링할 수 있다.

Tailwind의 유틸리티 클래스를 사용한 스타일링

```
<div class="p-3 bg-white shadow rounded-lg">
  <h3 class="text-xs border-b">font-mono</h3>
  <p class="font-mono">
    The quick brown fox jumps over the lazy dog.
  </p>
</div>
```

---

3   https://smacss.com/
4   https://tailwindcss.com/

5.1 코딩 스타일 가이드

Tailwind는 인터페이스를 설계하는 유연하고 커스터마이즈 가능한 방법의 제공을 목표로 하며, 개발자들은 Tailwind의 유틸리티 최우선 접근법을 활용해 더 적은 CSS를 작성하면서도 보다 일관적이고 확장 가능한 설계를 달성할 수 있게 되었다. 각 클래스는 특정한 스타일 혹은 CSS 속성의 집합을 나타낸다. 예를 들면 다음과 같다.

- p-3[5]는 `padding: 0.75rem`를 나타낸다.
- bg-white[6]는 `background-color: white`를 나타낸다.
- rounded-lg[7]는 `border-radius: 0.25rem`를 나타낸다.
- 기타

디자인 시스템에서 스타일 가이드의 선택은 프로젝트의 요구사항, 팀 선호, 해당 디자인 시스템의 전반적인 목표를 고려해 이뤄져야 한다. 핵심 고려 사항은 다음을 포함한다.

- **유연성과 확장성**: 선택된 스타일 가이드는 변화를 수용할 만큼 유연해하고, 시간에 따라 프로젝트의 성장을 다룰 수 있을 만큼 확장 가능해야 한다. 새로운 컴포넌트들을 쉽게 통합할 수 있고 기존 시스템을 망가뜨리지 않으면서 스타일링할 수 있게 해야 한다.
- **팀 협업과 효율성**: 좋은 코딩 스타일 가이드는 팀 멤버 사이의 효율적인 협업을 촉진한다. 코딩 스타일 가이드는 명확하고, 간결하며 모든 팀 멤버들이 경험 수준에 관계없이 쉽게 이해할 수 있어야 한다.
- **디자인 원칙들과의 정렬**: 코딩 스타일은 시스템의 중요한 디자인 원칙과 정렬되어 있어야 한다. 이는 코드가 깨끗하게 보이게 할 뿐만 아니라 디자인 의도와 사용자 경험 목표를 반영한다.

5.2 디자인 토큰

디자인 토큰design token은 재사용 가능한 디자인 정보의 조각으로 색상, 타이포그래피, 간격 등이 있으며 이들은 중앙 집중된 영역에 정의되고 여러 프로젝트에서 접근 및 재사용될 수 있다. 이들은 모던 디자인 시스템의 핵심적인 부분으로서 다양한 플랫폼과 기술에 걸쳐 디자인을 관리하고 유지할 수 있는 방법을 제공한다.

---

5   https://tailwindcss.com/docs/padding
6   https://tailwindcss.com/docs/background-color
7   https://tailwindcss.com/docs/border-radius

디자인 토큰에 숨어 있는 주요한 목적은 디자인 가치를 **애플리케이션으로부터 추상화하는 것**이다. 이는 가치의 단일 집합을 웹, 모바일 및 다른 플랫폼에서 기반 기술에 관계없이 사용할 수 있게 되는 것을 의미한다.

예를 들면 디자인 시스템에서 컬러 토큰 집합을 다음과 같이 정의할 수 있다.

색상용 디자인 토큰

```
$color-primary: #0088cc;
$color-secondary: #3d3d3d;
$color-success: #47b348;
$color-warning: #ffae42;
$color-error: #dc3545;
```

디자인 토큰은 설계의 다른 측면, 예를 들면 폰트 크기, 폰트 패밀리, 선 굵기, 간격 등을 정의할 수도 있다.

폰트 크기 및 간격용 디자인 토큰

```
/* 폰트 크기 */
$font-size-xs: 12px;
$font-size-sm: 14px;
$font-size-md: 16px;
$font-size-lg: 20px;
$font-size-xl: 24px;

/* 간격 */
$spacing-xs: 4px;
$spacing-sm: 8px;
$spacing-md: 16px;
$spacing-lg: 32px;
$spacing-xl: 64px;
```

설계 토큰의 상당한 장점의 하나는 **디자인 시스템 안에서 업데이트를 단순화할 수 있다**는 점이다. 예를 들면 디자이너가 주제색primary color을 변경해야 할 경우 그에 해당하는 디자인 토큰(예: `$color-primary`)만 업데이트하면 자동으로 해당 변경이 모든 관련 컴포넌트와 스타일에 반영된다. 이 접근법은 각 요소를 수동으로 조정하는 것보다 훨씬 효율적이다.

웹 애플리케이션에서 디자인 토큰은 SASS 변수 같은 다양한 형식으로 정의될 수 있다.

SASS 변수를 사용해 디자인 토큰 정의하기

```
/* 색상 */
$color-primary: #3498db;

/* 간격 */
$spacing-large: 20px;

/* 폰트 */
$font-family-default: "Arial, sans-serif";
```

또는 사용자 지정 CSS 속성CSS custom property(CSS 변수라고 부르기도 한다)[8]을 사용할 수도 있다.

사용자 지정 CSS 속성을 사용해 디자인 토큰 정의하기

```
:root {
  /* 색상 */
  --color-primary: #3498db;

  /* 간격 */
  --spacing-large: 20px;

  /* 폰트 */
  --font-family-default: "Arial, sans-serif";
}
```

또는 JSON이나 YAML을 사용해 정의할 수도 있다.

JSON을 사용해 디자인 토큰 정의하기

```
{
  "color": {
    "primary": "#3498db"
  },
  "spacing": {
    "large": "20px"
  },
  "fontFamily": {
    "default": "Arial, sans-serif"
  }
}
```

---

8 https://developer.mozilla.org/ko/docs/Web/CSS/Using_CSS_custom_properties

```
color:
  primary: '#3498db'
spacing:
  large: '20px'
fontFamily:
  default: 'Arial, sans-serif'
```

웹 프로젝트에서는 빌드 도구 혹은 스크립트를 사용해서 JSON 혹은 YAML에 정의된 디자인 토큰을, 사용 가능한 스타일로 변환해야 한다.

프로젝트 안에서 디자인 토큰을 사용하는 것은 그것들을 정의하는 것 이상을 뜻한다. 앱에서는 많은 다양한 방식으로 디자인 토큰을 임포트하고 사용할 수 있다. 이는 최초에 이들을 정의한 방식에 따라 달라진다.

SASS/LESS 설정 안에서 디자인 토큰 사용하기

SASS 또는 LESS(변수, 중첩 규칙, 믹스인 토큰 등으로 CSS를 확장한 전처리기 스크립팅 언어)를 사용하는 프로젝트에서는 디자인 토큰을 변수로 임포트해 다른 스타일시트에서 사용할 수 있다.

SASS 기반 스타일시트에 디자인 토큰 임포트하기

```
// 디자인 토큰 임포트하기
@import 'path-to-your-design-tokens-file.scss';

.button {
  background-color: $color-primary;
  padding: $spacing-large;
  font-family: $font-family-default;
}
```

CSS 변수로 정의된 디자인 토큰 사용하기

디자인 토큰이 애플리케이션 안에서 CSS 변수로 표현된다면, 이 토큰들은 전역적으로 접근할 수 있도록 :root 의사 클래스 안에서 선언해야 한다.

CSS 변수

```
:root {
  --color-primary: #3498db;
```

```
  --spacing-large: 20px;
  --font-family-default: "Arial, sans-serif";
}
```

선언한 후에는 이 CSS 변수들을 `var()` CSS 함수[9]를 통해 스타일에 사용할 수 있다.

사용자 지정 CSS 속성값 삽입하기

```
.button {
  background-color: var(--color-primary);
  padding: var(--spacing-large);
  font-family: var(--font-family-default);
}
```

리액트 컴포넌트 안에서 디자인 토큰 사용하기

리액트 환경에서는 디자인 토큰을 전통적인 CSS 방식 또는 Styled Components[10]나 Emotion[11]
같은 CSS-in-JS 라이브러리와 함께 임포트해서 사용할 수 있다.

예를 들어 토큰이 CSS 변수 형태일 때는 이들을 일반적인 CSS와 같은 방식으로 사용할 수 있다.

CSS 변수를 사용해 디자인 토큰에 접근하기

```
// Component.css
.button {
  background-color: var(--color-primary);
  padding: var(--spacing-large);
  font-family: var(--font-family-default);
}

// Component.jsx
import './Component.css';

function Button() {
  return (
    <button className="button">Click Me</button>
  );
}
```

---

9   https://developer.mozilla.org/ko/docs/Web/CSS/var
10 https://www.styled-components.com/
11 https://emotion.sh/docs/introduction

CSS-in-JS 접근법에서는 토큰을 자바스크립트 객체로 정의한 뒤 CSS-in-JS 방식으로 컴포넌트 안에서 접근할 수 있다.

JS에서의 디자인 토큰값 임포트하기

```
import styled from 'styled-components';
import { tokens } from './designTokens.js';

const Button = styled.button`
  background-color: ${tokens.colorPrimary};
  padding: ${tokens.spacingLarge};
  font-family: ${tokens.fontFamilyDefault};
`;

function App() {
  return <Button>Click Me</Button>;
}
```

여기서 다룬 것은 디자인 시스템을 다루는 콘텍스트 안에서 디자인 토큰을 생성하고 사용하는 여러 다양한 방법의 표면일 뿐이다.

디자인 토큰을 생성 및 관리하는 프로세스를 보다 쉽게 만들어주는 서드파티 도구들도 존재한다. Salesforce의 Theo[12] 같은 도구들은 JSON 혹은 YAML로 작성된 디자인 토큰들을 SASS, LESS, CSS 커스텀 속성 및 iOS와 안드로이드 네이티브 포맷을 포함한 다양한 형태로 변환해준다. 아마존의 Style Dictionary[13] 같은 도구들은 단일 토큰 집합으로부터 iOS, 안드로이드 및 다양한 플랫폼용 스타일을 생성하는 데 도움을 준다.

5.3 컴포넌트 라이브러리

디자인 시스템의 또 다른 핵심 요소는 **컴포넌트 라이브러리**component library이다. 컴포넌트 라이브러리는 사전 설계 및 사전 코딩된 UI 컴포넌트를 모은 것으로 디지털 제품의 다양한 부문 혹은 다양한 제품에 걸쳐 재사용할 수 있다. 이 라이브러리들은 웹 애플리케이션 설계의 빌딩 블록 역할을 한다. 이들을 사용하면 모든 컴포넌트가 정의된 디자인 시스템에 일치하게 된다.

---

12 https://github.com/salesforce-ux/theo
13 https://amzn.github.io/style-dictionary/

리액트 같은 모던 자바스크립트 라이브러리 및 프레임워크들은 재사용 가능한 컴포넌트 생성을 쉽게 할 수 있게 해준다. 이 컴포넌트들은 서로 다른 프로젝트들에 걸쳐 쉽게 공유 및 사용할 수 있다. 이를 활용하면 캡슐화된 컴포넌트들을 구축할 수 있으며, 이 컴포넌트들은 prop과 상태를 조합해 동작과 렌더링을 통제한다. 예를 들면 다음은 간단한 리액트 Button 컴포넌트의 예이다. 이 컴포넌트는 우리 디자인 시스템에서 만들어진 특정한 클래스 이름들을 사용하며 prop을 통해 수정될 수 있다.

컴포넌트 라이브러리 안의 Button 컴포넌트

```
import React from "react";
import "./Button.css";

function Button(props) {
  const { children, primary, ...rest } = props;
  return (
    <button
      className={`button ${
        primary ? "button--primary" : ""
      }`}
      {...rest}
    >
      {children}
    </button>
  );
}

export default Button;
```

위 Button 컴포넌트는 기본 prop을 사용해 해당 버튼이 기본 버튼(즉, button--primary 클래스를 갖는지)으로 설정되어야 하는지 아닌지를 통제한다.

애플리케이션의 모든 위치에서 Button 컴포넌트를 사용해 컴포넌트 라이브러리로부터 보여주고자 하는 버튼 요소를 렌더링할 수 있다.

Button 컴포넌트의 다른 변형으로 렌더링하기

```
import React from "react";
import Button from "@design-system/Button";

function App() {
  return (
    <div>
```

```
      <Button primary>
        Click me. I am the primary button!
      </Button>
      <Button>But click me too.</Button>
    </div>
  );

}

export default App;
```

이런 방식으로 컴포넌트 라이브러리를 구축하고 사용함으로써 애플리케이션 전체에서 일관성을 보장한다. 이 일관성은 개발 시간 및 수고를 줄이고, 시간이 지나도 디자인 시스템 안의 컴포넌트 라이브러리 유지와 업데이트를 쉽게 할 수 있게 해준다.

> 디자인 시스템을 툴박스에 비유해보자. 못과 망치를 사용해야 할 때 드라이버를 사용하라고 독려해서는 안 될 것이다. 도구가 난해할수록 제조사 측의 품질 통제 프로세스도 복잡해진다. 대부분의 경우 최고의 설계 도구는 효율적이지만 단순하다. 이 도구들은 몇 가지 일만을 매우 잘하며 너무 많은 일을 하려 시도하지 않는데, 너무 많은 일을 하려 드는 도구는 신뢰할 수 없거나 사용하기 불편해지곤 하기 때문이다.
>
> 디자인 시스템 컴포넌트에도 동일한 논리를 적용할 수 있다. 기능이 너무 많거나 혹은 너무 깊이 파고들게 설계된 컴포넌트는 유지보수하기 어렵고 시스템에서 가장 쓸모없는 도구로 남게 된다. 반면, 하나의 컴포넌트 API에 너무 많은 옵션을 넣으려 하면 불필요하게 경직될 수 있다. 디자인 시스템을 구축하는 것은 새로운 정보가 나타날 때마다 우선순위를 계산하고, 그 계산을 채택하는 것의 균형을 찾는 것이다.
>
> — 프랜신 나바로Francine Navarro[14]

보다 큰 생태계 안에서 컴포넌트 라이브러리를 사용할 때는, 더욱 많은 항목들을 고려해야 한다.

컴포넌트 라이브러리의 확장성

프로젝트 규모가 커지고 보다 많은 컴포넌트들이 추가되면 컴포넌트 라이브러리는 유지보수 가능한 상태로 구조화되어야 한다. 컴포넌트를 기능 혹은 UI 카테고리에 기반해 폴더로 조직화하고, 명확한 명명 규칙을 보장하고, 종합적인 문서화를 유지해야 한다.

---

14 https://www.linkedin.com/in/francinenavarro/

주제화 및 커스터마이제이션

종종 하나의 브랜드 아래 동일한 컴포넌트 라이브러리를 서로 다른 여러 제품에 걸쳐서 사용하기도 한다. 여러분의 컴포넌트 라이브러리가 주제화theming 옵션을 지원하는 것을 고려하자. 주제화 옵션은 컴포넌트 로직을 대체하지 않고 손쉽게 브랜딩을 변경할 수 있게 해준다.

의존성 관리

디자인 라이브러리 안의 컴포넌트들이 최소 의존성을 갖도록 항상 보장해야 한다. 이는 라이브러리 크기를 줄일 뿐만 아니라 해당 라이브러리를 사용하는 프로젝트 안에서 의존성 충돌이 발생할 가능성도 줄인다.

접근성, 성능, 문서화 역시 컴포넌트 라이브러리와 디자인 시스템 안에서 작업하고 구축하는 데 중요하다. 다음 몇 개 절을 통해 이 고려 사항들에 관해 살펴본다.

5.4 접근성

UI 디자인에서, 결과적으로 디자인 시스템 안의 요소들 안에서 **접근성**accessibility을 보장하는 것은 매우 중요하다. UI 컴포넌트에는 장애인을 포함한 모든 사람이 접근할 수 있어야 한다. 웹 콘텐츠 접근성 가이드라인Web Content Accessibility Guidelines, WCAG[15] 같은 접근성 가이드라인을 통해 접근 가능한 웹 콘텐츠를 만드는 방법에 관한 자세한 정보를 얻을 수 있다.

접근성 측면에서 이미지, 비디오, 오디오 같은 비-텍스트 콘텐츠를 위한 대체 텍스트를 제공하는 것이 중요하다. 이런 설명은 시각 제한 혹은 청각 제한을 가졌을 수 있는 사용자들에게 콘텐츠를 설명하는 데 스크린 리더와 같은 보조 도구에 도움이 된다. 그림에서는 alt[16] 속성을 사용해 간단한 설명을 제공할 수 있다. 그러면 보조적 기술이 이를 중계할 수 있다.

이미지를 설명하는 alt 속성 사용하기

```
<img
  src="cat.jpg"
  alt="A fluffy white cat with green eyes"
/>
```

---

15 https://www.w3.org/WAI/standards-guidelines/wcag/
16 https://developer.mozilla.org/en-US/docs/Web/API/HTMLImageElement/alt

대체 설명 외에도 시맨틱 HTML_{semantic HTML}[17]을 활용하는 것은 접근성을 향상하는 데 중요한 역할을 한다. 시맨틱 HTML을 활용하면 스크린 리더 같은 도구들이 사용자 친화적인 방식으로 콘텐츠를 해석하고 전달할 수 있음을 보장해준다. 시맨틱 HTML은 웹 콘텐츠 구조에 의미를 부여하는 형식으로 작성된 HTML로 기술된다. 다음 두 코드 스니핏_{snippet}은 헤더 구현 측면에서의 시맨틱 접근법과 논-시맨틱 접근법을 보여준다.

시맨틱/논-시맨틱 접근법을 사용한 헤더 구현

```
<!-- 논-시맨틱 헤딩-->
<div class="header">
  <div class="logo">Company Logo</div>
  <div class="title">Page Title</div>
</div>

<!-- 시맨틱 헤딩 -->
<header>
  <img src="logo.png" alt="Company Logo">
  <h1>Page Title</h1>
</header>
```

앞의 코드 스니핏에서 첫 번째 블록은 논-시맨틱 태그를 사용하고 있다. 보조 도구들은 메인 콘텐츠의 의도를 잘 추론해내지 못한다. 반대로 후자의 블록은 시맨틱 HTML을 사용했다. 명확하게 img와 h1 요소를 사용해 콘텐츠의 구조를 정의하고 헤더 안에서 이미지와 제목을 표시한다.

앞의 스니핏은 UI 컴포넌트에서의 좋은 접근성을 보장하는 것에 관해 표면적인 내용만 다뤘다. 다음과 같은 프랙티스도 생각할 수 있다.

- 전경_{foreground} 색조와 배경_{background} 색조 사이에 충분한 대비를 주는 것은 시력 장애를 가진 사람들에게 특별히 필수적이다. WebAIM의 Contrast Checker 같은 디지털 도구들을 사용하면 색 조합이 접근성 표준에 정렬되었는지 검증할 수 있다.
- 모든 사용자 상호작용 컴포넌트들에 대해 키보드 친화적인 탐색을 통합한다. 이는 키보드만 사용하는 사용자들도 매끄럽게 인터페이스를 탐색하고 상호작용할 수 있게 돕는다.
- 빠르게 반복되는, 깜빡이는, 색상이 전환되는 콘텐츠의 통합을 피한다. 이런 콘텐츠들은 특정 사용자들이 발작을 일으키게 할 수 있다.

---

[17] https://developer.mozilla.org/ko/docs/Learn/Accessibility/HTML

W3C는 접근성 기본 사항[18] 문서에서 접근성을 처음 다룰 때 필요한 유용한 정보들을 제공하며, 접근성 가이드라인[19]에서는 웹 콘텐츠의 접근성을 한층 향상할 수 있는 다양한 권장 사항을 담은 보다 세부적인 프레임워크를 제공한다.

5.5 성능

디자인 시스템의 컴포넌트들은 높은 성능을 위해 최적화되어야 한다. 이들은 종종 애플리케이션 (혹은 애플리케이션들) 안에서 자주 재사용되며, 한 페이지에서 여러 차례 렌더링되기 때문이다. 이 컴포넌트들의 모든 성능 이슈 혹은 병목은 애플리케이션의 전반적인 성능에 큰 영향을 미치며, 이는 사용자 경험에 직접적으로 영향을 준다.

UI 컴포넌트에 관한 지연 로딩을 구현하면 이 컴포넌트들을 사용하는 애플리케이션의 성능을 개선할 수 있다. 이 기법은 이미지 또는 비디오 같은 리소스가 필요할 때만 로딩되고 페이지의 초기 로딩 속도를 가속하는 것을 보장한다. 리소스를 온디맨드로 로딩하면 브라우저는 중요한 콘텐츠를 먼저 표시하는 데 집중할 수 있다. 마찬가지로 이 온디맨드 접근법은 UI 컴포넌트로 확대해 컴포넌트를 호출할 때만 로딩할 수 있다.

다양한 화면 크기에 적응하는 이미지들을 활용하면 성능을 한층 높일 수 있다. 이미지를 통합하거나 기대하는 UI 컴포넌트를 설계할 때는 사용자의 기기 화면 크기에 맞춰서 이미지를 제공하면 좋다. 이 프랙티스는 브라우저가 가장 적합한 크기의 이미지를 다운로드하도록 보장하고, 파일 크기를 줄이고 애플리케이션의 로딩 프로세스를 가속한다.

UI 컴포넌트 애셋에 관한 HTTP 요청을 줄이면 성능을 한층 개선할 수 있다. 스크립트 혹은 스타일 같은 파일을 하나의 파일로 합치면 브라우저가 서버로 보내는 요청들을 줄일 수 있다. 마찬가지로 이미지 스프라이트image sprite[20]는 여러 이미지를 하나로 합침으로써 여러 이미지를 로딩하기 위해 필요한 요청을 최소화한다.

---

18 https://www.w3.org/WAI/fundamentals/
19 https://www.w3.org/WAI/standards-guidelines/wcag/
20 https://developer.mozilla.org/en-US/docs/Web/CSS/CSS_Images/Implementing_image_sprites_in_CSS

5.6 문서화

문서화documentation는 좋은 디자인 시스템 및 컴포넌트 라이브러리의 뼈대이다. 문서는 시스템에서 제공하는 컴포넌트와 디자인 토큰을 효과적으로 사용하는 데 필요한 명확성, 콘텍스트, 지시를 제공하는 가이드북 역할을 한다.

명확한 문서의 목적과 중요함은 다방면에 영향을 준다. 이는 새로운 팀 구성원의 온보딩 프로세스를 쉽게 만들어주고, 컴포넌트 사용과 관련된 잘못된 소통 혹은 잠재적인 오해를 최소화하고, 서로 다른 프로젝트들의 일관성 있는 배포를 보장하고, 디자이너와 개발자들이 정렬align되는 시금석 역할을 한다.

명확한 문서 작성에는 다음과 같은 여러 요소들이 포함된다.

- **컴포넌트 설명**: 각 컴포넌트에 관한 간략한 개요, 목적, 사용 방법.
- **사용 가이드라인**: 해당 컴포넌트 구연 방법에 관한 단계적 설명. 코드 스니핏과 시각적 참조 자료 포함.
- **Props와 API 참조**: 컴포넌트가 받아들인 모든 속성의 세부 목록 및 유형, 속성들이 컴포넌트의 동작이나 형태에 미치는 영향.
- **예시**: 다양한 구성 혹은 prop 조합을 보여주는 컴포넌트의 실세계 애플리케이션이다.
- **접근성 노트**: 컴포넌트가 접근성 표준을 얼마나 준수하는지에 관한 구체적인 세부 사항 및 일관성 있는 접근성을 보장하기 위한 모든 특별한 지시 사항.
- **버저닝 및 변경 이력**: 컴포넌트의 다른 버전들에 관한 정보, 업데이트 정보 혹은 각 버전에서의 변경 사항 정보 등.

상호작용할 수 있는 실습 환경과 검색 기능을 제공하는 문서는 개발자들이 빠르게 구체적인 컴포넌트와 가이드라인을 찾아내고 실시간으로 컴포넌트 속성을 시도하고 결과를 볼 수 있게 돕는다. Storybook 같은 도구들을 사용하면 상호작용이 가능한 동적 문서 경험을 제공할 수 있다.

Storybook은 디자인 시스템과 자주 함께 사용되며 개발자들을 이를 활용해 컴포넌트를 고립시킨 상태에서 생성하고 테스트할 수 있다. Storybook은 컴포넌트 구축 및 테스트를 위한 시각적 인터페이스를 제공하며, 개발자들은 이를 활용해 전체 애플리케이션을 탐색할 필요 없이 서로 다른 콘텍스트 안에서 컴포넌트가 어떻게 보이고, 어떻게 작동하는지 확인할 수 있다. 이는 대규모 팀에서 특히 유용하다. 개발자들은 서로 다른 컴포넌트를 독립적으로 개발하면서도 그들이 매끄럽게 협업하고 있음을 보장할 수 있다.

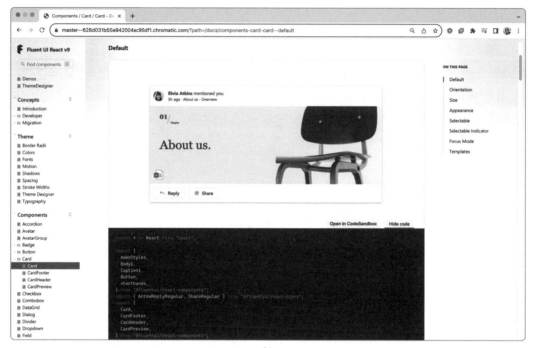

그림 5-1 마이크로소프트의 Fluent UI[21] Card 컴포넌트에 대한 Storybook 뷰

5.7 케이스 스터디

에어비앤비

- Building a Visual Language: Behind the scenes of our Airbnb design system[22]
- The Way We Build[23]

에어비앤비는 몇 년 동안 가파르게 성장한 뒤, 소프트웨어 디자인과 구축에 관한 총체적인 노력을 가이드하고 활용해야 하는 어려움을 맞이하게 되었다. 수많은 기능 팀과 결과 팀으로 구성된 그들의 디자인 부문은 확장되었고, 이는 이들의 집단적인 잠재력을 활용하기 위한 보다 체계적인 접근

---

21 https://developer.microsoft.com/en-us/fluentui#/
22 https://medium.com/airbnb-design/224748775e4e
23 https://medium.com/airbnb-design/511b713c2c7b

법이 필요하게 되었다.

에어비앤비는 이 어려움을 해결하기 위해 디자이너와 엔지니어로 구성된 전담 팀을 만들고 **디자인 언어 시스템**design language system, DLS을 개발했다. DLS는 통일된, 보편적인, 아이코닉한, 대화형 디자인 언어를 만들었으며 이는 전 세계 에어비앤비 추종자들을 만족시켰다.

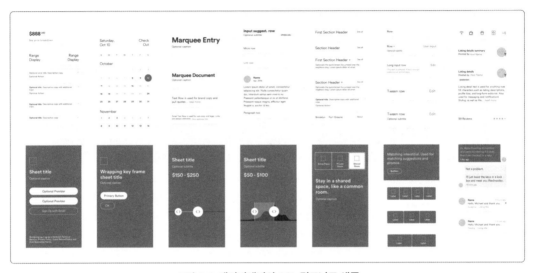

그림 5-2 에어비앤비의 DSL 컴포넌트 샘플

에어비앤비의 DLS는 살아 있는 유기체의 요소로 간주되는 체계적인 구성 요소 집합을 포함한다. 이 컴포넌트들은 정적인 규칙에 그치지 않고 플랫폼에 필요한 변화에 적응하는 진화하는 생태계이기도 하다.

통일된 디자인 언어를 우선함으로써 에어비앤비는 디자인 프로세스를 간소화하고, 사용자 경험을 개선하고, 디자이너와 엔지니어들의 보다 나은 협업을 촉진할 수 있었다. 이 접근법은 그들의 디지털 플랫폼 사이의 일관성을 개선함은 물론 제품을 보다 효율적이고 응집적으로 만들 수 있게 했다.

영국의 정부 디지털 서비스

- GDS Podcast #16: GOV.UK Design System[24]
- Government Design Principles[25]

---

24 https://governmentdigitalservice.podbean.com/e/government-digital-service-podcast-16-govuk-design-system/
25 https://www.gov.uk/guidance/government-design-principles

영국 정부는 디지털 트랜스포메이션 단계에서 시민들에게 사용자 친화적이고 접근 가능한 서비스를 제공해야 한다는 필요를 깨달았다. 더 나아가 디지털 트랜스포메이션이 다양한 정부 기관에 걸쳐 확산되면서 사용자 경험의 통일성과 일관성이 부족해졌다.

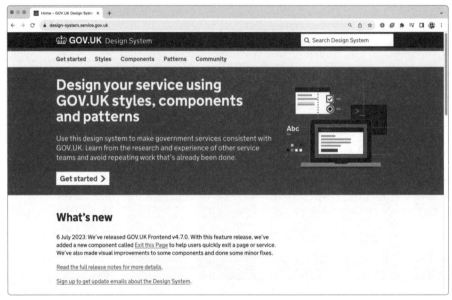

그림 5-3 **GOV.UK Design System**[26]

이에 대한 대응으로 정부 디지털 서비스government digital service, GDS 디지털 정책의 중앙 집중화를 시도했다. GDS는 현재 디지털 자산의 종합적인 평가를 시작해 불일치를 파악하고 다양한 설계 요소를 통합하는 것을 목표로 했다. 그 결과 GOV.UK Design System이 만들어졌다.

GOV.UK Design System은 몇 가지 도구의 조합으로 설명된다. 메인인 Design System, 충실도 높은 프로토타입용 GOV.UK Prototype Kit, 그리고 GOV.UK Frontend를 포함한다. 이 프런트엔드 프레임워크는 모든 것을 하나로 묶고, 여러 서비스에 걸쳐 응집된 경험을 보장한다.

이 서비스들은 함께 스타일, 컴포넌트 패턴을 제공하고 고품질의 접근 가능한 디지털 서비스 생성을 가능하게 한다. 이들은 중앙 및 지방 정부 모두에서 널리 사용됐으며, 디자인 시스템의 영향은 외국의 정부들에까지 미쳤다.

---

26 https://design-system.service.gov.uk/

머티리얼

디지털 환경을 형성하는 데에 세계적으로 인정받는 영향력을 가진 구글은 자사 제품 및 서비스들을 꿰뚫는 통일된 디자인 언어가 필요함을 식별했다. 안드로이드 애플리케이션 생태계와 구글 서비스가 성장하면서 사용자 인터페이스도 다변화되었다. 이는 애플리케이션과 심지어 플랫폼(안드로이드, 플러터, 웹)을 가로지르는 일관성 있는 사용자 경험을 유지하는 어려움으로 이어졌다.

이를 해결하기 위해 구글은 2014년 머티리얼 디자인을 릴리스했다.[27] 이것은 물리적 세계와 그 텍스처에서 영감을 받아 만들어진 디자인 언어로 디바이스에 무관하게 직관적이고, 일관적이며, 응답성이 높은 인터페이스를 만든다.

머티리얼 디자인은 가이드라인, 리소스, 도구들의 종합적인 셋을 제공한다. 머티리얼 디자인은 타이포그래피, 아이콘, 색상 스킴 같은 기본적인 것부터 내비게이션 서랍, 카드, 애니메이션에 이르기까지 보다 복잡한 컴포넌트를 정의한다.

머티리얼 디자인의 중요한 성과는 그 적응성이다. 구글은 머티리얼 디자인을 웹 애플리케이션은 물론 안드로이드와 플러터에도 적용되도록 보장했다. 개발자들과 디자이너들은 이 교차 플랫폼 디자인 시스템을 사용해 서로 다른 플랫폼 사이에 고유한 브랜드 표현을 하면서도 일관성을 유지할 수 있게 되었다.

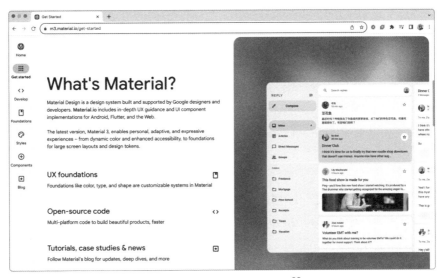

그림 5-4 **Material | Get Started**[28]

---

27 https://www.youtube.com/watch?v=1TbbLzCBwj0
28 https://material.io/get-started

5.8 정리

계속해서 진화하는 웹 개발 영역에서 디자인 시스템은 가치를 논하기 힘들 정도로 중요한 도구들이 되었다. 이들은 개발 프로세스를 간단히 만들고, 협업을 촉진하고, 일관성을 보장하고, 전반적인 사용자 경험을 향상시킨다. 코드베이스를 통일하는 코딩 스타일 가이드든, 디자인 수치를 중앙집중화하고 표준화하는 디자인 토큰이든, 재사용 가능한 요소를 캡슐화하는 컴포넌트 라이브러리든, 디자인 시스템은 디자이너와 개발자 사이의 격차를 좁힌다.

> [디자인] 제품의 일관성 있는 스위트를 갖는 것은 기업에게 엄청난 시간과 돈을 절약하게 한다. 디자인 시스템 영역에서 굴지의 입지에 있는 스피커인 네이션 커티스Nathan Curtis는 <And You Thought Buttons Were Easy?(그래서 당신은 버튼들이 쉽다고 생각하는가?)>[29]라는 뛰어난 아티클을 발표했다.
>
> 이 아티클에서 그는 가장 근본적인 컴포넌트인 버튼의 개발, 디자인, 테스트 비용을 분해한다. 만약 여러분이 버튼의 모든 조합(`primary`, `secondary`, `tertiary`, `active`, `disabled`, `focused`, `active`, `icon`, `large`, `small`, `medium` 등)을 만든다면 그 변형은 현기증을 일으킬 만큼 많을 것이다.
>
> 그는 계속해서 이 버튼들의 모든 조합에 관해 설명한다. 여기에 디자이너, 엔지니어, 테스트를 조합해 이 버튼들을 디자인, 구축, 테스트할 때 스태프 비용을 작업 시간당 100달러이고 이 조합들을 디자인, 구축, 테스트하는 데 200시간이 걸린다고 가정한다면 기업은 버튼만으로 20,000달러를 지급해야 한다. 여러분의 기업에 버튼을 만드는 팀이 하나 이상, 예를 들면 50팀이라면 버튼을 만드는 데 1,000,000달러를 들여야 한다. 그는 이러한 이유로 디자인 시스템이 필요하다고 언급한다.
>
> 디자인 시스템은 올바른 상황에서는 매우 강력하다. 예를 들면 레스토랑을 위한 간단한 웹사이트를 만들기 위해서는 모든 시스템이 필요하지 않을 것이다. 하지만 대규모 애플리케이션을 구축하는 비즈니스를 하고 있다면 디자인 시스템은 반드시 필요하다.
>
> — 엠마 보스티안

처음부터 새롭게 구축하든 기존 시스템을 통합하든 디지털 여정을 진행하면서 가장 중요한 목표는 사용자 경험을 향상시키는 것임을 기억하자. 도구, 가이드라인, 컴포넌트는 그저 이를 위한 수단일 뿐이다. 디자인과 개발을 융합하는 과정에서 디자인 시스템은 사용자와 팀이 사용자에게 유용한 디지털 경험을 만들 수 있도록 안내하는 나침반이다.

---

29 https://medium.com/eightshapes-llc/26eb5b5c1871

6

데이터 가져오기

모던 웹 애플리케이션들은 데이터에 크게 의존한다. 소셜 미디어 피드이든, 최신 주가이든, 콘텐츠 관리 시스템이든 많은 클라이언트 애플리케이션의 핵심은 전형적으로 서버에 존재하는 데이터이다. 그 결과 클라이언트가 서버로부터 데이터를 가져오는 것은 대규모 자바스크립트 애플리케이션의 기본 태스크가 되었다.

클라이언트와 서버 사이에 발생하는 데이터 교환의 형태(RESTful API, GraphQL, WebSocket 등)에 관계없이 리액트 및 자바스크립트 애플리케이션에서는 다양한 접근법을 사용해서 서버로부터 데이터를 가져올 수 있다. 여기에는 내장 브라우저 API(Fetch API 등), 단순한 프로미스 기반 HTTP 클라이언트(Axios 등), 혹은 보다 세련된 쿼리 라이브러리(리액트 쿼리React Query) 혹은 SWR를 사용하는 것을 포함한다.

6.1 브라우저 API와 간단한 HTTP 클라이언트

특화된 라이브러리들에 관해 살펴보기 앞서 모던 브라우저들은 이미 데이터를 가져오기 위한 내장 도구를 제공하고 있음을 언급할 필요가 있다. 이를 달성하기 위한 가장 주목할 기능은 **Fetch API**이다.

Fetch API는 자바스크립트 인터페이스를 제공하며 이를 사용하면 요청reuqest 및 응답response 과 같은 HTTP 파이프라인의 일부에 접근하거나 일부를 조작할 수 있다. Fetch API는 글로벌

`fetch()` 메서드를 제공하며 이를 사용하면 웹 요청을 쉽게 만들 수 있다. 다음은 리액트 컴포넌트의 `useEffect` 훅을 사용해 Fetch API를 사용하는 예시이다.

Fetch API를 사용해 GET 요청을 만들기

```
import { useEffect } from "react";

const App = () => {
  // ...

useEffect(() => {
    async function fetchData() {
      try {
        const response = await fetch(
          "https://api.example.com/data",
        );
        if (!response.ok) {
          throw new Error(
            "Network response was not ok",
          );
        }
        const data = await response.json();
        console.log(data);
      } catch (error) {
        console.error(
          "There was a problem:",
          error.message,
        );
      }
    }

    fetchData();
  }, []);
  // ...
};
```

앞의 예시에서는 `useEffect` 훅 안에서 `fetchData()`라는 비동기 함수를 정의했다. 이 함수는 특정한 API 엔드포인트에 대해 HTTP `GET` 요청을 만드는 책임을 진다. 응답이 성공하면 받은 응답에서 JSON 데이터를 파싱하고 콘솔에 로그를 남긴다. 응답이 성공하지 않으면 에러를 던진다.

보다 나은 에러 핸들링, 요청 가로채기 추가, 혹은 내장된 교차 사이트 위조cross site forgery, XSRF 보호 같은 몇몇 추가 기능이 필요하면 표준 Fetch API보다 많은 기능을 제공하는 Axios[1] 같은 최소

---

1   https://axios-http.com/

한의 HTTP 라이브러리를 활용할 수 있다.

Axios HTTP 라이브러리를 사용해 GET 요청 만들기

```
import { useEffect } from "react";
import axios from "axios";

const App = () => {
  // ...

  useEffect(() => {
    async function fetchData() {
      try {
        const response = await axios.get(
          "https://api.example.com/data",
        );
        console.log(response.data);
      } catch (error) {
        console.error(
          "There was a problem:",
          error.message,
        );
      }
    }

    fetchData();
  }, []);
  // ...
};
```

Fetch API와 Axios는 다소 유연하지만 상당히 저수준이다. 애플리케이션 규모가 커지고 요구사항
이 복잡해지면서 개발자들은 바퀴를 재개발해야 한다는 것, 즉 에러 핸들링, 에러 잡기, 혹은 재시
도에 관한 반복적인 코드를 작성해야 한다는 것을 발견할 수도 있다. 여기에서 보다 세련된 데이터
가져오기 라이브러리가 등장한다.

6.2 보다 세련된 데이터 가져오기 라이브러리

리액트 쿼리 및 SWR 같은 특화된 라이브러리들은 모든 웹 애플리케이션에서 데이터 가져오기에
개발자들이 접근하는 방식을 진일보시켰다. 이 라이브러리들은 데이터 가져오기, 캐싱, 동기화를
위한 일련의 도구를 제공하며 이 태스크들과 관련된 많은 복잡성을 추상화하는 것을 돕는다.

이번 절에서는 **리액트 쿼리**React Query(탠스택 쿼리TanStack Query에 포함) 라이브러리를 사용하는 몇 가지 보다 진보된 패턴과 기법을 소개한다. 리액트 쿼리에 초점을 두고 있기는 하지만 이번 절에서 언급하는 원칙과 논의들은 다른 유사한 라이브러리에도 널리 적용된다. 이 라이브러리들은 공통 기능, 철학을 공유하며 약간의 차이를 갖는다.

다음으로 살펴볼 내용은 리액트 쿼리의 구체적인 기능을 강조하는 것뿐만 아니라 일반적인 모던 데이터 가져오기 라이브러리의 강력함과 효율성을 보이기 위한 것이기도 하다.

데이터 가져오기

리액트 쿼리의 `useQuery`[2] 혹은 데이터 가져오기의 핵심이다. `useQuery`는 하나의 명확한 식별자 비동기 함수를 받아 API로부터 데이터를 가져온다.

`useQuery` 훅을 사용하려면 먼저 리액트 애플리케이션에서 리액트 쿼리를 초기화해야 한다. 이를 통해 우리가 개발하는 리액트 컴포넌트에게 필요한 콘텍스트를 전달함으로써 리액트 쿼리가 제공하는 데이터 가져오기 기능에 접근할 수 있게 한다.

리액트 쿼리를 초기화할 때는 리액트 쿼리에서 `QueryClient`[3]와 `QueryClientProvider`[4]를 임포트한다. 다음으로 `QueryClient`를 만들고 `QueryClientProvider`를 사용해 리액트 애플리케이션을 감싼다.

리액트 쿼리 초기화하기

```
import { createRoot } from "react-dom/client";
import {
  QueryClient,
  QueryClientProvider
} from "@tanstack/react-query";
import { App } from './App';

const rootElement = document.getElementById("root");
const root = createRoot(rootElement);

// 클라이언트를 만든다.
const queryClient = new QueryClient();
```

---

2   https://tanstack.com/query/latest/docs/framework/react/guides/queries

3   https://tanstack.com/query/latest/docs/reference/QueryClient

4   https://tanstack.com/query/latest/docs/framework/react/reference/QueryClientProvider

```
root.render(
  // 클라이언트를 애플리케이션에 제공한다.
  <QueryClientProvider client={queryClient}>
    <App />
  </QueryClientProvider>
);
```

애플리케이션에서 리액트 쿼리를 초기화했으므로 useQuery 훅을 효과적으로 사용해 데이터를 가져온 뒤, 애플리케이션에서 그 상태를 관리할 수 있다. 다음은 useQuery 훅을 사용해서 공개된 https://jsonplaceholder.typicode.com/todos 엔드포인트[5]에서 todo 모의 데이터를 목록을 가져오는 예시이다.

useQuery 훅을 사용해 데이터 가져오기

```
import { useQuery } from "@tanstack/react-query";
import axios from "axios";

const fetchTodoList = async () => {
  const response = await axios.get(
    "https://jsonplaceholder.typicode.com/todos",
  );
  return response.data;
};

export function App() {
  const { data, isLoading, isError } = useQuery({
    queryKey: ["todos"],
    queryFn: fetchTodoList,
  });

  // ... 데이터를 표시/조작하기 위한 추가 코드
}
```

useQuery 훅 선언 안에 쿼리를 위한 고유 키를 제공하고, 'todos' 및 지정한 엔드포인트에 GET 요청을 트리거하는 비동기 함수를 제공한 점에 주목하자. 비동기 함수에는 axios 라이브러리를 활용했다.

useQuery 훅은 하나의 result 객체를 반환한다. 이 객체는 해당 쿼리의 상태와 결과를 반영하는

---

5 https://jsonplaceholder.typicode.com/todos

다른 속성들을 포함한다. 이 객체는 성공한 쿼리를 통해 얻은 데이터를 갖는 동시에 `isLoading`, `isError` 같은 지시자indicator를 갖는다. `isLoading`은 요청이 진행 중임을 나타내고 `isError` 시그널은 데이터를 가져오는 동안 무언가 이슈가 발생했음을 나타낸다.

이 쿼리 속성들을 사용해 컴포넌트가 API 요청 상태에 따라 서로 다른 UI를 렌더링하게 할 수 있다.

useQuery 반환값에 따라 UI 렌더링하기

```
import { useQuery } from "@tanstack/react-query";
import axios from "axios";

const fetchTodoList = async () => {
  const response = await axios.get(
    "https://jsonplaceholder.typicode.com/todos"
  );
  return response.data;
};

export function App() {
  const { data, isLoading, isError } = useQuery({
    queryKey: ["todos"],
    queryFn: fetchTodoList,
  });

  if (isLoading) {
    return <p>Request is loading!</p>;
  }

  if (isError) {
    return <p>Request has failed :(!</p>;
  }

  return (
    <div>
      <h1>Todos List</h1>
      <ul>
        {data.map(todo => (
          <li key={todo.id}>{todo.title}</li>
        ))}
      </ul>
    </div>
  );
}
```

앞의 예시 코드에서 App 컴포넌트는 데이터를 가져오는 동안 로딩 메시지를 렌더링한다. 데이터를 가져올 때 에러가 발생하면 에러 메시지를 표시하고, 아니면 가져온 todos 리스트를 렌더링한다.

그림 6-1 **가져온 todos 리스트**

앞의 예시에서 useQuery 훅이 내장된 요청 상태를 제공함으로써 데이터를 가져올 때 API 호출의 여러 단계를 관리하는 방법을 확인할 수 있었다. 이 훅은 또한 개발자들에게 강력한 도구가 될 수 있는 추가적인 기능들을 제공한다. 이 기능들 중 몇 가지 기능에 관해 조금 더 살펴보자.

캐싱

리액트 쿼리 같은 라이브러리의 두드러진 기능 중 하나는 **캐싱**caching이다. 데이터 가져오기라는 콘텍스트에서 캐싱은 가져온 데이터를 저장해두는 것을 의미한다. 미래에 요청이 왔을 때 다른 네트워크 요청을 만드는 대신 캐시에서 데이터를 꺼내 보다 빠르게 제공하는 것이다. 리액트 쿼리는 독특하게 이 캐싱 프로세스를 서버 혹은 브라우저의 로컬 저장소가 아닌 메모리(즉, 자바스크립트 객체/스토어)를 사용해서 직접 관리한다.

리액트 쿼리의 캐싱 메커니즘은 대단히 세련되었다. 데이터를 캐싱하는 동시에 자동으로 특정한 트리거 또는 설정된 기간에 기반해 자동으로 데이터를 무효화하고 다시 가져온다. 이로 인해 사용자는 항상 최신 데이터를 볼 수 있고 동시에 캐싱이 주는 성능의 이익을 누릴 수 있다.

리액트 쿼리를 사용하면 다음과 같은 데이터를 서버에서 가져왔을 때 캐시에 자동으로 저장된다.

useQuery 훅을 사용해 데이터 가져오기

```
import { useQuery } from '@tanstack/react-query';
import axios from 'axios';

const fetchTodoList = async () => {
  const response = await axios.get(
    'https://jsonplaceholder.typicode.com/todos'
  );
  return response.data;
}

export function App() {
  const { data, isLoading, isError } = useQuery({
    queryKey: ['todos'],
    queryFn: fetchTodoList
  });
  // ... 데이터를 표시/조작하기 위한 추가 코드
}
```

컴포넌트가 이 데이터를 다음에 필요로 하면 해당 데이터는 캐시에서 가져온다. 이는 빠르고 즉각적인 접근을 보장하고 백그라운드에서 서버로 새로운 요청이 만들어진다. 서버의 데이터가 변경되었다면 캐시를 업데이트하고, 컴포넌트는 재렌더링을 수행하고 최신 변경 내용을 보여준다.

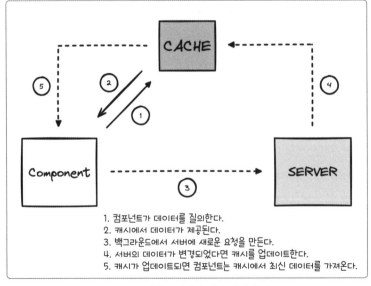

1. 컴포넌트가 데이터를 질의한다.
2. 캐시에서 데이터가 제공된다.
3. 백그라운드에서 서버에 새로운 요청을 만든다.
4. 서버의 데이터가 변경되었다면 캐시를 업데이트한다.
5. 캐시가 업데이트되면 컴포넌트는 캐시에서 최신 데이터를 가져온다.

그림 6-2 **리액트 쿼리의 기본 캐시 동작**

캐시에서 데이터를 가져오는 것과 함께 백그라운드에서 최신 데이터를 위한 네트워크 요청을 만듦으로써 사용자의 시각적 로딩 시간을 현저하게 줄인다. 정보는 자동으로 사용자에게 보여지며 네트워크 데이터가 캐싱된 버전과 다르면 UI는 최신 데이터를 사용해 매끄럽게 업데이트된다.

staleTime

리액트 쿼리를 사용해서 만든 각각의 쿼리에 대해 `staleTime` 옵션을 사용해서 가져온 데이터가 '최신의 것fresh'이라 간주할 수 있는 시간의 양(밀리초)를 지정할 수 있다. 기본적으로 리액트 쿼리는 이 값을 0으로 설정하지만, 다음 쿼리 예시에서는 가져온 데이터의 `staleTime` 옵션값을 1분으로 설정했다.

staleTime 옵션 설정하기

```
import { useQuery } from '@tanstack/react-query';
import axios from 'axios';

const fetchTodoList = async () => {
  const response = await axios.get(
    'https://jsonplaceholder.typicode.com/todos'
  );
  return response.data;
}

export function App() {
  const { data, isLoading, isError } = useQuery({
    queryKey: ['todos'],
    queryFn: fetchTodoList,
    staleTime: 1000 * 60, // 1분
  });

  // ... 데이터를 표시/조작하기 위한 추가 코드
}
```

앞의 쿼리에서 초기 쿼리 요청 이후 1분이 지나지 않았을 때 다른 쿼리가 만들어지면 리액트 쿼리는 현재 (캐싱된) 데이터를 최신의 것으로 간주하고, 새로운 데이터를 가져오기 위한 백그라운드 요청을 만들지 않는다. 대신 두 번째 요청에 대해 캐시에서 데이터를 꺼내 제공한다.

하지만 1분이라는 `staleTime`이 경과한 뒤 쿼리 요청이 만들어지면, 리액트 쿼리는 데이터가 오래되었다는 것을 인식한다. 해당 데이터를 요청한 모든 컴포넌트에 즉시 캐싱된 데이트를 제공하고, 동시에 백그라운드 요청을 만들어 서버로부터 데이터의 가장 최신 버전을 가져온다.

6.3 캐시 업데이트하기

리액트 쿼리는 캐시와 직접 상호작용하고 캐시를 업데이트할 수 있는 일련의 유틸리티들을 제공한다. 변경 요청mutation request(예를 들면 서버의 데이터를 변경하는 요청)이 성공 혹은 실패했을 때 캐시를 업데이트하고 싶을 수 있다. 이 경우 캐시와 직접 상호작용하는 방법을 안다면 유용할 것이다.

리액트 쿼리는 변경을 처리하기 위해 `useMutation`[6] 훅을 제공한다. 다음은 버튼을 클릭했을 때 서버에 저장된 todo 아이템 목록에 새로운 todo 아이템을 추가하는 변경을 트리거하는 예시이다.

새로운 todo 아이템을 추가하는 변경 트리거하기

```
import {
  useMutation
} from "@tanstack/react-query";
import axios from "axios";

const createTodo = async (newTodo) => {
  const response = await axios.post(
    "https://jsonplaceholder.typicode.com/todos",
    newTodo,
  );
  return response.data;
};

export function App() {
  const { mutate, isLoading, isError } =
    useMutation({
      mutationFn: createTodo,
    });

  const triggerAddTodo = () => {
    mutate({
      title: "Groceries",
      description:
        "Complete the weekly grocery run",
    });
  };

  return (
    <div>
      <button onClick={triggerAddTodo}>
        Add Todo
```

---

6 https://tanstack.com/query/latest/docs/framework/react/guides/mutations

```
      </button>
      {isLoading && <p>Adding todo...</p>}
      {isError && (
      <p>Uh oh, something went wrong!</p>
      )}
    </div>
  );
}
```

useMutation 훅도 useQuery 훅과 마찬가지로 isLoading, isError 속성을 반환해 변경 요청의 상태를 관리하고, 변경 프로세스를 진행하는 동안 사용자에게 피드백을 제공한다. useMutation 훅은 mutate() 함수도 반환한다. 이 함수를 호출하면 변경 요청을 트리거한다.

변경에 성공했다면 캐시를 즉시 업데이트함으로써 관련된 쿼리 데이터에 의존하는 모든 컴포넌트들이 최신 정보에 접근할 수 있도록 하고 싶을 것이다. 그 방법의 하나로 쿼리 클라이언트의 setQueryData()[7] 함수를 사용하면 쿼리 키를 기반으로 특정 쿼리의 캐시를 업데이트할 수 있다. useMutation 훅의 onSuccess() 콜백 안에서 이 함수를 트리거해서 변경을 성공적으로 완료한 직후 실행되도록 하면 된다.

변경이 성공한 뒤 캐시를 업데이트하기
```
// ...
import { queryClient } from ".";
// ...

function App() {
  const { mutate, isLoading, isError } =
  useMutation({
    mutationFn: createTodo,
    // 변경 성공 시
    onSuccess: (data) => {
    // 캐시에서 현재 todos를 가져온다.
    const currentTodos =
      queryClient.getQueryData(["todos"]);

    // 새로운 todo로 todos 캐시를 업데이트한다.
    queryClient.setQueryData(
      ["todos"],
      [...currentTodos, data],
    );
```

---

7   https://tanstack.com/query/latest/docs/reference/QueryClient/#queryclientsetquerydata

```
    },
  });
  // ...
}
```

이 메서드를 사용하면 캐시에 낙관적인 업데이트_{optimistic update}를 제공하며 추가적인 가져오기 요청이 없이도 UI가 최신 데이터로 업데이트되는 것을 보장할 수 있다.

캐시를 우리가 직접 업데이트할 수 있는 이 기능을 활용하면 근본적으로 '상태'를 업데이트하고 관리할 수 있으며, 이는 데이터 가져오기 라이브러리에 의해 추적 및 유지보수 된다. 변경에 의해 어떤 컴포넌트의 데이터가 변경되었을 때, 이 중앙화된 캐시(예: 글로벌 스토어) 덕분에 동일한 데이터에 의존하는 다른 컴포넌트들도 그 변경을 즉시 반영할 수 있다. 또한 캐시를 직접 업데이트할 수 있으므로 개발자들은 애플리케이션 상태와 사용자 경험을 한층 세세하게 통제할 수 있다.

캐시와의 상호작용은 그 자체로 심오한 주제이다. 리액트 쿼리는 '공격적이지만 온건한 기본값_{aggressive but sane defaults}'을 제공하기 때문에 이 개념에 익숙하지 않은 사용자들은 캐시를 다룰 때 종종 혼동한다. 충분한 시간을 들여 Important Defaults[8] 및 Caching[9]에 관한 문서를 읽어보자. 이런 복잡함을 이해하고 라이브러리를 최대한 활용하기 바란다.

데이터 미리 가져오기

미리 가져오기_{prefetching}[10]는 데이터가 실제 필요하기 전에 적극적으로 가져오는 프랙티스를 가리킨다. 이는 사용자가 UI 요소와 상호작용하거나 새로운 스크린으로 이동했을 때 최신 데이터를 사용할 수 있도록 준비하는 것을 목적으로 한다. 데이터를 미리 가져오면 인지된 로딩 시간을 줄임으로써 종종 보다 매끄러운 사용자 경험을 제공할 수 있다.

리액트 쿼리는 `prefetchQuery()`[11] 메서드를 제공한다. 이 메서드를 사용하면 지정한 쿼리 키에 관한 데이터를 미리 가져올 수 있다. 미리 가져온 데이터는 캐시에 저장되고 이어서 같은 쿼리 키를 사용해 `useQuery()`를 호출하면 다시 가져오기를 하지 않고도 캐싱된 데이터에 즉시 접근할 수 있다.

---

8   https://tanstack.com/query/latest/docs/framework/react/guides/important-defaults

9   https://tanstack.com/query/latest/docs/framework/react/guides/caching

10   https://tanstack.com/query/latest/docs/framework/react/guides/prefetching

11   https://tanstack.com/query/latest/docs/react/guides/prefetching

다음은 트리거했을 때 앞의 예시에서 봤던 todo 리스트를 미리 가져오는 함수를 만드는 예시이다.

트리거 했을 때 쿼리를 미리 가져오는 함수 작성하기

```
import { useQuery } from "@tanstack/react-query";
import axios from "axios";
import { queryClient } from ".";

const fetchTodoList = async () => {
  const response = await axios.get(
    "https://jsonplaceholder.typicode.com/todos",
  );
  return response.data;
};

const prefetchTodos = async (queryClient) => {
  /*
    이 쿼리의 결과는 일반적인 쿼리와 동일하게 캐시된다.
  */
  await queryClient.prefetchQuery({
    queryKey: ["todos"],
    queryFn: fetchTodoList,
  });
};

// ...
```

prefetchTodos() 함수는 이벤트 핸들러에 의해 트리거될 수 있다. 컴포넌트 라이프사이클 이벤트 혹은 심지어 사용자가 특정한 섹션 혹은 페이지로 이동하기 전에 트리거될 수도 있다.

플레이스홀더 데이터

쿼리의 데이터가 아직 요청 중인 경우 플레이스홀더 데이터placeholder data가 존재한다면 해당 데이터를 사용자에게 보여주고 싶을 때가 있다. 이는 다음과 같은 시나리오에서 유용하다.

- **느린 네트워크 요청을 다룰 때**: 특정한 쿼리를 실행하는 데 상당한 시간이 요구된다면 빈 페이지나 로더보다 스켈레톤이나 플레이스홀더를 표시함으로써 사용자의 참여를 유지할 수 있다.

- **낙관적인 업데이트를 제공할 때**: 변경을 수행하는 동안 실제 요청이 백그라운드에서 진행되고 있음에도 불구하고 플레이스홀더 데이터를 사용하면 해당 데이터가 즉시 업데이트될 것이라는 착각을 줄 수 있다.

- **일관성 있는 레이아웃을 보장할 때**: 플레이스홀더 데이터는 레이아웃을 일관성 있게 유지되도록

보장함으로써 데이터를 가져왔을 때 레이아웃이 변하는 것(이는 사용자 경험을 방해할 수 있음)을 방지할 수 있다.

리액트 쿼리에서 placeholderData[12] 옵션을 사용하면 특정 쿼리에 관한 플레이스홀더 데이터를 표시할 수 있다.

placeholderData 쿼리 옵션 사용하기

```javascript
import { useQuery } from "@tanstack/react-query";
import axios from "axios";

const fetchTodoList = async () => {
  const response = await axios.get(
    "https://jsonplaceholder.typicode.com/todos",
  );
  return response.data;
};

function App() {
  const {
    data = [],
    isLoading,
    isError,
  } = useQuery({
    queryKey: ["todos"],
    queryFn: fetchTodoList,
    placeholderData: [
      {
        id: "placeholder1",
        title: "Fetching...",
        completed: false,
      },
      {
        id: "placeholder2",
        title: "Fetching...",
        completed: false,
      },
    ],
  });

  // ...
}
```

---

12 https://tanstack.com/query/latest/docs/framework/react/guides/placeholder-query-data

`placeholderData`를 사용하면 캐시에 초기 데이터를 저장하지 않고도 초기 플레이스홀더 데이터를 사용자에게 표시할 수 있다. 플레이스홀더 데이터를 표시하고 동시에 캐시에 저장하고 싶다면 `initialData`[13] 쿼리 구성 옵션을 사용하면 된다.

재시도 메커니즘

기본적으로 리액트 쿼리는 쿼리 요청이 실패하면 자동으로 해당 쿼리를 3번 재시도[14]한 뒤 에러를 표시한다. 이 기본값은 글로벌 혹은 개별 쿼리 수준에서 설정할 수 있다. `retry` 옵션을 `false`로 설정하면 이 재시도 메커니즘retry mechanism을 비활성화할 수 있다. 다음은 그 구현 예시이다.

쿼리 재시도 비활성화하기

```
const { data } = useQuery({
  queryKey: ['todos'],
  queryFn: fetchTodoList,
  retry: false // 모든 재시도를 비활성화한다.
});
```

반대로 `retry` 옵션을 `true`로 설정하면 요청이 성공할 때까지 쿼리를 무한 재시도하도록 할 수 있다. 다음은 그 구현 예시이다.

쿼리를 무한 재시도하기

```
const { data } = useQuery({
  queryKey: ['todos'],
  queryFn: fetchTodoList,
  // 쿼리가 성공할 때까지 재시도한다.
  retry: true
});
```

쿼리 재시도를 완전히 비활성화하거나 성공할 때까지 무한히 재시도하도록 하는 대신, 일반적으로는 특정한 횟수만큼 재시도하도록 설정할 것이다.

10번 재시도하도록 설정하기

```
const { data } = useQuery({
  queryKey: ['todos'],
```

---

13 https://tanstack.com/query/latest/docs/framework/react/guides/initial-query-data
14 https://tanstack.com/query/latest/docs/framework/react/guides/query-retries

```
  queryFn: fetchTodoList,
  // 10번 재시도한 뒤 실패하면 에러를 표시한다.
  retry: 10
});
```

애플리케이션이 간헐적으로 네트워크 이슈를 가질 수 있는 경우, 예를 들면 유지보수나 예기치 않은 장애로 서버가 종종 다운되거나 특정 요청이 다른 쿼리 요청보다 자주 실패할 것으로 예상할 때는 재시도 메커니즘을 설정하는 것이 유용할 수 있다.

Devtools

리액트 쿼리는 강력한 Devtools[15]를 제공하며, 이들을 활용하면 디버깅과 개발 경험을 상당히 크게 향상할 수 있다. Devtools는 쿼리, 변경, 캐시 상태에 관한 실시간 통찰을 제공하며 애플리케이션의 동작을 쉽게 이해하고 디버깅할 수 있다.

리액트 쿼리 Devtools를 사용하려면 먼저 별도 제공되는 패키지를 설치해야 한다.

react-query-devtools 설치하기
```
yarn add @tanstack/react-query-devtools
```

다음으로 Devtools를 애플리케이션에 통합해야 한다. `ReactQueryDevtools`를 임포트하고 컴포넌트 트리에서 가능한 한 위쪽에 위치하게 한다.

Devtools 컴포넌트 렌더링하기
```
import {
  ReactQueryDevtools
} from '@tanstack/react-query-devtools';
// ...

// ...

root.render(
  <QueryClientProvider client={queryClient}>
    <App />
    {/* Devtools를 root에 위치시킨다. */}
    <ReactQueryDevtools initialIsOpen={false} />
```

---

15 https://tanstack.com/query/latest/docs/framework/react/devtools

```
    </QueryClientProvider>
  );
```

Devtools를 통합했다면 리액트 쿼리 Devtools가 제공하는 다양한 기능을 사용할 수 있다. 기능의 핵심은 실시간 쿼리 및 변경 추적이다. 실행 중인 모든 쿼리와 변경 및 최근 실행된 모든 쿼리와 변경을 지속적으로 업데이트한 동적 리스트를 제공한다. 각 쿼리 혹은 변경의 상태를 확인할 수 있다. 로딩 중인지, 에러를 만났는지, 성공했는지에 관한 정보를 반환된 데이터 및 관련된 에러 정보와 함께 제공한다.

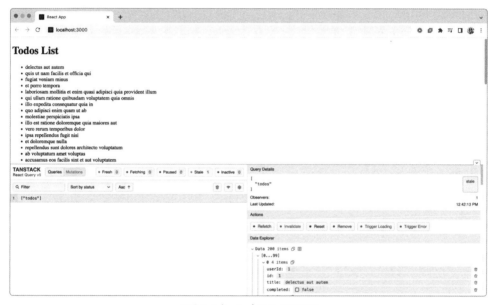

그림 6-3 'todos' 쿼리 상세 정보

Devtools는 수동 다시 가져오기 및 캐시 조작 기능을 제공한다. 이 기능은 개발 프로세스를 진행하는 동안 매우 유용하다. 이 기능을 사용하면 수동을 쿼리 다시 가져오기나 캐시 리셋을 트리거할 수 있어 보다 효율적으로 데이터 변경에 따른 애플리케이션의 응답 테스트 및 디버그를 수행할 수 있다.

그림 6-4 Devtools를 통한 수동 트리거

더 많은 기능들

앞서 살펴본 항목들은 리액트 쿼리와 같은 진보한 데이터 가져오기 라이브러리들이 제공하는 기능의 일부에 지나지 않는다. 리액트 쿼리는 앞서 언급한 기능들 외에도 많은 기능을 제공한다.

- **의존 쿼리**[16]: 한 쿼리의 완료 상태에 따라 다른 쿼리를 실행할 수 있다. 올바른 순서로 데이터를 가져오는 것을 보장한다.
- **병렬 쿼리**[17]: 리액트 쿼리는 여러 쿼리를 동시에 가져올 수 있다. 빠른 데이터 취득을 보장한다.
- **페이지네이션**[18]**과 무한 쿼리**[19]: 리액트 쿼리는 페이지네이션 쿼리와 무한 쿼리를 기본 제공한다. 이를 사용하면 대규모 데이터셋을 쉽게 다룰 수 있다.
- **서버 렌더링 및 흡수 지원**[20]: 서버 사이드 렌더링 프레임워크(예: Remix 또는 Next.js)와 통합하면 서버에서 데이터를 미리 가져와 클라이언트에 전달할 수 있다. 미리 가져온 데이터를 사용해 클라이언트 사이드의 리액트 쿼리 캐시를 흡수할 수 있다.
- 그 외 많은 기능들!

결론적으로 리액트 쿼리 같은 진보한 데이터 가져오기 라이브러리를 사용하면 복잡한 데이터 가져오기, 캐시, 상태 동기화를 쉽게 다룰 수 있다. 덕분에 복잡한 데이터 가져오기 및 관리의 수렁에 빠지지 않고 사용자 인터페이스 구축과 전반적인 사용자 경험 향상에 집중할 수 있다.

6.4 효율적인 데이터 가져오기를 위한 팁

애플리케이션이 성장하고 데이터셋의 규모가 커지면서 데이터 가져오기 프로세스 최적화 전략을 마련하는 것이 중요해졌다. 이는 최적의 리소스 활용을 보장함과 동시에 전반적으로 보다 나은 사용자 경험을 제공한다.

대규모 자바스크립트 애플리케이션의 데이터 가져오기에 효율적으로 접근하려면 애플리케이션의 데이터 니즈와 함께 애플리케이션의 데이터 소스의 성능 특성에 관해서도 심사숙고해야 한다. 데이터 가져오기에 효율적으로 접근하기 위한 몇 가지 전략을 소개한다.

---

16 https://tanstack.com/query/latest/docs/framework/react/guides/dependent-queries
17 https://tanstack.com/query/latest/docs/framework/react/guides/parallel-queries
18 https://tanstack.com/query/latest/docs/framework/react/guides/paginated-queries
19 https://tanstack.com/query/latest/docs/framework/react/guides/infinite-queries
20 https://tanstack.com/query/latest/docs/framework/react/guides/ssr

데이터 모델을 세심하게 설계하라

데이터 가져오기에 효율적으로 접근하기 위한 첫 번째 단계는 데이터 모델을 세심하게 설계하는 것이다. 애플리케이션의 데이터 니즈를 고려하고 그 니즈에 최적화된 데이터 모델을 설계하는 것을 의미한다.

데이터 모델을 설계할 때 유념해야 할 몇 가지 핵심 원칙이 있다. 데이터 소스의 수를 최소화하고, 데이터 저장과 회수를 최적화하고, 확장성을 염두에 두고 데이터 모델을 설계해야 한다. 이와 관련된 많은 작업들은 클라이언트가 아니라 데이터베이스 측에서 이뤄지기 때문에 이는 모든 클라이언트 사이트의 데이터 가져오기 전략에서 중요한 전제가 된다. **최적화된 서버 사이드 구조는 필연적으로 클라이언트 사이드의 데이터 가져오기 프로세스를 단순하게 만든다.**

엔드포인트를 최적화하라

클라이언트 관점에서 데이터 가져오기는 데이터를 가져오는 방법인 동시에 서버가 데이터를 제공하는 방법이기도 하다. 서버 엔드포인트를 최적화함으로써 효율적으로 데이터를 제공하는 것은 대단히 중요하다. 최적화란 다음을 포함할 수 있다.

- 데이터베이스 인덱스를 효과적으로 활용하기
- 데이터베이스 호출 횟수 줄이기
- 서버 응답 압축하기
- 서버 사이드에서의 응답 데이터 필터링하기 및 제한하기

가능하다면 요청을 배치로 만들라

여러 작은 요청을 하나의 배치 요청으로 합치면 종종 개별 요청에 의해 발생하는 오버헤드를 줄일 수 있다. 특정한 데이터셋이 짧은 간격으로 계속해서 요청되는 것을 알고 있다면 이 방법이 특히 유용하다.

예를 들면 사용자 세부 정보와 사용자 주문을 서로 다른 2개의 요청으로 가져오는 대신, 이 2개의 정보 셋을 항상 함께 가져와야 한다는 것을 알고 있다면 이들을 하나의 요청으로 만들어 전체적인 지연과 처리 시간을 줄일 수 있다.

우선순위를 지정하고 (요청을) 연기하라

가져올 데이터와 가져올 시기를 신중하게 결정하는 것은 애플리케이션의 응답성을 유지하는 데 매우 중요하다. 페이지를 로딩할 때 모든 데이터를 즉시 가져올 필요는 없다.

초기 사용자 경험에 중요한 데이터가 무엇인지 식별하고 그 데이터를 먼저 가져오는 것은 때때로 대단히 유용하다. 사용자는 필수적이지 않은 데이터를 불필요하게 기다리지 않고도 애플리케이션 과 상호작용할 수 있다. 즉시 필요하지 않은 데이터라면 지연 로딩 사용을 고려하자.

지연 로딩을 사용하라

지연 로딩은 데이터가 실제 필요할 때(예를 들면 사용자가 페이지의 특정한 영역까지 스크롤하거나 특정한 기능을 클릭하는 등)까지 데이터 가져오기를 지연시키는 기법이다.

즉시 필요하지 않은 데이터라면 해당 데이터를 지연 로딩하는 것을 고려하자. 많은 양의 데이터를 다루는 경우 지연 로딩을 사용하면 페이지의 초기 로딩 시간을 상당히 개선할 수 있다. 브라우저 는 최초에 꼭 필요한 최소한의 콘텐츠만 가져와서 렌더링하면 되기 때문이다.

캐싱을 사용해 데이터 가져오기를 최소화하라

캐싱은 자주 접근되는 데이터를 메모리에 저장해서 데이터 소스로부터 매번 가져오는 것보다 훨씬 빠르게 가져올 수 있도록 하는 기법이다. 이번 장 앞부분에서 리액트 쿼리 같은 라이브러리들이 내 장 캐싱 메커니즘을 제공함으로써 리액트 애플리케이션에서의 데이터 가져오기를 최적화하는 것 을 보았다. 캐싱의 개념은 클라이언트에만 국한될 필요가 없다. Redis 같은 도구들을 서버에서 활 용해 전체적인 캐싱 전략을 만들 수 있다.

캐싱을 사용할 때 유념해야 할 몇 가지 핵심 원칙에는 다음이 포함된다. 적절한 캐시 만료 시간을 사용하고, 자주 접근되는 데이터만 캐싱을 사용하고, 캐시 무효 전략을 구현해서 캐싱된 데이터가 최신을 유지하도록 해야 한다.

GraphQL 사용을 고려하라

GraphQL은 API를 위한 쿼리 언어 및 런타임으로 전통적인 REST 접근법에 비해 보다 효율적이고, 유연하고, 강력한 대안을 제공한다. 고정된 데이터 구조를 갖는 여러 엔드포인트를 사용하는 대신 GraphQL을 사용하면 클라이언트는 그들이 필요한 데이터만, 필요한 형태로, 단일 엔드포인트에 요청할 수 있다.

예를 들면 서버에 todo 리스트를 가지고 있고, 각 todo 아이템에서 `title`과 `completionStatus`만 추출하고 싶다고 가정하자.

REST를 사용한다면 하나의 엔드포인트에 요청해야 한다.

REST를 사용해 todos 리스트 얻기(GET)

```
fetch('/todos')
```

이 엔드포인트는 각 todo의 `title`과 `completionStatus`를 반환하지만, 동시에 `description`, `creationDate`, `dueData` 및 다른 수많은 불필요한 정보도 함께 반환한다.

REST 엔드포인트로부터의 모의 응답

```json
[
  {
    "id": 1,
    "title": "Buy groceries",
    "description": "Milk, Bread, and Eggs",
    "creationDate": "2024-01-01",
    "dueDate": "2024-01-11",
    "completionStatus": false
  },
  {
    "id": 2,
    "title": "Schedule dentist appointment",
    "description": "Remember to call Dr. Smith",
    "creationDate": "2024-01-03",
    "dueDate": "2024-01-03",
    "completionStatus": false
  },
  // ... 더 많은 todo들
]
```

GraphQL을 사용하면 보다 구체적인 데이터를 가져올 수 있다.

GraphQL을 사용한 todo의 쿼리 리스트

```
{
  todos {
    title
    completionStatus
```

```
    }
  }
```

이 GraphQL 쿼리는 각 todo의 `title`과 `completionStatus`만 반환한다. 각 todo가 가졌을지 모르는 다른 잠재적인 필드는 반환하지 않는다.

GraphQL 엔드포인트로부터의 모의 응답

```json
{
  "data": {
    "todos": [
      {
        "title": "Buy groceries",
        "completionStatus": false
      },
      {
        "title": "Schedule dentist appointment",
        "completionStatus": false
      },
      // ... 더 많은 todo들
    ]
  }
}
```

GraphQL을 사용하면 클라이언트는 그들이 요청한 것만을 얻을 수 있다. 이는 전통적인 REST 엔드포인트에 비해 작고, 보다 효율적이고, 빠른 응답으로 이어진다. GraphQL에 관해 더 자세히 학습하고 싶다면 GraphQL 공식 문서[21]를 참조하자.

항상 GraphQL을 사용해야 하는가?

GraphQL은 클라이언트 관점에서는 많은 이익을 제공하지만 만능 해결책은 아니다. GraphQL은 여러분의 스택, 특히 완전히 처음부터 만드는 상황이라면 복잡성을 추가할 수 있다. 데이터 가져오기 니즈가 직관적이라면 REST API를 사용해도 충분하다.

GraphQL을 사용하면 클라이언트는 정확히 그들이 필요한 데이터만 가져올 수 있다. 하지만 올바르게 관리되지 않으면 비효율적인 쿼리를 야기할 수 있다. 또한 GraphQL 서버를 설정하는 것은 때때로 REST 엔드포인트를 사용할 때는 잘 보이지 않는 성능 오버헤드를 야기하기도 한다.[22]

---

21 https://graphql.org/learn/
22 https://shopify.engineering/solving-the-n-1-problem-for-graphql-through-batching

성능을 모니터링 및 분석하라

정기적으로 데이터 가져오기 작업의 성능을 모니터링함으로써 비효율이나 병목에 관한 통찰을 얻을 수 있다. 구글의 크롬에서 제공하는 네트워크 탭 혹은 Lighthouse 도구를 사용하면 데이터 가져오기 프로세스의 속도와 신뢰성을 향상할 수 있는 실시간 지표 및 최적화 제안 등을 얻을 수 있다.

보다 오랜 기간에 걸쳐 성능을 모니터링해야 할 경우 New Relic과 Datadog 같은 서비스를 사용하면 종합적인 분석, 경고, 대시보드 기능을 활용할 수 있다. 이들은 모두 애플리케이션 성능 모니터링에 최적화되어 있다.

CHAPTER 7

상태 관리

리액트 및 다른 모던 자바스크립트 애플리케이션에서 컴포넌트는 레고 블록에 해당한다. 이들은 자급자족의self-contained 재사용 가능한 코드 단위이며 구조를 캡슐화한 UI(HTML), 동작(자바스크립트) 및 때로는 스타일(CSS)의 렌더링을 담당한다.

각각의 레고 블록이 큰 구조를 만드는 과정에서 고유한 목적을 갖는 것처럼, 모든 컴포넌트는 애플리케이션에서 구분된 목적을 갖는다.

컴포넌트는 자신들의 상태를 관리하기 위한 내부 메커니즘을 갖고 있다. 이 상태는 해당 컴포넌트의 라이프사이클에 걸쳐 변하는 모든 데이터를 나타내며, 컴포넌트의 렌더링 혹은 행동에 영향을 미친다. 이러한 '로컬 상태local state'라는 개념으로 인해 컴포넌트는 반응적reactive일 수 있다. 다시 말해 상태 변화에 대한 응답으로 그 표현과 행동을 조정한다.

리액트에서는 useState[1] 훅을 사용해 이를 구현한다. useState 훅은 함수형 컴포넌트가 로컬 상태를 유지 및 업데이트할 수 있게 한다.

useState 훅

```
function HelloWorld() {
  const [message, setMessage] = React.useState(
    "Hello World!",
```

---

[1] https://react.dev/reference/react/useState

```
  );

  return (
    <div>
      {/* "message" 값을 표시한다. */}
      <h1>{message}</h1>

      {/*
        버튼을 클릭하면 "message" 상태는 업데이트되고
        컴포넌트는 재렌더링을 해서 새로운 "message" 값을 표시한다.
      */}
      <button
        onClick={() =>
          setMessage("Hello React!")
        }
      >
        Change Message
      </button>
    </div>
  );
}
```

컴포넌트의 로컬 상태가 변경되면 리액트는 이 상태를 모니터하고, 이 변경에 의한 영향을 받는 컴포넌트의 부분들은 **재렌더링되어** 해당 변경을 반영한다.

7.1 컴포넌트 간 데이터 관리하기

컴포넌트는 고립되어 존재하지 않는다. 컴포넌트들은 관련되어 있으며, 이는 데이터가 흐르는 방법을 지정한다. 전형적으로 데이터는 부모 컴포넌트에서 자식 컴포넌트로 전달된다. 이는 '하향식top-down' 또는 '일방통행unidirectional' 흐름이라 부르며 **props**[2]를 사용해 만들 수 있다. props는 부모에서 그 자식 컴포넌트로 데이터를 전달하기 위해 사용하는 특수한 매개변수이다.

마크업 안에서 props를 받아 사용하는 HelloWorld 컴포넌트

```
function HelloWorld(props) {
  return (
    <div>
```

---

[2] https://react.dev/learn/passing-props-to-a-component

[옮긴이] 리액트에서 컴포넌트 함수에 전달되는 유일한 객체가 **props**다. 흔히 prop 또는 props라고 일반명사처럼 사용하며 이 책에서도 저자의 표현을 따라 prop과 props를 혼용했다.

```
      <h1>{props.message}</h1>
      <button onClick={props.onChangeMessage}>
        Change Message
      </button>
    </div>
  );
}
```

props는 컴포넌트들이 소통할 수 있는 방법을 제공하며, 이는 자식이 그 부모로부터 데이터를 받아 표시할 수 있음을 보장한다.

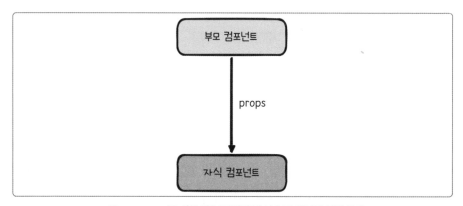

그림 7-1 **props를 사용해 부모에서 자식으로 데이터 전달하기**

props를 사용하면 부모 컴포넌트에서 자식 컴포넌트로 데이터를 전달할 수 있는 한편, **반대로** 자식 컴포넌트에서 부모 쪽으로 소통을 해야 하는 상황도 존재한다. 일반적으로 자식 컴포넌트 안에서 발생한 동작이나 이벤트가 발생했다는 신호를 부모 컴포넌트가 알아야 하는 경우이다.

리액트에서는 이런 '상향upward' 소통을 일반적으로 콜백 함수를 사용해 달성한다. 부모는 props를 경유해 자식에게 하나의 함수를 내려보낸다. 자식은 이 함수를 호출해 부모에게 거꾸로 소통한다.

리액트에서 props를 사용해 콜백 함수를 아래로 전달하기(부모 컴포넌트)

```
function App() {
  const [message, setMessage] = useState(
    "Hello World!",
  );

  const changeMessage = () => {
    setMessage("Hello React!");
  };
```

```
    // onChangeMessage()는 props로서 아래로 전달된다.
    return (
      <HelloWorld
        message={message}
        onChangeMessage={changeMessage}
      />
    );
  }
```

리액트에서 props를 사용해 콜백 함수를 아래로 전달하기(자식 컴포넌트)

```
function HelloWorld(props) {
  return (
    <div>
      <h1>{props.message}</h1>

      {/*
        onChangeMessage() 함수는 부모에게서 왔다.
      */}
      <button onClick={props.onChangeMessage}>
        Change Message
      </button>
    </div>
  );
}
```

자식 컴포넌트가 자신 안에서 어떤 액션이 발생했다는 신호를 부모에게 보낼 수 있으므로, 자식 컴포넌트와 부모 컴포넌트 사이에 명확하고 효과적인 소통을 할 수 있다.

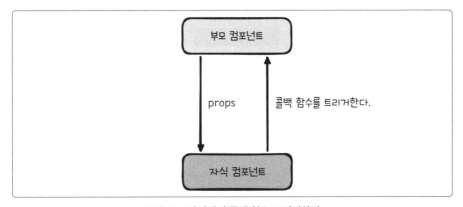

그림 7-2 **자식에서 콜백 함수 트리거하기**

7.2 prop 내려보내기

컴포넌트 트리에 수많은 컴포넌트를 갖는 대규모 애플리케이션에서 작업할 때, props는 종종 유지하기 어려울 수 있다. 컴포넌트 트리의 **모든 각각의 컴포넌트**에 props를 선언해야 하기 때문이다. 심지어 중간intermediary 컴포넌트는 그 데이터를 사용조차 하지 않는다.

최상위 부모 컴포넌트가 어떤 상태를 갖고 있고, 깊이 중첩되어 있는 한 자식 컴포넌트가 그 상태를 사용하려 한다고 가정해보자. 해당 자식에게 상태를 직접 전달하는 대신, 그 원하는 자식 컴포넌트에게 전달될 때까지 그 상태를 한 단계씩 '내려보내야drill down'한다.

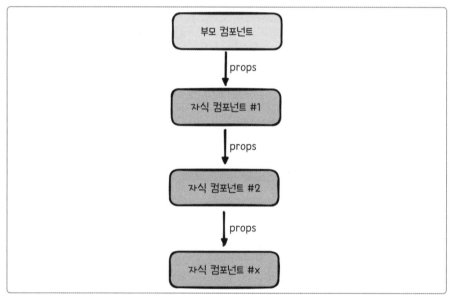

그림 7-3 **prop 내려보내기**

prop 내려보내기prop drilling는 기능적functional이지만 대규모 리액트 애플리케이션에서는 다양한 문제를 야기할 수 있다. 이 접근법은 코드베이스의 유지보수성을 저하시킨다. 데이터 구조에 무언가 수정이 있다면 **모든 중간 컴포넌트**를 그에 맞춰 변경해야 하기 때문이다. 이는 컴포넌트들에게 불필요한 props를 전달하게 만들며, 가독성을 줄이고 개발자들이 데이터 흐름을 추적하기 어렵게 만든다.

리액트의 콘텍스트 APIcontext API[3]는 이 이슈의 해결책을 제안한다. 콘텍스트 API는 컴포넌트 트리

---

3 https://react.dev/learn/passing-data-deeply-with-context

의 모든 레벨에 명시적으로 prop을 전달할 필요 없이 컴포넌트 사이에서 값을 공유하는 방법을 제공한다.

콘텍스트 객체를 만들고 콘텍스트 공급자context provider[4]를 사용해서 중첩된 모든 컴포넌트 사이에서 그 데이터를 사용 가능하게 만들 수 있다. 중첩된 컴포넌트들은 useContext[5] 훅을 사용해서 해당 데이터에 직접 접근할 수 있다.

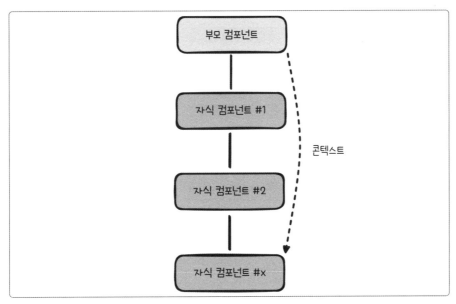

그림 7-4 **콘텍스트**

리액트에서 콘텍스트를 사용해 데이터 전달하기(부모 컴포넌트)

```
import React, {
  useState,
  createContext,
  useContext,
} from "react";

// 콘텍스트를 생성한다.
const MessageContext = createContext();

function App() {
  const [message, setMessage] = useState(
```

---

4   https://react.dev/reference/react/createContext#provider
5   https://react.dev/reference/react/useContext

```
    "Hello World!",
  );

  return (
    // 중첩된 컴포넌트들에게 상태를 제공한다.
    <MessageContext.Provider
      value={{ message, setMessage }}
    >
      <Child1>
        <Child2>
          <Child3>
            <DeeplyNestedChild />
          </Child3>
        </Child2>
      </Child1>
    </MessageContext.Provider>
  );
}
```

리액트에서 콘텍스트를 사용해 데이터 전달하기(깊이 중첩된 자식 컴포넌트)

```
function DeeplyNestedChild() {
  /*
    데이터를 prop으로 받지 않고 직접 사용한다.
  */
  const { message, setMessage } = useContext(
    MessageContext,
  );

  return (
    <div>
      <h1>{message}</h1>
      <button
        onClick={() =>
          setMessage(
            "Hello from nested component!",
          )
        }
      >
        Change Message
      </button>
    </div>
  );
}
```

리액트 버전 19에서 새롭게 도입된 use가 이제 콘텍스트 데이터 접근을 위한 권장 접근법이 되었으며 `useContext` 훅을 대체하게 되었다. 이에 관해서는 18장에서 다룬다.

이 패턴은 수많은 컴포넌트 애플리케이션 수준의 클라이언트 데이터에 가장 적합하다. 이런 데이터로는 테마 정보, 로케일/언어 설정, 사용자 인증 세부 사항 등을 들 수 있다. 이런 유형의 데이터들은 `Context`를 사용해서 가장 잘 관리될 수 있다. 애플리케이션 안의 모든 컴포넌트들은 언제든 이 데이터들에 접근을 요청할 수 있기 때문이다.

7.3 단순한 상태 관리

리액트에서 콘텍스트 API는 특정한 시나리오에서 뛰어나다. 하지만 대규모 애플리케이션을 가로지르는 모든 글로벌 혹은 공유된 상태에 최적인 것은 아니다. 콘텍스트 메커니즘을 사용하면 prop 내려보내기를 피할 수 있고, 깊은 컴포넌트 트리 안에서 값을 공유할 수 있지만 글로벌 상태 관리의 경우 상태 변경이 예측할 수 있는 방식으로 발생한다면 종종 보다 세련된 해결책이 필요할 수 있다.

useReducer 훅

보다 종합적인 해결책을 다루기에 앞서(곧 다룰 것이다), 리액트 개발자라면 `useReducer`[6] 훅을 사용해서 컴포넌트의 보다 복잡한 상태 로직을 관리할 수 있다. `useReducer`의 동작은 리덕스_{Redux}에서 리듀서_{reducer}가 작동하는 방법과 유사하지만, 리듀서와 달리 컴포넌트 안에 포함되거나 `Context`를 사용해 공유될 수 있다는 점이 다르다.

useReducer 훅

```
import React, { useReducer } from "react";

const initialState = {
  message: "Hello World!",
};

function reducer(state, action) {
  switch (action.type) {
    case "CHANGE_MESSAGE":
      return {
      ...state,
```

---

6   https://react.dev/reference/react/useReducer

```
        message: action.payload,
      };
    default:
      throw new Error();
  }
}

function App() {
  const [state, dispatch] = useReducer(
    reducer,
    initialState,
  );

  return (
    <div>
      <h1>{state.message}</h1>
      <button
        onClick={() =>
          dispatch({
            type: "CHANGE_MESSAGE",
            payload: "New Message!",
          })
        }
      >
        Change Message
      </button>
    </div>
  );
}
```

앞의 코드 컴포넌트 템플릿의 버튼을 클릭하면 다음과 같이 작동한다.

1. dispatch 함수가 호출된다. 이 때 CHANGE_MESSAGE 유형의 액션과 "New Message!"라는 새 메시지를 포함한 페이로드를 사용한다.

2. 이 액션은 reducer 함수로 전달된다. reducer 함수 안에서 액션 유형을 확인하고 CHANGE_MESSAGE 케이스와 일치하면 message 상태 속성을 업데이트한다.

3. 마지막으로 h1 태그 안에서 표시되는 메시지가 "New Message!"로 업데이트된다.

이 추가적인 단계들은 UI 컴포넌트로부터 상태가 업데이트되는 로직을 분리하는 데 유용하다. 이 단계들은 데이트 흐름의 관리를 명확하고 보다 예측 가능하게 만든다. useReducer를 사용하면 상태 업데이트는 설명적인 액션 유형을 갖게 되며, 이를 활용하면 **어디에서 어떻게** 상태 변경이 발생하는지 쉽게 추적할 수 있다.

또한 useReducer를 사용하면 리액트의 상태 관리 모범 사례를 촉진한다. 예를 들면, 현대 상태를 직접 수정하는 것보다 새로운 상태 객체를 반환함으로써 상태 불변성state immutability를 보장할 수 있다. 이 디자인 패턴은 특히 복잡한 컴포넌트 혹은 애플리케이션에서의 테스트, 디버그, 상태 변경에 관한 이해 등을 촉진한다.

7.4 상태 관리 전용 라이브러리

애플리케이션의 복잡도가 증가하면 개발자들은 단순한 상태 관리 해결책(예를 들면 리액트의 useReducer 훅 등)이 충분하지 않을 수 있다고 판단하게 될 수 있다. 대규모 애플리케이션에서의 필요는 종종 보다 강력하고 다재 다능한 상태 관리 도구가 필요한 상황을 만든다. 이런 상황에서 바로 전용 상태 관리 라이브러리들을 사용할 수 있다.

리덕스

리액트 개발자들에게 리덕스Redux[7]는 보다 복잡한 상태 관리를 해야 할 때 일반적으로 사용하는 라이브러리이다. 리덕스를 사용하면 dispatched 액션을 통해 전역적으로 상태 접근 및 변경을 할 수 있다. 리덕스에는 두 가지 중요한 개념이 존재한다.

- **센트럴 스토어**central store: 리덕스는 전체 애플리케이션의 상태를 **하나의** 자바스크립트 객체에 유지하며, 이를 스토어store라 부른다. 이 중앙 집중화된 스토어는 애플리케이션 상태에 관한 단 하나의 진실을 갖는 소스임을 보장한다.
- **불변 상태**immutable state: 리덕스에서는 절대로 상태가 직접 수정되지 않는다. 모든 변경은 액션action으로 기술되며, 리듀서라 불리는 순수 함수가 상태 업데이트를 처리한다.

그럼 기본 리덕스 설정 예시를 살펴보자. 여기에서는 리덕스 툴킷Redux Toolkit[8]을 사용한다. 리덕스 툴킷은 공통된 리덕스 태스크를 위한 유틸리티 함수를 제공해 개발을 단순화한다. 리덕스 툴킷을 사용하려면 먼저 패키지를 설치하고 리액트, 리덕스를 바인딩해 리액트에서 리덕스를 사용할 수 있게 해야 한다.

---

7   https://redux.js.org/
8   https://redux-toolkit.js.org/

리덕스와 리덕스 툴킷 설치하기

```
yarn add @reduxjs/toolkit react-redux
```

리덕스 툴킷을 사용하면 '슬라이스_{slice}들'을 활성화해 센트럴 스토어가 간단한 방식으로 액션과 리듀서를 다룰 수 있게 해야 한다. store.js 파일에서 리덕스 툴킷이 제공하는 createSlice[9] 함수를 사용해 스토어 안의 메시지 데이터 속성이 changeMessage 리듀서 안에서 업데이트될 수 있는 방법을 처리한다.

같은 파일에서 리덕스 툴킷이 제공하는 configureStore 함수를 임포트 및 사용해 리덕스 스토어를 생성한다.

store.js 파일

```js
import {
  createSlice,
  configureStore,
} from "@reduxjs/toolkit";

const initialState = {
  message: "Hello World!",
};

export const messageSlice = createSlice({
  name: "message",
  initialState,
  reducers: {
    changeMessage: (state, action) => {
      state.message = action.payload;
    },
  },
});

export const store = configureStore({
  reducer: messageSlice.reducer,
});
```

리액트 애플리케이션 안의 모든 컴포넌트들이 이 리덕스 스토어를 사용할 수 있게 하려면 리액트/리덕스 애플리케이션의 Provider[10] 컴포넌트로 애플리케이션의 root 컴포넌트를 감싸고, 리덕스

---

9   https://redux-toolkit.js.org/api/createSlice
10 https://react-redux.js.org/api/provider

스토어 안에서 Provider에 관한 prop으로 이를 전달해야 한다.

리덕스 스토어를 모든 컴포넌트들이 사용할 수 있게 만들기

```
import { createRoot } from "react-dom/client";
import { Provider } from "react-redux";

import { App } from "./App";
import { store } from "./store";

const rootElement =
  document.getElementById("root");
const root = createRoot(rootElement);

root.render(
  <Provider store={store}>
    <App />
  </Provider>
);
```

앞과 같이 코드를 변경했다면 이제 리액트 컴포넌트는 리덕스 스토어를 활용해 공유된 상태를 관리할 수 있다. 리덕스 툴킷 패키지에서 useSelector 훅을 사용해 상태 값이 접근하고 useDispatch 훅을 사용해 동작을 가져올 수 있다.

리액트 컴포넌트로부터 리덕스 상태 관리하기

```
import React from "react";
import {
  useSelector,
  useDispatch,
} from "react-redux";

import { messageSlice } from "./store";

export function App() {
  const message = useSelector(
    (state) => state.message,
  );
  const dispatch = useDispatch();

  const handleChangeMessage = () => {
    dispatch(
      messageSlice.actions.changeMessage(
        "New Redux Message!",
      ),
```

```
    );
  };

  return (
    <div>
      <h1>{message}</h1>
      <button onClick={handleChangeMessage}>
        Change Message
      </button>
    </div>
  );
}

export default App;
```

앞의 리액트 컴포넌트는 하나의 메시지를 표시하고 해당 메시지를 변경할 수 있는 버튼을 제공한다. 모든 데이터는 리덕스에서 관리하며, 이는 상태 변화를 예측할 수 있고 쉽게 관리할 수 있음을 보장한다.

버튼을 클릭하면 handleChangeMessage 함수가 호출되고, 리덕스 스토어에 액션을 가져오도록 트리거한다.

changeMessage 액션을 가져오면 리덕스 툴킷의 createSlice() 함수는 이미 해당 슬라이스 안에서 일치하는 리듀서 로직을 설정하게 된다. createSlice() 안에 정의된 리듀서 함수가 이 액션을 처리한다. changeMessage 유형의 액션을 받으면 액션의 페이로드로 제공된 새로운 메시지를 사용해 해당 상태의 message 속성을 업데이트한다.

상태를 업데이트하고 나면 App 컴포넌트 안의 useSelctor 훅은 자동으로 리덕스 스토어로부터 최신의 message를 받는다. useSelector가 리덕스 스토어를 구독하고 선택된 상태가 변경될 때마다 컴포넌트를 재렌더링하기 때문이다. 따라서 App 컴포넌트 안의 <h1> 태그는 업데이트된 메시지인 "New Redux Message!"를 출력한다.

이 프로세스는 리덕스 애플리케이션의 전형적인 흐름을 보여준다.

1. 액션을 가져온다. 이는 주로 버튼 클릭하기 같은 사용자 상호작용의 결과이다.
2. 리덕스 스토어의 리듀서가 이 액션을 처리하고 새로운 상태를 생성한다.
3. 리덕스 스토어에 연결된 컴포넌트들(우리가 개발한 App 등)은 새로운 상태를 사용해 재렌더링된다.

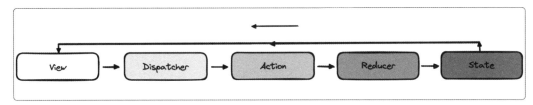

그림 7-5 **Redux 아키텍처**

리덕스는 애플리케이션 상태를 관리하는 방법에 관한 많은 보일러플레이트를 추가한다. 하지만 이는 복잡한 상태 상호작용을 처리하기 위한 보다 구조적이고 예측 가능한 접근법을 제공하기 위해서이다. 애플리케이션 규모에서 이를 보장하므로 개발자들은 상태 변경에 관한 명확함과 통제를 유지할 수 있다.

리덕스는 플러그인, 미들웨어, 유틸리티와 같은 광범위한 생태계에 더해 강력한 DevTools 확장[11]도 제공한다. 이를 활용하면 시간을 오가는 디버깅, 액션 조사, 디버깅 지원을 위한 상태 트리 가시화를 할 수 있다.

그림 7-6 **리덕스 Devtools**

---

[11] https://github.com/reduxjs/redux-devtools

Devtools는 단독 애플리케이션[12]으로 사용되거나 클라이언트 애플리케이션에 통합된 하나의 리액트 컴포넌트[13]로 사용될 수 있지만, 브라우저 확장 기능으로 가장 많이 설치 및 사용되는 편이다 (크롬[14] 등).

개발자들이 사용할 수 있는 상태 관리 라이브러리는 리덕스 외에도 MobX[15]와 Zustand[16] 등 다양하다. 각 라이브러리는 고유한 기능과 접근법을 갖는다. 차이가 존재하기는 하지만 이 라이브러리들은 애플리케이션 상태를 중앙 집중화하고, 해당 상태의 업데이트 및 접근을 위한 구조적인 메커니즘을 적용한다는 주요한 목표에 대해서는 많은 유사성을 공유한다.

7.5 마지막 고려 사항

여러 기업 및 다양한 규모와 단계의 프로젝트들에 참여하면서 리덕스를 기본 상태 관리 도구로 사용하는 것을 관찰했다. 하지만 리덕스는 필요 이상으로 과도하게 사용될 때가 많았고, 비동기 서버 사이드 로직을 지원하기 위해 필요한 미들웨어로 인한 레거시 코드를 유지하기 위해 골머리를 썩게 했다.

최근에는 Next.js 같은 강력한 서버 사이드 렌더링 프레임워크 덕분에 서버 사이드 상태 관리가 단순해졌기 때문에 복잡한 클라이언트 사이드 상태 관리는 거의 필요하지 않다. 클라이언트 사이드와 서버 사이드 상태 사이의 명확한 선을 그음으로써 우리 팀은 리액트의 내장 리듀서와 콘텍스트 공급자를 사용해 성능이 뛰어나고 유지보수 가능한 상태 관리 아키텍처를 구축했다.

— 제프리 펑Jeffrey Peng[17]

애플리케이션 수준의 상태를 관리하는 수많은 서로 다른 방법들 중에서 어떤 것이 최고의 접근법이라고 어떻게 결정할 수 있는가? 보편적인 해답은 없지만 다음 체크리스트를 활용하면 여러분과 여러분의 팀에 최고가 무엇인지 찾아내는 데 도움이 될 것이다.

---

12 https://github.com/reduxjs/redux-devtools/tree/main/packages/redux-devtools-app

13 https://github.com/reduxjs/redux-devtools/tree/master/packages/redux-devtools

14 https://chrome.google.com/webstore/detail/redux-devtools/lmhkpmbekcpmknklioeibfkpmmfiblj

15 https://mobx.js.org/README.html

16 https://github.com/pmndrs/zustand

17 https://www.linkedin.com/in/jeffreyxpeng

첫째, 데이터 가져오기부터 고려하라

상태 관리에 뛰어들기 전에 여러분의 클라이언트 애플리케이션이 활용할 데이터 가져오기 방법을 결정하라. SWR, 리액트 쿼리, Apollo 같은 모던 데이터 가져오기 라이브러리들은 내장 캐싱 메커니즘을 제공한다. 이에 관해서는 이전 6장에서 다뤘다.

애플리케이션의 주요 고려 사항이 데이터 가져오기이며 여러분이 선택한 라이브러리가 캐싱을 잘 관리한다면, **전용 상태 관리 라이브러리를 통합할 필요가 없을 수도 있다.** 모던 데이터 가져오기 라이브러리들은 충분한 상태 관리 기능을 제공하는 경우가 많다. 이 기능들은 서버 응답을 효율적으로 관리하고 캐싱해 서버 상태를 처리하고 추가적인 상태 관리 계층의 필요를 줄인다.

다음으로 보다 견고한 커스텀 상태 관리 해결책을 위한 필요성을 측정하라

캐싱 메커니즘이 작동한다 하더라도 여러분의 애플리케이션이 데이터 가져오기를 넘어 전역 상태 global state를 필요로 하는가? 어쩌면 여러분은 복잡한 워크플로, 중간 레벨 계산, 혹은 세션 사이에서 지속되어야 하는 애플리케이션 상태를 필요로 할 수도 있다. 리덕스 같은 해결책이 도움이 될 수 있다.

단순한 상태 관리 도구의 장점을 평가하라

여러분의 애플리케이션에 보다 강건한 상태 관리 라이브러리의 보일러플레이트가 필요하지 않다면 경량의 해결책을 고려하라. 리액트의 콘텍스트 API의 `useReducer`를 함께 사용하면 직관적이고 효과적인 상태 관리 메커니즘을 제공할 수 있다.

마지막으로 컴포넌트의 상태는 컴포넌트 수준에서 유지하라

모든 상태를 전역으로 관리해야 하는 것은 아니다. 컴포넌트에 국한된 상태(예를 들면 입력값, 토글 상태, 혹은 로컬 UI 애니케이션 등)는 개별 컴포넌트 안에서 관리할 수 있고, props를 사용해서 밀접하게 관련된 컴포넌트들 사이에서 공유할 수 있다.

결국 올바른 상태 관리 해결책이 무엇인지는 여러분의 애플리케이션에 존재하는 고유한 요구사항, 여러분의 팀이 가진 전문성, 미래를 위한 확장성과 성능 고려 사항에 달려 있다.

8

국제화

인터넷이 계속해서 전 세계의 사람들을 연결함에 따라 웹 애플리케이션이 여러 지역과 로케일에 있는 사용자들에게 서비스를 제공하도록 설계하고 개발하는 것이 매우 중요하게 되었다. 이 프로세스는 **국제화**internalization라 부르며 우리가 개발한 애플리케이션이 전 세계 사용자들이 접근할 수 있고, 올바르게 기능하고, 문화적으로 적절한 것을 보장한다.

국제화는 종종 i18n으로 줄여서 표기하며(18은 i 문자와 n 문자 사이에 생략된 문자의 수를 나타냄) 애플리케이션이 다른 언어, 지역, 문화적 콘텍스트에 맞게 손쉽게 지역화 될 수 있게 설계하고 개발하는 프로세스를 가리킨다. 국제화를 위해서는 사용자 인터페이스와 콘텐츠를 애플리케이션 코드 베이스에서 분리해 번역과 적용을 쉽게 해야 한다.

좋은 국제화 프랙티스를 통해 얻을 수 있는 결과는 다음과 같다.

- **사용자 기반 증가**: 다른 지역과 로케일에서 우리가 개발한 애플리케이션을 도입함으로써 우리는 보다 큰 글로벌 청중을 얻을 수 있고 사용자 기반과 잠재적인 고객 기반을 얻을 수 있다.

- **사용자 경험 향상**: 사용자들이 선호하는 언어, 문화적 콘텍스트 안에서 우리 애플리케이션에 접근할 수 있게 함으로써 보다 개인화된, 참여도가 높은 경험을 제공할 수 있다.

- **규제 준수**: 일부 국가에서는 해당 지역의 언어로 애플리케이션에 접근할 수 있어야 한다는 법적 요구사항이 존재한다. 예를 들면 캐나다의 공식 언어 법규Official Languages Act에 따르면 연방 서비스(디지털 애플리케이션 포함)은 캐나다의 공식 국어인 영어와 프랑스어로 사용할 수 있어야 한다.

다음 절들에서 애플리케이션의 효과적인 국제화를 달성하고자 할 때 유념해야 할 몇 가지 핵심 포인트들에 관해 살펴본다.

8.1 코드에서 텍스트와 콘텐츠를 분리하라

대규모 자바스크립트 애플리케이션에서 쉬운 번역과 도입을 활성화하기 위해 할 수 있는 가장 중요한 것은 **사용자가 보는 텍스트 문자열을 코드에서 분리해 외부 리소스 파일이나 데이터베이스에 저장하는 것**이다.

예를 들면 자바스크립트 또는 템플릿 코드 안의 텍스트 문자열을 하드코딩하는 대신 분리된 파일에 저장해 처리할 수 있다.

텍스트 문자열 하드코딩

```
const greetingVariable = 'Hello, World!';
```

이렇게 하는 대신 텍스트 문자열은 분리된 리소스 파일(영어 번역을 나타내는 `en.json` 파일 등)에 저장할 수 있다는 뜻이다.

텍스트 문자열을 en.json 파일에 저장하기

```
{
   "greeting": "Hello, World!"
}
```

텍스트 문자열을 분리된 파일에 저장하면 자바스크립트/템플릿에서 리소스 파일 혹은 데이터베이스에서 적절한 키를 사용해 이들을 참조하면 된다.

키를 사용해 en.json 파일의 텍스트에 접근하기

```
const greetingVariable = {{ greeting }};
```

코드에서 텍스트 문자열을 분리해 외부 리소스 파일에 저장하면 다른 언어에 관한 번역 파일을 쉽게 만들 수 있다. 이 번역 파일들은 해당 텍스트 문자열의 다른 번역본을 포함할 수 있다.

예를 들면 프랑스어 같은 다른 언어의 번역 파일을 만들고 싶다면 `fr.json` 같은 새로운 리소스 파일을 만들 수 있다. 지원하고 싶은 언어가 추가될 때마다 이 프로세스를 반복할 수 있다. 각 언어에 관한 새로운 번역 파일을 만들어 적절한 번역을 제공하면 된다.

프랑스어로 번역된 텍스트 문자열을 fr.json에 저장하기

```json
{
  "greeting": "Bonjour, le monde !"
}
```

스페인어로 번역된 텍스트 문자열을 es.json 파일에 저장하기

```json
{
  "greeting": "¡Hola, Mundo!"
}
```

독일어로 번역된 텍스트 문자열어 de.json에 저장하기

```json
{
  "greeting": "Hallo, Welt!"
}
```

각 번역 파일은 동일한 구조체, 즉 **원본 리소스 파일**(여기에서는 `en.json` 파일)**과 동일한 키를 갖는다.** 하지만 번역된 값은 대상 언어의 것이다.

이 텍스트 문자열 안에서 변수들을 통합하는 경우 아마도 플레이스홀더를 사용해 런타임에 이들이 바뀌도록 하고 싶을 것이다. 예를 들면 사용자의 이름과 함께 환영 메시지를 보내고 싶다고 가정해보자.

텍스트 문자열을 변수에 저장하기

```json
{
  "greeting": "Hello, {{name}}!"
}
```

자바스크립트 혹은 템플릿 코드에서는 이 변수를 다음과 같이 삽입할 수 있다.

템플릿 문자열 삽입

```javascript
const userName = "Addy";
const greetingMessage = interpolate(
  "{{ greeting }}",
  { name: userName }
);
```

```
// greetingMessage === "Hello, Addy!"
```

`interpolate` 메서드는 가상의 함수이며 정확한 구현은 여러분의 개발 설정에 따라 다를 것이다. 지역화를 위해 구현된 서드파티 라이브러리가 제공하는 유틸리티를 사용해 `{{name}}`과 같은 플레이스홀더를 실젯값으로 변경할 수 있다. 이에 관해 다음 절에서 살펴보자.

8.2 서드파티 지역화 라이브러리를 활용하라

대규모 자바스크립트 애플리케이션에서 i18n을 구현하는 가장 쉬운 방법은 `react-intl`[1] 또는 `i18next`[2] 같은 서드파티 라이브러리를 사용하는 것이다. 서드파티 라이브러리를 사용하면 `i18n` 해결책을 처음부터 직접 만드는 것에 비해 많은 시간과 노력을 덜 수 있다.

다양한 언어에 관한 번역 파일을 만들었다면 앞서 설명한 지역화 라이브러리를 사용해 사용해 우리가 개발하는 애플리케이션 안에서 해당 번역을 로딩하고 가져올 수 있다. 이 라이브러리들은 번역 관리(메시지 형식, 단수/복수 처리, 날짜/시간 형식 등)와 언어의 동적 교환을 위한 편리한 메서드와 도구를 제공한다.

`react-intl` 라이브러리를 사용해 기존의 리액트 애플리케이션에 국제화를 추가하는 간단한 실습을 해보자. `react-intl`을 예시에서 사용하면서 우리가 언급하는 단계들은 다른 유사한 라이브러리와 시나리오에 폭넓게 적용할 수 있다.

먼저 `react-intl` 라이브러리를 설치한다.

react-intl 라이브러리 설치하기

```
yarn add react-intl
```

앞 절에서 설명한 것처럼 서로 다른 언어 텍스트 콘텐츠를 별도 구성 파일에 갖는 것이 좋다.

src/locales/en.json

```
{
  "greeting": "Hello, User!"
}
```

---

1 https://formatjs.io/docs/react-intl/
2 https://www.i18next.com/

src/locales/fr.json

```json
{
  "greeting": "Bonjour, le monde !"
}
```

src/locales/es.json

```json
{
  "greeting": "¡Hola, Mundo!"
}
```

src/locales/de.json

```json
{
  "greeting": "Hallo, Welt!"
}
```

이 파일들은 사전dictionary처럼 작동한다. 즉, 메시지 ID와 그에 대응하는 언어의 메시지를 매핑한다.

지역화 라이브러리 구성하기

애플리케이션의 root 인스턴스에서 애플리케이션의 컴포넌트 트리를 react-intl 컴포넌트가 제공하는 IntlProvider[3] 컴포넌트로 감싼다. 이렇게 하면 애플리케이션의 모든 컴포넌트에 i18n 콘텍스트를 제공할 수 있다. InitProvider 컴포넌트는 locale, messages라는 두 가지 props를 요구한다.

- locale은 우리가 애플리케이션에서 사용하고자 하는 언어 로케일을 나타내는 문자열값이다.
- messages는 우리가 애플리케이션에서 표시하고자 하는 실제 텍스트 메시지(문자열)을 포함하는 객체이다.

InitProvider 컴포넌트에 전달하는 초깃값으로 기본 로케일은 영어('en') 및 영어 메시지 사전에 관한 참조를 전달할 수 있다.

IntlProvider로 애플리케이션 감싸기

```js
import { IntlProvider } from "react-intl";

import messages_en from "./locales/en.json";
```

---

3 https://formatjs.io/docs/react-intl/components/#intlprovider

```
import messages_es from "./locales/es.json";
import messages_fr from "./locales/fr.json";
import messages_de from "./locales/de.json";

const messages = {
  en: messages_en,
  es: messages_es,
  fr: messages_fr,
  de: messages_de,
};

export default function App() {
  const locale = "en"; // 기본 로케일

  return (
    <IntlProvider
      locale={locale}
      messages={messages[locale]}
    >
      {/* 애플리케이션의 나머지 부분 */}
    </IntlProvider>
  );
}
```

텍스트와 콘텐츠 렌더링하기

react-intl을 구성했으므로 이제 react-intl의 컴포넌트(FormattedMessage[4] 컴포넌트 등)를 사용해 번역 파일로부터 텍스트를 표시할 수 있다.

FormattedMessage를 사용해 텍스트 표시하기

```
// ...
import {
  IntlProvider,
  FormattedMessage,
} from "react-intl";

export default function App() {
  const locale = "en";

  return (
    <IntlProvider
```

---

4 https://formatjs.io/docs/react-intl/components/#formattedmessage

```
      locale={locale}
      messages={messages[locale]}
    >
      <FormattedMessage id="greeting" />
    </IntlProvider>
  );
}
```

이 변경 사항을 저장하면 브라우저에 `"Hello, User!"`가 표시된다(영어 로케일 기준).

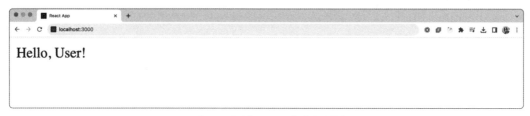

그림 8-1 영어 "greeting" 렌더링하기

다른 언어를 사용하거나 다른 국가를 여행 중인 사용자들에게 사용자 친화적인 애플리케이션으로 만들기 위해서는 로케일 전환locale switching을 구현하자. 로케일 전환은 사용자들이 애플리케이션 안에서 언어와 로케일을 전환할 수 있게 하는 기능이다.

위와 같은 간단한 예시에서 로케일 전환을 구현할 때는 먼저 로케일을 컴포넌트 상태에 저장한다.

컴포넌트 상태에 로케일 저장하기

```
import { useState } from 'react';
// ...

export default function App() {
  const [locale, setLocale] = useState('en');

  // ...
}
```

다음으로 애플리케이션에 버튼들을 추가해 사용자가 로케일을 전환할 수 있게 한다.

로케일 변경 트리거하기

```
import { useState } from "react";
import {
  FormattedMessage,
```

```
  IntlProvider,
} from "react-intl";
// ...

export default function App() {
  const [locale, setLocale] = useState("en");

  return (
    <IntlProvider
      locale={locale}
      messages={messages[locale]}
    >
      <FormattedMessage id="greeting" />
      <div>
        <button onClick={() => setLocale("en")}>
          English
        </button>
        <button onClick={() => setLocale("es")}>
          Español
        </button>
        <button onClick={() => setLocale("fr")}>
          Français
        </button>
        <button onClick={() => setLocale("de")}>
          Deutsch
        </button>
      </div>
    </IntlProvider>
  );
}
```

특정 버튼을 클릭하면 선택한 로케일로 애플리케이션의 로케일 상태가 업데이트되고, 이는
`InitPorvider` 컴포넌트가 새로운 로케일값과 데이터를 사용해 다시 렌더링되도록 트리거한다. 결
과적으로 `react-intl` 라이브러리에 의해 관리되는 애플리케이션의 텍스트가 업데이트된다.

그림 8-2 프랑스어 "greeting" 렌더링하기

8.3 동적 로딩

앞의 코드 예시에서는 애플리케이션 루트에서 모든 언어 파일을 직접 임포트했다. 이는 종종 이 모든 파일들이 메인 번들에 포함되는 결과를 야기한다. 상대적으로 적은 번역 파일이 최소한으로 존재하는 애플리케이션이라면 이런 방식을 용인할 수 있을 것이지만, 수많은 번역 파일을 포함하는 보다 큰 애플리케이션에서는 이런 방식으로 사용하면 성능에 좋지 않은 영향을 미칠 수 있다.

이 우려를 완화하기 위해 때때로 번역 파일을 동적으로 임포트하고 로딩하게 함으로써 사용자 선호나 브라우저 설정에 기반해 필요한 파일들만 로딩할 수 있다. 동적 임포트_{dynamic import}(예: `import()` 함수)를 사용하면 동적으로 필요한 번역 파일을 임포트할 수 있다.

동적으로 로케일 임포트하기

```
import React, { useState, useEffect } from "react";
import {
  IntlProvider,
  FormattedMessage
} from "react-intl";

export function App() {
  // 초기 상태의 기본 로케일 설정
  const [locale, setLocale] = useState("en");
  const [messages, setMessages] = useState({});

  useEffect(() => {
    /*
      로케일에 기반해 필요한 번역 파일을 동적으로 임포트한다.
    */
    const loadMessages = async () => {
      switch (locale) {
        case "en":
          await import(
            "./locales/en.json"
          ).then((m) => setMessages(m.default));
          break;
        case "es":
          await import(
            "./locales/es.json"
          ).then((m) => setMessages(m.default));
          break;
        // 기타 로케일
      }
    };
```

```
      loadMessages();
  }, [locale]);

  return (
    <IntlProvider locale={locale} messages={messages}>
      {/* ... */}
    </IntlProvider>
  );
}
```

앞의 예시에서 useEffect[5] 훅을 사용해 locale의 상태 변화를 감시한다. locale이 변경되면 useEffect 훅은 import()[6] 함수를 사용해 동적으로 필요한 번역 파일을 임포트하도록 돕는다. import() 함수는 프로미스이므로 해당 번역 파일이 성공적으로 임포트되면 then()을 사용해 messages 상태를 업데이트할 수 있다.

앞의 예시는 동적 임포트를 달성할 수 있는 극히 일부 방법을 소개하기 위한 단순한 예시임을 기억하자. 여러분의 애플리케이션의 빌드 툴링, 여러분이 사용하는 모듈 번들러(Webpack 혹은 Vite 등)의 종류에 따라 정확한 구현이나 구성 방법은 달라진다. 일부 번들러는 동적 임포트를 기본 지원하지만 또 다른 일부는 추가 플러그인 혹은 구성 설정을 요구할 수 있다. 동적 임포트와 코드 분할에 관해서는 3장에서 보다 자세히 다룬다.

지역화와 국제화를 가능하게 하기 위해 수행한 단계의 패턴은 사용하는 서드파티 라이브러리에 관계없이 일반적으로 적용할 수 있다. 전형적인 워크플로는 다음을 포함한다.

- 필요한 라이브러리 설치하기
- 구분된 구성 파일에 언어 메시지 정의하기
- 애플리케이션의 root 인스턴스에서 라이브러리 구성(설정)하기
- 설치한 라이브러리가 제공하는 컴포넌트나 함수를 사용해 콘텐츠 렌더링하기
- 마지막으로 로케일 전환을 구현해 사용자 친화적인 언어 전환을 지원하기

---

5   https://react.dev/reference/react/useEffect
6   https://v8.dev/features/dynamic-import#dynamic

8.4 여러 언어에서의 복수형 처리하기

전 세계 사용자를 대상으로 하는 웹 애플리케이션을 만들 때는 단순한 복수 규칙(예를 들면 영어에서 끝에 s를 붙여 하나 이상을 표현하는 것)이 보편적으로 적용되지 않는다는 점을 알아야 한다. 각언어마다 복수를 나타내는 규칙이 다르며, 어떤 규칙은 다른 규칙보다 복잡하다. 예를 들어 아랍어는 0, 1, 2, 몇몇, 많이 등을 서로 다른 복수 규칙으로 표현한다.

react-intl 같은 서드파티 라이브러리들은 복수를 다루는 도구를 제공한다. 앞서 우리가 사용한 FormattedMessage 컴포넌트도 복수 형식을 가지며 이를 사용하면 다양한 언어의 여러 복수형을 다룰 수 있다.

"You have {itemCount} items"라는 메시지를 애플리케이션에서 표시하고 싶다고 가정하자. 영어로케일에서는 이를 전달하기 위해 3개의 다른 문장을 표시해야 한다.

- itemCount가 0일 때: You have no items
- itemCount가 1일 때: You have 1 item
- itemCount가 2 이상일 때: You have {itemCount} items

FormattedMessage 컴포넌트의 내장 복수형을 사용해서 이를 표시할 때는 먼저 영어 로케일에 관한 복수 규칙을 정의할 수 있다.

아이템 수 메시지에 관한 복수 규칙 정의하기

```
{
  "itemCountMessage": "{itemCount, plural, =0
  {No items} one {1 item} other {You have
  {itemCount} items}}"
}
```

여기에서는 react-intl의 ICU 메시지 문법ICU message syntax[7]을 사용했다. 이 문법은 ICU 메시지형식ICU message formatting[8]에 기반해 구현되었다. ICU 메시지 형식은 국제화 및 지역화 콘텍스트에서 소프트웨어가 제공하는 메시지를 구현하고 형식을 지정하기 위한 표준화된 방법이다.

---

7   https://formatjs.io/docs/core-concepts/icu-syntax/
8   https://unicode-org.github.io/icu/userguide/format_parse/messages/

아랍어와 같이 보다 많은 복수 규칙을 가진 다른 로케일에서는 문장들을 다음과 같이 구조화할
수 있다.

- `itemCount`가 0일 때: ليس لديك أي عناصر(아이템이 없다)
- `itemCount`가 1일 때: لديك عنصر واحد(아이템이 1개이다)
- `itemCount`가 2일 때: لديك عنصرين(아이템이 2개이다)
- `itemCount`가 3에서 10일 때: لديك ٥ عناصر(아이템이 5개이다)
- 기타

아랍 로케일의 유사한 메시지들을 정의할 때 복수 규칙은 보다 복잡하다.

아랍어에서 아이템 수 메시지에 복수 규칙 정의하기

```
{
  "itemCountMessage": "{itemCount, plural, =0
  {ليس لديك أي عناصر} one {لديك عنصر واحد}
  two {لديك عنصرين} few {{itemCount} عناصر لديك}
  many {لديك العديد من العناصر} other
  {{itemCount} عنصرًا}}"
}
```

리액트 애플리케이션에서 `FormattedMessage` 컴포넌트를 사용할 때 사용자의 로케일과 구체적인
아이템 수에 따라 적절한 메시지를 가져올 수 있다.

아이템 수 메시지 렌더링하기

```
import { FormattedMessage } from 'react-intl';

function PluralComponent({ itemCount }) {
  return (
    <FormattedMessage
      id="itemCount"
      values={{ itemCount }}
    />
  );
}
```

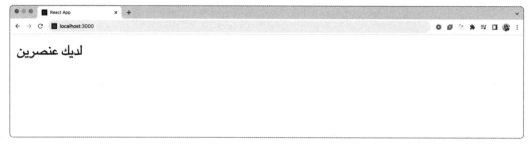

그림 8-3 "아이템이 2개이다"에 관한 아랍 텍스트 렌더링하기

이제 `FormattedMessage` 컴포넌트는 `itemCount`와 활성화된 로케일에 기반해 올바른 번역을 렌더링한다. 예를 들면 `itemCount`가 2이고 활성화된 로케일이 아랍일 때 컴포넌트는 "لديك عنصرين"를 표시한다.

8.5 날짜, 시간, 숫자 형식 나타내기

날짜, 시간, 숫자는 로케일에 따라 다른 형식을 갖는 경우가 많다. 그래서 라이브러리나 프로그램 언어에서 지원하는 내장 언어 기능을 사용해 날짜, 시간, 숫자가 정확하게 로케일에 맞는 형식을 갖게 해야 한다.

자바스크립트의 경우 `Intl`[9] 객체가 다른 로케일에서의 날짜, 시간, 숫자의 형식을 나타내는 일련의 기능을 제공한다. 다음은 `en-US` 로케일에서 날짜의 형식을 지정하는 예시이다.

Intl 자바스크립트 객체를 사용해 날짜 형식 지정하기

```
const date = new Date();
const options = {
  year: "numeric",
  month: "long",
  day: "numeric",
};
const formattedDate = new Intl.DateTimeFormat(
  "en-US",
  options,
).format(date);

console.log(formattedDate);
// 출력: June 30, 2023
```

---

9 https://developer.mozilla.org/en-US/docs/Web/JavaScript/Reference/Global_Objects/Intl#browser_compatibility

다음은 `Intl` 객체를 사용해 미국과 독일(즉, `de-DE` 로케일)에서 숫자를 다른 형식으로 지정하는 예시이다.

Intl 자바스크립트 객체를 사용해 숫자 형식 지정하기

```
const number = 1004580.89;
const formattedNumberDE = new Intl.NumberFormat(
  "de-DE",
).format(number);
const formattedNumberUS = new Intl.NumberFormat(
  "en-US",
).format(number);

// 출력: 1.004.580,89
console.log(formattedNumberDE);

// 출력: 1,004,580.89
console.log(formattedNumberUS);
```

`react-intl` 라이브러리 같은 서드파티 라이브러리들도 날짜, 시간, 숫자 형식을 지정할 수 있는 컴포넌트와 API를 제공한다. 다음은 `react-intl` 라이브러리의 FormattedDate[10] 컴포넌트를 사용해서 우리가 만든 컴포넌트 안에서 날짜 형식을 지정해 렌더링하는 예시이다.

react-intl의 FormattedDate 컴포넌트를 사용해 날짜 형식 지정하기

```
import { FormattedDate } from "react-intl";

// ...

// 컴포넌트 렌더링하기
<FormattedDate
  value={new Date()}
  locale="en-US"
/>
```

`new Date()`의 값인 `Mon Dec 25 2023`에 대해 앞의 코드는 en-US 로케일의 `mm/dd/yyyy` 형식으로 지정된 날짜를 출력한다.

---

10 https://formatjs.io/docs/react-intl/components/#formatteddate

그림 8-4 en-US 로케일 형식으로 지정된 날짜

이를 영국 날짜 형식인 dd/mm/yyyy로 나타내고 싶다면 로케일을 en-GB로 변경하면 된다.

en-GB 로케일로 날짜 형식 지정하기

```
import { FormattedDate } from "react-intl";

// ...

// 컴포넌트 렌더링하기
<FormattedDate
  value={new Date()}
  locale="en-GB"
/>
```

그러면 en-GB 로케일의 날짜 형식, 즉 영국의 표준 날짜 형식을 반영한 dd/mm/yyyy로 형식 지정된 날짜를 표시할 수 있다.

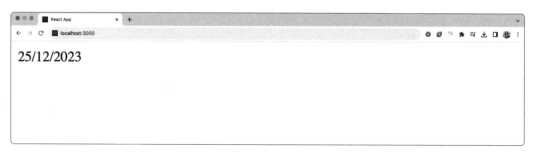

그림 8-5 en-GB 로케일 형식으로 지정된 날짜

FormattedDate 컴포넌트를 사용하면 표준 숫자 표현을 넘어 보다 길고 설명적인 형식으로 날짜를 렌더링할 수 있다. 예를 들면 공식 문서, 가독성을 강조하는 사용자 인터페이스, 혹은 주중 요일 등을 중요하게 표현해야 하는 등 자세한 날짜 형식이 필요한 콘텍스트에서 유용하다.

긴 날짜 형식으로 렌더링하기

```
import { FormattedDate } from 'react-intl';

// 컴포넌트 렌더링하기
<FormattedDate
  value={new Date()}
  locale="en-US"
  weekday="long"
  year="numeric"
  month="long"
  day="numeric"
/>
```

new Date()의 값인 Mon Dec 25 2023에 대해 앞의 코드는 en-US "Monday, December 25, 2023" 형식으로 지정된 날짜를 출력한다.

그림 8-6 en-US 로케일의 긴 형식으로 지정된 날짜

react-intl은 FormattedTime[11] 컴포넌트와 FormattedNumber[12] 컴포넌트도 지원하며 각각 지역화된 시간과 숫자 형식을 지정할 때 사용할 수 있다. 다음은 FormattedNumber 컴포넌트를 사용해 미국과 독일의 서로 다른 숫자 형식을 지정하는 예시이다.

react-intl FormattedNumber 컴포넌트를 사용해 숫자 형식 지정하기

```
import { FormattedNumber } from "react-intl";

// ...

// 독일 로케일로 컴포넌트 렌더링하기
<FormattedNumber
```

---

11 https://formatjs.io/docs/react-intl/components/#formattedtime
12 https://formatjs.io/docs/react-intl/components/#formattednumber

```
  value={1004580.89}
  style="currency"
  currency="EUR"
  locale="de-DE"
/>

// 미국 로케일로 컴포넌트 렌더링하기
<FormattedNumber
  value={1004580.89}
  style="currency"
  currency="USD"
  locale="en-US"
/>
```

앞의 코드는 같은 숫자를 다른 통화와 로케일에 따라 2번 렌더링한다.

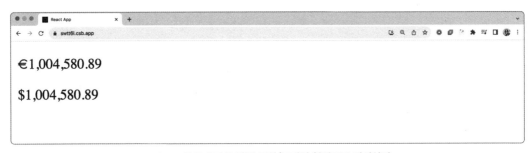

그림 8-7 같은 숫자를 다른 통화/로케일 형식으로 지정하기

react-intl 라이브러리는 useIntl[13] 훅도 제공하며 이를 사용하면 JSX와 컴포넌트의 렌더링 콘텍스트를 벗어나 날짜, 시간, 숫자 형식을 명령적으로 지정할 수 있다. react-intl 라이브러리가 제공하는 세부적인 기능의 목록은 API[14] 문서 및 Components[15] 문서에서 확인할 수 있다.

8.6 오른쪽에서 왼쪽으로 쓰는 언어를 고려하라

다양한 언어의 지원과 함께 아랍어, 히브리어, 우르두어와 같이 오른쪽에서 왼쪽으로 쓰는right-to-left, RTL 언어에 관한 레이아웃, CSS 스타일, 텍스트 정렬에 관해서도 반드시 고려해야 한다. 애플리케이션에 RTL 언어에 관한 레이아웃과 텍스트 방향을 도입하는 것은 해당 지역의 사용자들에게

---

13 https://formatjs.io/docs/react-intl/api/#useintl-hook
14 https://formatjs.io/docs/react-intl/api
15 https://formatjs.io/docs/react-intl/components/

매끄러운 경험을 제공하기 위해 중요하다.

텍스트 방향(dir)

HTML은 dir[16] 속성을 가지며, 이를 활용하면 RTL 텍스트를 다룰 수 있다. dir 속성을 rtl로 설정하면(혹은 auto로 설정해 사용자 에이전트가 결정하게 하면), 애플리케이션 안의 텍스트와 요소들이 URL 언어에 맞춰 올바르게 정렬됨을 보장할 수 있다.

HTML의 dir 속성

```
<p dir="ltr">
  This paragraph is in English and correctly
  goes left to right.
</p>

<p dir="rtl">
  هذه الفقرة باللغة العربية ، لذا يجب الانتقال
  من اليمين إلى اليسار.
</p>
```

앞의 코드 예시에서 영어와 아랍어를 각 언어에 적합하게 정렬했다.

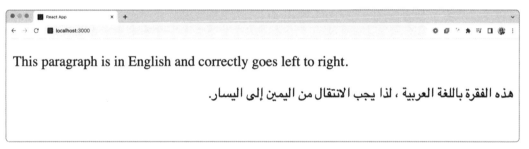

그림 8-8 HTML dir 속성을 사용해 RTL 텍스트 다루기

텍스트 정렬(text-align)

text-align[17] CSS 속성을 사용해 텍스트 정렬을 설정할 때 전통적으로 사용하는 left, right 값과 함께 start, end 값을 사용하면 편리하다.

---

16 https://developer.mozilla.org/ko/docs/Web/HTML/Global_attributes/dir
17 https://developer.mozilla.org/ko/docs/Web/CSS/text-align

start, end 값을 사용하면 문서 방향에 기반해 텍스트를 정렬하는 데 도움이 된다. 예를 들면 LTR 콘텍스트에서 text-align: start;를 사용하면 텍스트를 왼쪽 기준으로 정렬하고, RTL 콘텍스트에서는 텍스트를 오른쪽 기준으로 정렬한다.

문서 방향에 기반해 텍스트 정렬하기

```
/*
  dir="ltr"이면 텍스트를 왼쪽 기준으로 정렬하고
  dir="rtl"이면 텍스트를 오른쪽 기준으로 정렬한다.
*/
.text-start {
  text-align: start;
}

/*
  dir="ltr"이면 텍스트를 오른쪽 기준으로 정렬하고
  dir="rtl"이면 텍스트를 왼쪽 기준으로 정렬한다.
*/
.text-end {
  text-align: end;
}
```

HTML에서 위 클래스들을 사용해 텍스트를 동적으로 정렬할 수 있다. 예를 들면 다음 영어 및 아랍어 텍스트를 문서 끝을 기준으로 정렬하고 싶다고 가정해보자.

문서 끝을 기준으로 텍스트 정렬하기

```
<p dir="ltr" class="text-end">
  This paragraph is in English and is aligned
  at the end.
</p>

<p dir="rtl" class="text-end">
  هذه الفقرة مكتوبة باللغة الإنجليزية وتمت
  محاذاتها في النهاية.
</p>
```

text-align: end 속성을 사용하면 left, right 같은 방향을 지정하지 않고도 문서 끝을 기준으로 각 텍스트가 정렬되는 형태를 확인할 수 있다.

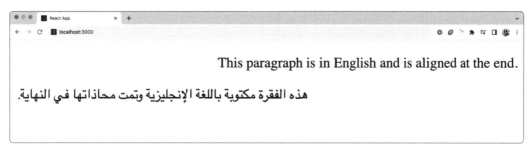

그림 8-9 `text-align` CSS 속성을 사용해 텍스트 정렬하기

폰트

RTL 언어를 디자인할 때 폰트 선택은 매우 중요하다. 우리가 선택한 폰트는 시각적으로 매력적이고 브랜드와 어울릴 뿐만 아니라 RTL 스크립트의 문자와 뉘앙스를 적절하게 지원해야 한다. 일부 폰트들은 특정한 문자를 지원하지 않거나 충분한 지원을 하지 않으며 이는 부적절한 혹은 일관성 없는 사용자 경험으로 이어질 수 있다.

CSS에서 대체 폰트 리스트를 제공하는 것은 가장 좋은 프랙티스이다. 기본 폰트가 로딩되지 않거나 특정 문자가 지원되지 않으면 브라우저는 리스트의 다음 폰트를 사용한다.

대체 폰트

```
body {
  font-family: 'Noto', 'Monotype SST', '...';
}
```

이를 한 단계 발전시켜 다양한 언어 방향, 다양한 언어에 관한 일련의 대체 폰트를 제공할 수 있다.

다양한 언어에 관한 대체 폰트

```
/* 기본 폰트 스택 */
body {
  font-family: 'Noto', 'Monotype SST';
}

/* 아랍어 콘텐츠(RTL)에 관한 폰트 스택 */
body[lang="ar"] {
  font-family: 'Noto Naskh Arabic', 'Tahoma';
}

/* 히브리어 콘텐츠(RTL)에 관한 폰트 스택 */
body[lang="he"] {
```

```
    font-family: 'Frank Ruhl Libre', 'Arial Hebrew';
}
```

언어 방향에 맞는 폰트 스택을 설정함으로써 각 스크립트에 관한 뉘앙스와 고유한 문자들을 제공할 수 있다. 이를 통해 해당 텍스트가 합법적이고 우리가 제공하는 애플리케이션 디자인 원칙에 미적으로 적합함을 보장할 수 있다.

레이아웃

RTL 언어를 다룰 때 텍스트 방향과 정렬만 고려해서는 안 된다. 바깥쪽 여백(`margin`), 안쪽 여백(`paddig`), 위치(`positioning`)과 같은 다른 CSS 속성들도 방향의 변화에 영향을 받는다.

예를 들면 영어로 작성된 텍스트가 있고, LTR 콘텍스트에서 해당 텍스트 왼쪽에 하나의 아이콘이 위치해 있다고 가정하자. 아이콘과 텍스트 사이의 간격을 만들고 싶다면, 표준 `margin-right`[18] CSS 속성을 사용해 간격을 만들 수 있다.

영어로 작성된 텍스트 왼쪽에 위치한 아이콘(HTML)

```
<div class="icon-text-ltr">
  <img
    src="icon.png"
    alt="Icon"
    class="icon-ltr"
  />
  <p>
    This is some English text with an icon on
    the left.
  </p>
</div>
```

영어로 작성된 텍스트 왼쪽에 위치한 아이콘(CSS)

```
.icon-text-ltr {
  display: flex;
  align-items: center;
}

.icon-ltr {
  width: 20px;
```

---

18 https://developer.mozilla.org/ko/docs/Web/CSS/margin-right

```
  /* 아이콘은 테스트 왼쪽에 위치한다. */
  margin-right: 10px;
}
```

아이콘은 영어로 작성된 텍스트 왼쪽에 위치하며, 바깥쪽 여백은 아이콘의 오른쪽에 적절하게 적용된다.

이 텍스트를 아랍어(혹은 다른 RTL 언어)로 번역해도 아이콘의 바깥쪽 여백은 여전히 아이콘 오른쪽에 적용된다.

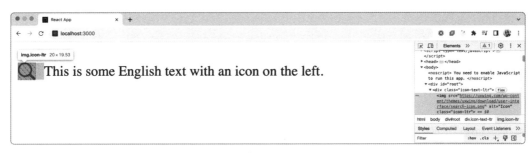

그림 8-10 `margin-right` CSS 속성 사용하기

RTL 언어 설정과 LTR 언어 설정 모두에서 유사한 사용자 경험을 제공하기 위해서는 아이콘의 바깥 여백을 항상 아이콘과 텍스트 사이에 적용해야 한다. 다른 언어 설정에 따라 적용되는 별도의 클래스를 만드는 방법도 있지만, CSS 논리적 속성을 활용하면 보다 효과적으로 같은 목적을 달성할 수 있다.

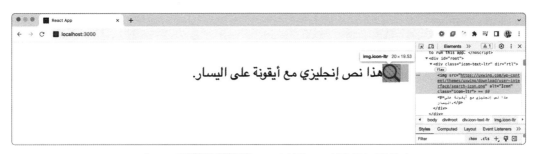

그림 8-11 `margin-right` CSS 속성을 RTL 설정에서 사용하기

CSS 논리적 속성

CSS 논리적 속성CSS logical property[19]을 사용하면 레이아웃의 방향과 차원 매핑을 물리적이 아니라 논리적으로 통제할 수 있다. 전통적인 CSS는 물리적 차원과 방향(top, right, bottom, left)에 기반한다. 하지만 논리적 속성을 사용하면 콘텐츠의 흐름과 방향의 **관계**relation에 기반해 스타일을 기술할 수 있다(start, end, inline, block).

논리적 속성을 사용할 때의 주요한 장점은 요소에 적용된 텍스트 작성 모드와 방향이 자동으로 적용된다는 점이다. 이는 매우 강력하며 서로 다른 텍스트 방향에 관한 별도의 클래스 혹은 스타일을 필요로 하지 않고도 다양한 방향의 레이아웃을 구축할 수 있게 해준다.

앞서 다뤘던 아이콘 예시를 다시 살펴보자. 이번에는 margin-right CSS 속성 대신 margin-inline-end[20]를 사용한다. LTR 콘텍스트에서 margin-inline-end는 margin-right와 등가이고 RTL 콘텍스트에서는 margin-left와 등가이다.

margin-inline-end CSS 속성을 사용한 아이콘 배치

```
.icon-text-ltr {
  display: flex;
  align-items: center;
}

.icon-ltr {
  width: 20px;
  /*
    inline 방향에서 아이콘 뒤에 바깥쪽 여백이 적용된다.
  */
  margin-inline-end: 10px;
}
```

텍스트 방향에 관계없이 margin-inline-end는 바깥쪽 여백이 아이콘과 텍스트 사이에 적용되는 것을 보장하며 언어 종류와 텍스트 방향에 관계없이 레이아웃의 일관성이 유지된다.

---

19 https://developer.mozilla.org/ko/docs/Web/CSS/CSS_logical_properties_and_values
20 https://developer.mozilla.org/en-US/docs/Web/CSS/margin-inline-end

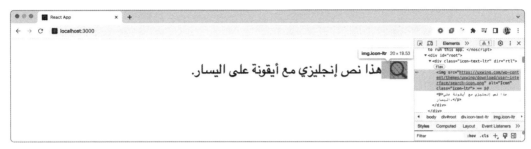

그림 8-12 RTL 설정에서 `margin-inline-end` CSS 속성 사용하기

8.7 정리

국제화는 다양한 지역과 로케일의 사용자가 애플리케이션을 사용할 수 있게 하는 웹 개발에 매우 중요한 프로세스이다. 텍스트를 코드에서 분리하고, `react-intl` 같은 지역화 라이브러리를 활용하고, 날짜/시간/숫자의 형식을 적절하게 지정하고, RTL 언어를 고려함으로써 보다 접근 가능하고, 기능적이고, 글로벌 사용자에게 문화적으로 적절한 애플리케이션을 만들 수 있다.

CHAPTER 9

코드 조직화하기

웹 애플리케이션이 성장함에 따라 아키텍처의 복잡성, 잠재적인 버그, 새로운 기능 혹은 변경 도입의 어려움도 함께 증가한다. 잘 조직화된 코드베이스는 잘 정리된 도서관과 같다. 모든 것이 제자리에 있고 개발자들은 그들이 원하는 것을 빠르고 효율적으로 찾을 수 있다. 이는 시간이 지남에 따라 코드베이스의 유지보수성, 확장성을 높이고 협업을 증진하는 데 도움이 된다.

이번 장에서는 우리가 찾아낸, 리액트/자바스크립트 코드베이스를 구조화하는 데 유용하게 사용할 수 있는 몇 가지 프랙티스를 소개한다. 이 프랙티스들은 단지 가이드라인일 뿐이며 엄격한 규칙은 아님을 명심하자. 중요한 것은 여러분의 팀 안에서 코드 구조화와 관련해 합의된 모범 사례를 갖는 것이지 누군가의 습관을 엄격하게 따르는 것이 아니다.

> 대규모 코드베이스를 유지보수하는 동안 내가 맞닥뜨려야만 했던 몇 가지 큰 어려움들은 코드 구조화와 관련이 있었다. 프로젝트에 새로운 코드를 추가할 때마다 항상 이런 질문을 던졌다. '공유 컴포넌트를 어디에 두어야 하는가?' '이 2개의 모듈을 같은 폴더에 두어야 하는가?' '데이터 가져오기와 렌더링 로직을 다른 파일로 분리해야 하는가?'
>
> 항상 어려운 질문들이 꼬리를 이었다. 하지만 그보다 어려운 것은 코드베이스가 구조화되어 있지 않고, 구조화에 관한 강한 의견들이 없었다는 점이다.
>
> MVCmodel-view-controller같이 잘 만들어진 패턴이나 도메인 주도 설계 같은 전략을 사용해서 코드를 구조화하는 것이 코드베이스의 유지보수성과 확장성에 매우 큰 영향을 미친다는 것을 배웠다. 이 패턴들은 소규모 프로젝트에서는 너무 엄격하고, 심지어는 과도하다고 보일 수 있지만 프로젝트가 커지고 더 많은 사람이 프로젝트에 참여하게 되면 그 이익을 충분히 얻을 수 있

을 것이다. 견고한 구조는 개발자들로 하여금 베스트 프랙티스에서 관해 너무 많은 생각을 하지 않고도 새로운 코드를 추가할 수 있게 돕는다. 그보다 중요한 것은, 견고한 구조는 개발자들로 하여금 새로운 기능을 추가하면서 여전히 프로젝트 라이프 사이클 전체에서 일관성 있고 조직화된 코드 구조를 유지할 수 있게 한다는 것이다.

— 맥시 페레이라Maxi Ferreria[1]

9.1 폴더와 파일 구조

잘 조직화된 폴더와 피일 구조는 대규모 리액트 애플리케이션을 유지하는 데 필수적이다. 애플리케이션 폴더와 파일을 구조를 조직화할 수 있는 몇 가지 가이드를 소개한다.

루트 수준 폴더

프로젝트 디렉터리 콘텍스트에서 루트root 수준 폴더들은 우리가 처음 프로젝트를 열 때 확인하는 주요 디렉터리들이다. 이 폴더들은 일반적으로 프로젝트 계층의 최상위에서 찾을 수 있으며 프로젝트 콘텐츠에 관한 분류를 제공한다.

루트 수준 폴더를 구조화하는 단순하고 효과적인 방법은 이들을 다음과 유사한 형태로 세분화하는 것이다.

루트 수준 디렉터리의 단순한 구조

```
src/
public/
tests/
build/
docs/
```

각 폴더의 일반적인 역할은 다음과 같다.

src/
애플리케이션의 본체가 위치한다. 메인 디렉터리로 우리가 (개발의) 대부분의 시간을 보내는 위치이며 모든 소스 코드를 포함한다.

- **내용**: 컴포넌트, 애셋, 유틸리티, 구성 파일 등

---

[1] https://twitter.com/charca

public/

애플리케이션에 필요하지만 빌드 프로세스(예: 최소화minification, 트랜스파일transpilation, 빌딩 프로세스 등 개발 코드를 최적화된 프로덕션 준비 파일로 변환하는 프로세스)에 반드시 필요하지 않은 모든 정적 파일들을 포함한다.

- **내용**: 메인 `index.html` 파일, 이미지 및 웹서버로부터 직접 제공되는 다른 비-소스 코드 파일

tests/

테스팅(반드시 필요한)과 관련된 프로젝트인 경우, 이 코드는 테스트 구성 및 글로벌/통합 테스트 스위트 전용으로 사용된다.

- **내용**: 테스트 구성 파일

build/ (생성됨)

일반적으로 빌드 도구(Vite 또는 Webpack 등)에 의해 생성된 파일과 배포를 위해 컴파일된 코드를 포함한다.

- **내용**: 최소화된 자바스크립트, 최적화된 이미지, 컴파일된 CSS 등

docs/

프로젝트 수준에 관계없는 문서를 편리하게 저장한다. 이는 외부 사용자는 물론 다른 개발자를 위한 공간이기도 하다. 아키텍처 의사 결정, 컴포넌트 사용 가이드 등을 포함한다.

- **내용**: 애플리케이션의 중요한 부분, 아키텍처 다이어그램, API 사용 가이드 등에 관한 `README.md` 파일

src/ 디렉터리

`src/` 디렉터리는 주로 웹 애플리케이션의 중심이 되며 소스 코드 파일이 위치한다. 이 디렉터리의 구조는 매우 중요하다. 개발자들이 코드를 탐색하고 애플리케이션 아키텍처를 이해하기 쉬운 정도를 결정하기 때문이다.

`src/` 디렉터리를 논리적이고 애플리케이션 도메인과 고려 사항을 반영하도록 조직화하는 것은 개발 프로세스의 속도와 효율성에 큰 영향을 줄 수 있다.

src/ 디렉터리의 콘텐츠를 정렬하는 방법의 예

```
src/
  components/
  pages/
  hooks/
  services/
  store/
  utils/
  assets/
  constants/
  types/
```

앞의 `src` 디렉터리 구조는 다음과 같다.

- `components/` 디렉터리는 기능 혹은 도메인에 의해 조직화된 모든 재사용 가능한 컴포넌트를 포함한다.
- `pages/` 디렉터리는 개별 라우트를 나타내는 최고 수준 컴포넌트 혹은 애플리케이션 뷰를 포함한다.
- `hooks/` 디렉터리는 재사용 가능한 로직(예를 들면 데이터 가져오기 또는 상태 관리 등)을 캡슐화한 훅을 포함한다.
- `services/` 디렉터리는 외부 서비스(예를 들면 API 클라이언트 또는 다른 통합)를 나타낸다.
- `store/` 디렉터리는 중앙 집중화된 상태 관리 설정 및 액션, 리듀서, 미들웨어(예를 들면 리덕스 등)을 포함한다.
- `utils/` 디렉터리는 유틸리티 함수와 공통 헬퍼 모듈을 포함한다.
- `assets/` 디렉터리는 정적 애셋(이미지, 아이콘, 폰트, 스타일 등)을 나타낸다.
- `constants/` 디렉터리는 상수(API 엔드포인트, 구성값 또는 이늄 등)를 포함한다.
- `types/` 디렉터리는 타입스크립트TypeScript 코드베이스를 위한 공유 타입 정의 및 인터페이스를 포함한다.

이 디렉터리들 모두가 반드시 코드베이스에 필요하지는 않다. 프로젝트의 복잡성, 목표, 구체적인 요구사항에 따라 앞서 설명한 디렉터리의 일부만 갖거나 추가 디렉터리를 가질 수 있다.

기능/도메인 기반 조직화

메인 `src/` 디렉터리 안의 콘텐츠를 조직화할 때는 기능과 도메인에 기반할 수도 있다. 관련된 컴포넌트, 훅, 유틸리티, 애셋을 **기능 혹은 도메인에 따라 조직된** 같은 폴더에 그룹으로 묶는다.

다음은 src/ 디렉터리의 콘텐츠를 특정한 기능/도메인 안에서 그루핑해서 조직화한 예시이다.

기능에 따라 src 디렉터리 안의 콘텐츠 정렬하기

```
src/
  features/
    Authentication/
      components/
      LoginForm/
        LoginForm.js
        LoginForm.module.css
      SignUpForm/
        SignUpForm.js
        SignUpForm.module.css
      hooks/
        useAuth.js
      services/
        authService.js
    UserProfile/
      components/
      ProfileCard/
        ProfileCard.js
        ProfileCard.module.css
      hooks/
        useUserProfile.js
      services/
        userService.js
  # ...
```

앞의 디렉터리 구조에서는 "Authentication"과 "UserProfile" 기능 도메인 안에 콘텐츠를 정렬했다. 예를 들면, "Authentication" 기능을 다루는 개발자들은 필요한 모든 컴포넌트, 훅, 서비스를 전용 폴더에서 찾을 수 있으므로 코드베이스의 관련 없는 부분들을 찾는 노력을 최소화할 수 있다.

9.2 명명 규칙

코드베이스의 명명 규칙은 일관성, 명확성, 예측성을 보장함으로써 다른 개발자들이 파일, 디렉터리, 변수의 목적과 기능을 한눈에 쉽게 이해할 수 있게 돕는다. 다음은 특정한 디렉터리 안에서 파일 이름을 정하는 유용한 방법들이다.

- **컴포넌트**: 컴포넌트 이름 및 각 파일 이름에 UpperCamelCase를 사용한다(예: `Header.js`).

- **훅**: 커스텀 훅의 접두사로 `use`를 사용하고 이후 이름에 camelCase를 사용한다(예: `eseFetch Data.js`).

- **서비스**: camelCase를 사용하고 서비스나 도메인 이름을 포함한다(예: `authService.js`).

- **유틸리티**: camelCase를 사용하고 유틸리티의 목적을 설명한다(예: `arrayHelpers.js`).

- **스타일**: CSS 모듈을 사용하는 경우 CSS 혹은 SCSS 파일에 대해 각각 `.module.css` 혹은 `.module.scss` 확장자를 사용한다(예: `Header.module.css`).

9.3 배럴 익스포트

배럴 익스포트barrel export는 자바스크립트 및 타입스크립트 프로젝트의 디자인 패턴으로 한 모듈의 여러 익스포트를 하나의 편리한 모듈로 집약하는 것이다. 이 패턴은 애플리케이션의 다른 부분에서 실행하는 임포트를 단순화할 때 유용하다.

실질적으로 배럴 익스포트는 한 디렉터리 안에 있는 `index.js` 또는 `index.ts` 파일이며 다른 파일의 대상을 재익스포트함으로써 보다 통합된 임포트를 가능하게 한다. 예를 들면 `src/features/Authentication/components/` 폴더에 `index.js` 파일을 만들고 해당 디렉터리 안의 모든 컴포넌트의 익스포트를 책임지게 할 수 있다.

Authentication/components/ 디렉터리 안의 모든 컴포넌트 익스포트하기

```
// .../Authentication/components/index.js
export { LoginForm } from './LoginForm';
export { SignUpForm } from './SignUpForm';
```

이 설정을 한 뒤에는 다음과 같은 일반적인 컴포넌트 임포트 방법이 바뀐다.

컴포넌트가 위치한 파일에서 해당 컴포넌트를 곧바로 임포트하기

```
// .../Authentication/Authentication.jsx
import { LoginForm } from './components/LoginForm';
import { SignUpForm } from './components/SignUpForm';
```

이를 다음과 같이 그룹화된 형태로 임포트할 수 있다.

'배럴'로부터 임포트하기

```
// .../Authentication/Authentication.jsx
import {
  LoginForm,
  SignUpForm,
} from "./components";
```

배럴 익스포트를 사용하면 깔끔하고 통합된 임포트를 할 수 있으며 배럴 `index.js` 파일만 업데이트하면 되기 때문에 때로 파일을 쉽게 이동할 수도 있다.

배럴 익스포트는 유용하기는 하지만 배럴 파일이 너무 커지거나 복잡해지지 않도록 항상 유념해야 한다. 마찬가지로 모든 상위 디렉터리마다 배럴 파일을 갖는 것 또한 애플리케이션의 툴링 성능이나 빌드 프로세스에 영향을 줄 수 있다. PreactJS 팀의 멤버인 마빈 하게마이스터_{Marvin Hagemeister}는 이 주제에 관해 <Speeding up the JavaScript ecosystem>[2]이라는 훌륭한 아티클을 썼다.

앞서 언급한 몇 가지 프랙티스들을 따르면 명확하고 유지보수 가능한 폴더 및 파일 구조를 만드는데 도움이 되며 여러분이 개발하는 대규모 리액트 애플리케이션을 쉽게 탐색하고 이해할 수 있게 만들어준다. 가이드라인은 확실한 시작점을 제공하기는 하지만, 실제 사용 형태 및 피드백에 따라 그 구조를 적용하고 다듬어야 한다. 시간이 지남에 따라 팀에서 특정한 패턴 혹은 해결해야 할 특정한 어려움들이 나타나는 것을 발견할 것이다.

9.4 그 밖의 다른 좋은 프랙티스들

폴더 파일 조직화는 대규모 리액트/자바스크립트 애플리케이션 안에서의 코드 조직화에 많은 가장 큰 영향을 미친다. 이 밖에 애플리케이션의 확장성, 유지보수성, 개발자 친화성을 보장하기 위해 취할 수 있는 다른 프랙티스를 소개한다.

코드를 모듈화하라

컴포넌트, 함수, 서비스들을 작고 재사용 가능한 모듈로 나누라. 이는 DRY_{don't repeat yourself}[3] 원칙

---

2 https://marvinh.dev/blog/speeding-up-javascript-ecosystem-part-7/
3 https://en.wikipedia.org/wiki/Don't_repeat_yourself

을 촉진함과 동시에 코드를 쉽게 테스트 및 리팩터링할 수 있게 도와준다.

리액트 컴포넌트에 국한해서 보자면 각 컴포넌트가 (이상적으로) 한 가지 혹은 작은 몇 가지 작업을 잘 해야 할 때 규모가 작고 해당 작업에 집중하는 컴포넌트를 만들어야 한다. 추가로 다음을 고려해야 한다.

- **컴포넌트 상태와 로직을 캡슐화하라**: 컴포넌트의 상태와 관련된 로직을 컴포넌트 안에 유지해야 한다. 즉, 자급자족하고 쉽게 이해할 수 있도록 해야 한다.
- **훅과 함께 함수형 컴포넌트를 사용하라**: 클래스 컴포넌트보다 함수형 컴포넌트를 선호하라. 가독성을 향상하고 리액트 훅React hook의 장점을 취할 수 있다.

모듈화와 컴포넌트화에 관해서는 3장에서 자세히 다뤘다.

명확한 관심사 분리를 유지하라

명확한 관심사 분리separation of concerns는 코드베이스의 각 모듈, 컴포넌트 혹은 함수가 구별된 책임을 갖는 것을 보장하는 것이다. 다음은 이를 달성하는 데 도움을 주는 몇 가지 전략이다.

- **계층화된 아키텍처를 갖추라**: 여러분의 코드를 프레젠테이션, 로직, 데이터 등으로 계층화해 조직하라. 예를 들면 리액트 애플리케이션에서 프레젠테이션 계층은 컴포넌트, 로직은 훅이나 유틸리티 함수, 데이터는 상태 관리 도구 혹은 API 통합 등을 통해 관리할 수 있다.
- **(가능하다면) 사이드 이펙트를 피하라**: 함수 혹은 컴포넌트는 사이드 이펙트(그들의 범위를 벗어난 의도하지 않은 혹은 관찰할 수 없는 변경)를 피해야 한다. 혹시 사이드 이펙트가 발생한다면 명시적이어야 한다. 순수한 함수(즉, 동일한 입력에 대해 항상 동일한 출력을 만들어내며 사이드 이펙트를 발생시키지 않는 함수)는 테스트하고 이해하기 쉽다.
- **외부 의존성을 분리하라**: 외부 서비스 혹은 API를 컴포넌트 안에서 직접 부르는 대신 서비스 계층이나 어댑터adapter를 사용하라. 이 방식을 사용하면 미래에 여러분의 나머지 코드에 영향을 주지 않고도 외부 서비스를 쉽게 변경할 수 있게 된다.

프레젠테이션 로직과 데이터 가져오기 로직을 분리하라

데이터 가져오기 로직을 프레젠테이션 로직과 분리하라. 데이터 가져오기와 관리를 전담하는 커스텀 훅이나 서비스를 만들고 사용하라. 대안으로 리덕스, MobX 혹은 리액트 콘텍스트 API 같은 상태 관리 도구를 사용할 수 있다. 이 도구들을 사용하면 데이터 가져오기 로직을 애플리케이션의 컴포넌트 로직과 뒤섞지 않고 구분해서 조직화할 수 있다.

6장과 7장에서 각각 데이터 가져오기와 상태 관리에 관해 보다 자세하게 살펴봤다.

CSS 방법론을 따르라

일관성 있는 CSS 방법론과 접근법을 도입함으로써 여러분의 스타일시트를 확장 가능하고 유지보수 가능한 방식으로 구조화할 수 있다. 이는 충돌 및 특수성 이슈를 피할 수 있을 뿐만 아니라 개발자들이 보다 쉽게 스타일링 코드를 이해하고 기여하는 데 도움을 준다. 특정한 CSS 접근법을 준수하는 데 유용한 지침 몇 가지를 소개한다.

- 팀이 선호하는 CSS 접근법을 선택하라. BEM, SMACSS. CSS-in-JS(StyleX) 등을 사용할 수 있다.
- 스타일의 범위를 특정한 컴포넌트로 한정해 예기치 못한 사이드 이펙트를 야기할 수 있는 글로벌 스타일을 피하라.
- 공통된 디자인 패턴을 위한 재사용 가능한 CSS 클래스 혹은 스타일 컴포넌트를 만들라.

단위 테스트와 통합 테스트를 구현하라

테스팅 코드는 버그를 조기에 잡아내고 애플리케이션이 기대한 대로 작동함을 보장하는 것을 돕는다. 또한 간접적으로 코드 조직화를 돕고 코드베이스의 전반적인 디자인과 유지보수성을 향상시키기도 한다.

테스트 가능한 코드를 작성하려면 컴포넌트나 함수가 단일 책임을 갖는 모듈화된 디자인 쪽으로 기울게 될 것이다. 이런 디자인은 단위 테스트를 구현하기 쉽다. 또한 과도하게 복잡한 코드는 테스트하기 어렵다는 증거이기도 하다. 보다 테스트 가능한 코드를 만들기 위해 여러분은 코드를 단순화 혹은 리팩터링해야 한다.

마지막으로 테스트는 안전망을 제공한다. 코드 구조를 개선하기 위해 리팩터링을 하는 경우 단위 테스트는 여러분이 그 과정에서 새로운 버그나 리그레션regression을 유입시키지 않았음을 보장하는 데 도움이 된다.

12장에서 테스팅 관련 주제에 관해 보다 자세히 살펴본다.

일관성 있는 코드 스타일을 적용하라

프로젝트 사이에서 일관성 있는 코딩 스타일을 유지함으로써 여러분과 다른 개발자들은 코드를 쉽게 읽고 이해할 수 있다. ESLint, Prettier 같은 도구들을 사용하면 코딩 표준과 스타일 가이드라인을 적용하는 데 도움이 된다.

13장에서 ESLint와 Prettier에 관해 보다 자세히 살펴본다.

타입스크립트를 사용하라

타입스크립트는 정적 타입 체킹static type checking 기능을 제공한다. 이는 컴파일 시점에 에러를 잡아냄으로써 여러분의 코드를 보다 강건하고 유지보수 가능하도록 유지하게 해준다. 이는 본질적으로 타입스크립트를 자기 문서화 도구self-documenting tool로 만들었다. 개발자들은 데이터 구조와 함수 시그니처를 위한 타입과 인터페이스를 정의해야 하기 때문이다.

이와 함께 타입스크립트는 명확한 계약을 강요하고, 향상된 VSCode IntelliSense 지원을 제공하고, 정적 타입 체킹을 통한 안전망에 기반한 쉬운 리팩터링을 지원함으로써 코드 구조화에 매우 중요한 역할을 한다.

15장에서 타입스크립트에 관해 보다 자세히 살펴본다.

코드를 문서화하라

좋은 문서화는 모든 프로젝트에서 필수적이다. 좋은 문서화는 새로운 개발자들이 코드베이스를 쉽게 이해하게 하며 모든 개발자를 위한 참조를 제공한다. 좋은 문서화에는 README 파일, API나 라이브러리에 관한 보다 자세한 문서, 코드 내 주석도 포함된다.

버전 관리를 사용하라

코드 조직화의 콘텍스트에서 깃Git 같은 버전 관리 시스템version control system, VCS은 구조, 추적성, 협업을 보장하는 중추적인 역할을 한다.

버전 관리는 코드베이스에 이뤄진 모든 변경에 관한 연대 기록chronical record을 유지한다. 이 로그를 통해 언제, 누가 특정 코드를 추가하거나 수정했는지 쉽게 식별할 수 있다. 이 추적성은 시간에 따른 코드 구조의 진화를 이해하고자 할 때 매우 중요하다.

브랜칭branching을 사용하면 개발자들은 메인 코드베이스에 영향을 주지 않고 격리된 환경에서 다른 기능이나 버그에 관한 작업을 할 수 있다. 이는 기본 브랜치가 항상 깨끗하고 구조화되어 있음을 보장한다. 각 기능들은 개발이 완료되고 테스트된 후에만 병합된다.

마지막으로 커밋 메시지commit message와 관련 문서(README 파일 등)은 특정한 조직적 의사 결정이 내려진 이유에 관한 통찰을 제공한다. 좋은 커밋 메시지는 프로젝트 진화와 구조 변경에 관한 로드맵 역할을 한다.

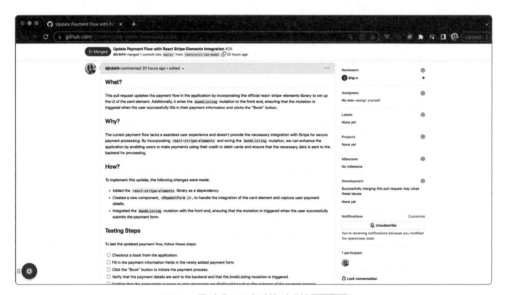

그림 9-1 풀리퀘스트에 관한 상세한 README

정기적으로 리팩터링하라

정기적인 리팩터링을 통해 코드의 구조와 가독성을 크게 개선할 수 있다. 리팩터링은 코드베이스를 유지하는 데 도움을 준다. 코드 규모가 커지더라도 쉽게 새로운 기능을 추가하고 버그를 수정할 수 있게 해준다. 정기적인 리팩터링은 다음을 포함할 수 있다.

- **코드 악취code smell를 식별하고 수정하라.** 코드베이스에서 코드 악취(예를 들면, 과도하게 복잡한 컴포넌트, 중복된 코드, 강하게 결합된 컴포넌트 등)가 나는 영역을 찾는다.
- **점진적으로 개선하라.** 일상 업무를 하면서 코드베이스에 작고, 점진적인 개선을 만든다. 대규모 리팩터링을 기다리지 않는다.
- **코드 리뷰를 사용하라.** 코드 리뷰를 개선과 리팩터링을 위한 영역을 식별하는 기회로 사용한다.

9.5 정리

웹 애플리케이션의 규모가 커짐에 따라 코드를 효과적으로 조직화하는 것은 장기적인 유지보수성과 효율적인 협업의 관점에서 필수적이다. 조직화된 코드베이스는 잘 유지 관리된 도서관과 같다. 모든 책(혹은 코드 조각)이 정해진 위치에 있으므로 신속하게 접근하고 쉽게 이해할 수 있다.

이번 장에서 살펴본 가이드라인과 몇 가지 모범 사례들은 유용하다. 그러나 이들이 절대적으로 적용해야 하는 규칙이나 규정은 아니다. 여러분의 프로젝트에 적합한 조직화 전략은 프로젝트의 고유한 요구사항, 팀의 선호도, 여러분이 직면한 어려움에 따라 다르다.

팀 안에서의 소통이 핵심이다. 정기적으로, 특히 애플리케이션이 성장하고 진화할 때 코드 조직화 접근법에 관해 논의하고 재평가하라. 시간을 내어 정기적으로 리팩터링하고, 버전 관리를 현명하게 사용하고, 의사 결정을 문서화하고, 모든 사람이 동일한 인식을 갖고 행동하게 하는 것은 장기적인 관점에서 이익을 가져다줄 것이다.

CHAPTER 10

개인화와 A/B 테스팅

모던 웹 개발은 기능적 애플리케이션을 만드는 것에 국한되지 않는다. 이 애플리케이션들을 사용자에게 적합하게 만들고, 사용자들이 참여하도록 만드는 것이다. 우리가 내리는 디자인 의사 결정이 청중에게 반향을 일으키는지 어떻게 알 수 있는가? 사용자들로부터 최대한의 참여를 끌어내기 위해 애플리케이션의 사용자 경험을 어떻게 최적화할 수 있는가? 이를 위해 **개인화**personalization와 **A/B 테스팅**A/B testing에 관해 살펴봐야 한다.

개인화는 사용자의 선호도, 행동 및 다른 데이터를 기반으로 사용자 경험을 맞추는tailoring 작업을 포함한다. A/B 테스팅(분할 테스팅split testing, 대조 실험controlled experiment이라 불리기도 함)은 어떤 기능 혹은 인터페이스의 두 가지 버전 이상을 테스트해서 보다 효과적인 버전이 무엇인지 결정한다.

A/B 테스팅을 개인화와 결합하면 사용자에게 맞춤 경험을 제공하는 동시에 그 효과를 측정할 수 있다. 간단한 예를 들면 쇼핑 애플리케이션에서 2개의 서로 다른 추천 알고리즘을 A/B 테스트해서 어떤 알고리즘이 특정한 사용자 세그먼트(예: 북미 사용자 등)에 대해 더 많은 판매를 촉진하는지 확인할 수 있다.

개인화, A/B 테스팅, 대조 실험 관리는 심오한 주제이며 데이터 분석, 엔지니어링 및 통계에 관한 전문 지식을 요한다. 이번 장에서는 간략하게 이 개념들에 관해 설명하면서, 리액트 애플리케이션에서 개인화와 A/B 테스팅을 용이하게 하기 위해 취할 수 있는 몇 가지 구현 단계에 관해 살펴본다.

10.1 개인화

개인화personalization는 개인 사용자 혹은 그룹을 대상으로 그들의 선호도, 행동 혹은 다른 식별 가능한 속성에 기반해 맞춤 경험tailored experience을 만드는 프랙티스를 가리킨다.

개인화를 구현하는 첫 번째 단계는 개인화가 유용하게 작용할 수 있는 애플리케이션의 영역을 식별하는 것이다. 사용자의 선호도, 사용자의 기기나 위치, 혹은 사용자의 행동에 기반해 사용자에게 보여줄 콘텐츠를 개인화하는 것을 포함한다.

개인화할 수 있는 기회를 식별했다면 다음으로 개인화 기법과 개인화를 구현할 방법을 결정할 수 있다.

사용자 데이터

개인화를 하기 위해서는 사용자 선호도, 행동, 위치 같은 사용자 데이터가 필요할 때가 많다. 리액트 애플리케이션에서 개인화를 구현하기 위해 사용자 프로파일링, 사용자 행동 추적, 사용자 피드백 수집 같은 기법을 사용할 수 있다.

이 사용자 데이터user data는 데이터베이스에 저장되고, 리액트 애플리케이션은 이 정보에 질의함으로써 애플리케이션을 보는 사용자에 기반해 애플리케이션 콘텐츠와 경험을 개인화하는 데 활용할 수 있다.

콘텍스트 API

리액트의 콘텍스트 API[1]를 사용하면 컴포넌트 사이에서 컴포넌트 트리의 모든 레벨에 prop을 명시적으로 전달할 필요 없이 값을 공유할 수 있다. 이는 애플리케이션 전체에서 사용자 데이터에 접근하게 하고 싶을 때 매우 유용하다. 이를 활용하면 사용자 정보에 기반해 다양한 컴포넌트를 쉽게 개인화할 수 있다.

예를 들면 우리가 사용자에 관해 가진 모종의 정보에 기반해 특정한 컴포넌트의 색상 스킴color scheme을 맞춤 제공한다고 가정해보자. 애플리케이션 루트에 콘텍스트 객체를 만들고 외부 서비스 혹은 API를 통해 얻은 사용자 정보를 포함하게 할 수 있다.

---

1 https://react.dev/learn/passing-data-deeply-with-context

사용자 콘텍스트와 공급자 설정하기

```
import React from "react";

// UserPreferences 콘텍스트를 만든다.
const UserContext = React.createContext({});

export const UserProvider = ({ children }) => {
  /*
     외부 서비스/API로부터 사용자 선호도 정보를 가져온다.
  */
  const userPreferences = getUserPreferences();

  return (
    <UserContext.Provider
      value={{ userPreferences }}
    >
      {children}
    </UserContext.Provider>
  );
};
```

메인 애플리케이션 컴포넌트 안에서 해당 사용자 정보에 접근해야 하는 컴포넌트를 우리가 만든 `UserProvider` 컴포넌트로 감쌀 수 있다.

UserProvider를 사용해서 자식 컴포넌트 감싸기

```
import { UserProvider } from './UserContext';

function App() {
  return (
    <UserProvider>
      {/* 다른 컴포넌트들 */}
    </UserProvider>
  );
}

export default App;
```

이제 애플리케이션 안의 모든 컴포넌트는 이 사용자 선호도 데이터에 접근할 수 있으며 이 데이터를 개인화에 활용할 수 있다. 간단한 예시로 우리가 가진 사용자 선호도 정보에 기반해 부모 컴포넌트의 배경을 특정한 색상으로 표시하고 싶다고 가정해보자.

요소의 배경 색상 개인화하기

```javascript
function ChildComponent() {
  const { userPreferences } =
    useContext(UserContext);

  // 사용자 데이터로부터 색상 선호도를 추출한다.
  const { backgroundColorPreference } =
    userPreferences;

  return (
    <div
      style={{
        backgroundColor:
          backgroundColorPreference,
      }}
    >
      Personalized content based on user
      preference goes here.
    </div>
  );
}
```

앞의 예시는 매우 간단하지만 애플리케이션 개인화를 위한 콘텍스트 API 활용은 다양한 시나리오로 확장될 수 있다. 우리는 사용자 데이터에 기반해 다른 컴포넌트들을 동적으로 렌더링할 수 있고, 사용자의 지역이나 로케일 선호도에 기반해 번역이나 지역화된 콘텐츠를 렌더링할 수 있고, 심지어 사용자 접근성 요구사항에 기반해 UI 요소나 상호작용성을 조정할 수도 있다.

10.2 A/B 테스팅

A/B 테스팅A/B testing은 2개 버전 이상의 웹페이지, 기능 혹은 제품을 서로 비교해 보다 성능이 좋은 쪽을 결정하는 방법이다. 좋은 성능이란 테스트의 목적에 따라 그 의미가 다양할 수 있다. 클릭률clich-through rate, CTR 향상, 판매 향상, 사용자 참여 개선, 반동률bounce rate 감소, 또는 여러분이나 여러분의 팀에게 중요한 핵심 성과 지표key performance indicator, KPI 달성 등을 의미할 수 있다.

A/B 테스트를 구현하고자 할 때는 여러 가지 핵심적인 단계를 고려해야 한다.

- **사용자 나누기**: 애플리케이션의 사용자를 구분된 그룹으로 나누고, 각 사용자가 테스트 대상 기능의 여러 버전 중 한 버전만 보도록 해야 한다.

- **다른 버전 제공하기**: 검증이 필요한 기능 혹은 컴포넌트의 다른 버전을 만든다. 조건 렌더링을 활용해 각 사용자 세그먼트에 적절한 변형을 제공할 수 있다.
- **데이터 수집하기**: 각 변형에 관한 사용자 상호작용, 전환 및 다른 관련 지표를 수집하고 분석을 위해 이 정보를 저장한다.
- **실험 결과 분석하기**: 충분한 데이터를 수집하거나 실험을 종료한 뒤, 각 변형의 성능 지표들을 비교하고 어떤 버전에서 최고의 결과를 얻었는지 결정한다.

앞에서 설명한 많은 사항들은 단순한 클라이언트/리액트 애플리케이션 안에서 작업하는 것을 넘어서는 작업이 필요하며 이를 구현하고 유지보수하기 위해서는 많은 수고가 필요하다. 그 결과 많은 실제 시나리오에서 기업들은 Optimizely, Statsig, Launchdarkly 같은 서드파티 도구를 활용해 A/B 테스팅 프로세스 난이도를 낮춘다. 이 도구들은 사전 구축된 인프라스트럭처, 쉬운 테스트 생성/모니터링/분석을 할 수 있는 사용자 친화형 대시보드, 실험 결과를 분석할 수 있는 분석 도구를 제공한다.

Statsig 도구를 사용해 리액트 애플리케이션에서 A/B 테스트를 구현하는 예시를 살펴보자. 예시에서는 Statsig을 사용했지만 우리가 설명하는 개념과 방법론은 모든 A/B 테스팅 설정에 적용할 수 있다. 우리가 만들고자 하는 실험의 세부 사항은 다음과 같다.

버튼 색상 테스트

- **가정**hypothesis: 특정 버튼의 색상을 녹색으로 변경하면 기존의 파란색 버튼에 비해 CTR이 상당히 증가할 것이다.
- **목적**purpose: 어떤 버튼 색상이 더 높은 CTR로 연결되는지 결정한다.
- **설정**setup: 두 가지 변형의 버튼(파란색 버튼 하나, 녹색 버튼 하나)을 만든다. 한 변형은 전체 사용자의 50%에게, 다른 한 변형은 전체 사용자의 나머지 50%에게 제공한다.
- **데이터 수집**data collection: Statsig의 내장 이벤트 추적 기능을 사용해 두 가지 변형의 버튼 클릭을 추적한다.
- **분석**analysis: 두 변형의 CTR을 비교해 어떤 색상이 보다 효과적인지 결정한다.

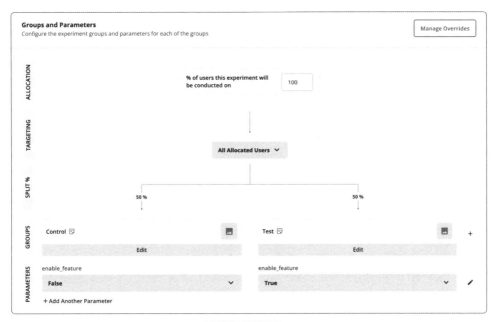

그림 10-1 `button_color` 실험 설정하기

Statsig 대시보드에서 앞서 설명한 내용에 따라 2개의 실험 그룹을 가진 새로운 실험을 만들 수 있다.

- **통제 그룹**control group: 파란색 버튼을 보는 50%의 사용자
- **테스트 그룹**test group: 녹색 버튼을 보는 50%의 사용자

각 실험 그룹에 대해 `enable_feature` 매개변수를 만들어 새로운 기능의 표시 여부를 지정한다. 통제 그룹에서는 `enable_feature`를 불리언값 `false`로 설정하고, 테스트 그룹에서는 `enable_feature`를 불리언값 `true`로 설정했다.

실험 구성의 다음 단계에서는 우리가 이 실험에서 추적하고자 하는 `clickthrough_rate` 지표를 지정한다. 이 지표는 (사용자가 버튼을 클릭한 횟수)/(사용자에게 버튼을 표시한 횟수)로 계산한다.

그림 10-2 **추적할 기본 지표인** `clickthrough_rate` **지정하기**

Statsig 같은 도구를 사용하면 도구가 기본적으로 제공하는 특정한 지표를 사용할 수 있으며, 우리가 실험에서 측정하고자 하는 사용자 지표를 만들 수도 있다.[2]

설정을 마쳤다면 리액트 애플리케이션과 Statsig에서 만든 실험을 통합해보자. Statsig은 이를 위해 `statsig-react` SDK[3]를 제공한다. 컴포넌트 트리 루트에서 `StatsigProvider`[4]로 애플리케이션을 감싸고, Statsig 대시보드에서 받은 활성화된 Client API 키를 사용해 SDK를 초기화한다.

리액트 애플리케이션에서 Statsig 초기화하기

```
import { StatsigProvider } from "statsig-react";

function App() {
  return (
    <StatsigProvider
      sdkKey="<STATSIG_CLIENT_SDK_KEY>"
      waitForInitialization={true}
    >
      <div className="App">
        {/* Rest of App ... */}
      </div>
    </StatsigProvider>
  );
}

export default App
```

관련된 하위 컴포넌트에서 사용자가 속한 실험 그룹에 기반해 우리가 테스트하고자 하는 버튼의 색상을 변경할 수 있다. Statsig React SDK가 제공하는 `useExperiment` 훅[5]을 사용하면 실험 구성 정보에 접근할 수 있다.

실험 구성 객체에서 통제 그룹과 테스트 그룹에 할당된 `enable_feature` 매개변수의 값에 접근할 수 있다.

실험 구성 상세 정보 얻기

```
import { useExperiment } from "statsig-react";
```

---

2   https://docs.statsig.com/metrics/create
3   https://github.com/statsig-io/react-sdk
4   https://docs.statsig.com/client/reactSDK#statsig-provider
5   https://docs.statsig.com/client/reactNativeSDK#useexperiment

```
function ButtonComponent() {
  // 실험 구성 정보에 접근한다.
  const { config } = useExperiment(
    "button_color",
  );

  // 실험 매개변수의 값에 접근한다.
  const showGreenButton = config.get(
    "enable_feature",
  );

  return (
    // …
  )
}

export default ButtonComponent
```

테스트 그룹의 `enable_feature` 매개변수의 값은 **true**이다. 테스트 그룹에 대해서는 버튼의 색상이 녹색일 때 사용자들이 어떻게 행동하는지 테스트하길 원한다. 이제 간단한 조건문을 사용해서 사용자가 속한 실험 그룹의 종류에 따라 렌더링할 버튼 색상을 결정할 수 있다.

실험 그룹에 기반해 다른 버튼 색상 렌더링하기

```
import { useExperiment } from "statsig-react";

function ButtonComponent() {
  // 실험 환경에 접근한다.
  const { config } = useExperiment(
    "button_color",
  );

  // 실험 매개변수 값에 접근한다.
  const showGreenButton = config.get(
    "enable_feature",
  );

  /*
    실험 그룹에 따라 버튼 색상을 결정한다.
  */
  const buttonColor = showGreenButton
    ? "green"
    : "blue";
```

```
    return (
      <button
        style={{ backgroundColor: buttonColor }}
      >
        Click Me
      </button>
    );
  }

export default ButtonComponent;
```

이 시점에 우리가 만든 `ButtonComponent`는 사용자가 속한 그룹(통제 그룹 혹은 테스트 그룹)에 따라 각각 파란색 혹은 녹색 버튼을 렌더링한다. 이제 실험의 각 변동에 다한 사용자의 반응을 추적하기만 하면 된다.

이 실험의 기본 지표는 `clickthrough_rate`이며 (사용자가 버튼을 클릭한 횟수)/(사용자에게 버튼을 표시한 횟수)로 계산한다. 사용자에게 버튼을 표시한 횟수는 Statsig의 이벤트 추적 시스템에 의해 추적되고 처리된다. 하지만 각 버튼에 관한 모든 상호작용(즉, 클릭)이 캡처되는지 확인해야 한다. Statsig이 제공하는 `logEvent` API[6]를 사용하면 이를 확인할 수 있다.

`ButtonComponent` 예시에서 버튼 요소가 클릭되면 `button_clicked`라는 이름의 이벤트가 기록된다.

버튼 클릭 기록하기

```
import {
  Statsig,
  useExperiment,
} from "statsig-react";

function ButtonComponent() {
  const { config } = useExperiment(
    "button_color",
  );

  const showGreenButton = config.get(
    "enable_feature",
  );

  const buttonColor = showGreenButton
    ? "green"
```

---

6 https://docs.statsig.com/guides/logging-events

```
      : "blue";

  const onButtonClick = () => {
    // 버튼 클릭을 기록한다.
    Statsig.logEvent(
      "button_click",
      buttonColor,
    );
  };

  return (
    <button
      style={{ backgroundColor: buttonColor }}
      onClick={onButtonClick}
    >
      Click Me
    </button>
  );
}

export default ButtonComponent;
```

사용자가 버튼을 클릭하면 `onButtonClick()` 함수가 `Statsig.logEvent()` 호출을 트리거하고, `Statsig.logEvent()`는 추적을 위해 클릭 이벤트를 Statsig 서버로 전송한다.

실험에서 통계적으로 의미 있는 결과가 나왔다면 우리가 가정한 사용자 `clickthrough_rate` 지표는 올바르게 설정된 것이며, Statsig 대시보드에서 실험 결과를 즉시 분석할 수 있다.

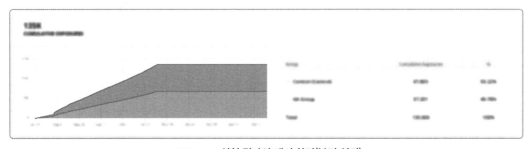

그림 10-3 **실험 결과의 예시 화면(블러 처리)**

예를 들어 테스트 그룹(즉, 녹색 버튼을 보는 그룹)의 CTR이 통제 그룹(즉, 파란색 버튼을 보는 그룹)의 CTR에 비해 높았다면, 녹색 버튼이 사용자의 클릭을 더 잘 독려함을 나타낸다. 이 정보를 활용해 다음 단계를 결정할 수 있다. 즉 녹색 버튼을 모든 사용자에게 적용하거나 다른 그림자 혹은 스타일의 버튼을 테스트할 수 있다.

실험 결과를 분석은 여러 가지 중요한 주제들로 구성되며 통계적 유의성statistical significance 결정, 핵심 성과 지표에 관한 영향 이해, 부차 지표 평가, 외부 요소 고려, 사용자 행동 패턴 해석 등이 포함된다. 서드파티 도구를 사용함으로써 팀과 조직은 실험 프로세스를 단순화하고 실험 결과를 보다 효과적으로 시각화할 수 있다. 이는 실험 결과를 통해 정보에 입각한 의사 결정을 내리는 데 도움이 된다.

10.3 기능 플래그

대규모 애플리케이션의 경우 여러분이 새로운 기능을 사용자들에게 출시할 준비가 되었을 때, 모든 사용자에게 해당 기능을 출시하고 싶지는 않은 여러 경우가 존재할 수 있다. 다음과 같은 이유를 고려할 수 있다.

- **위험 완화하기**: 기능을 점진적으로 배포하면 전체 사용자 베이스에 영향을 주기 전에 일부 제한된 사용자를 통해 잠재적인 버그 혹은 이슈들을 식별하는 데 도움이 된다. 이 단계적 접근법은 새로운 기능들의 도입과 관련된 위험을 최소화한다.

- **인프라스트럭처 부하 테스트하기**: 일부 새로운 기능들은 이들이 특히 데이터에 집중된 동작을 포함하는 경우 백엔드 인프라스트럭처에 상당한 영향을 줄 수 있다. 일부 사용자에게만 기능을 출시함으로써 팀은 서버 부하를 모니터링하고 그 결과에 따라 기능을 최적화한 뒤 전체 사용자에게 출시할 수 있다.

- **사용자 피드백 수집하기**: 새로운 기능을 적은 규모의 사용자에게 먼저 출시해 피드백을 수집한 뒤 전체 사용자에게 기능을 공개할 수 있다. 사용자 피드백은 해당 기능이 사용자 니즈를 만족하는지, 보다 개선이 필요한지 이해하는 데 매우 중요하다.

- **시장 테스트하기**: 새로운 기능이 사용자들이 이미 익숙하게 사용하는 기능과 크게 다르다면, 해당 기능을 시장에서 받아들일지 테스트하는 것이 가치가 있다. 특정 지역 혹은 특정 인구통계를 대상으로 기능을 출시함으로써 서로 다른 사용자 세그먼트가 변경을 인지하는 방법에 관한 통찰을 얻을 수 있다.

- **롤백 계획 보장하기**: 단계적인 공개 과정에서 무언가 잘못되더라도 소규모의 일부 사용자만 영향을 받으므로 광범위한 혼란을 야기하지 않고 쉽게 해당 기능을 롤백 또는 수정할 수 있다.

기능 플래그feature flag(기능 게이트feature gate 혹은 베타 플래그beta flag라고도 함)[7]는 애플리케이션의 새로

---

7 https://statsig.com/featuregates

운 기능 출시 및 통제를 관리하는 강력한 방법을 제공한다. 기능 플래그는 마치 스위치와 같이 특정 기능을 켜거나 끌 수 있으며, 팀은 이를 활용해 실시간으로 사용자가 어떤 경험을 할지 세세하게 제어할 수 있다.

> 내가 속해 있던 모든 조직에서 나는 항상 기능 플래그를 활용하여 신중하게 UI의 큰 변화를 도입했다. 10% 정도의 소규모 사용자 그룹에서 시작해 25%, 50%, 100%로 그 비율을 늘려갔다. 기능 플래그 시스템은 주로 기업 안에서 직접 구현하고 유지보수했으며, 이 시스템 덕분에 나와 팀은 훌륭한 유연성과 사용자 정의 옵션을 가질 수 있었다.
>
> 나는 단계적 공개staged rollout가 진행되는 동안 지연이나 에러 추적 대시보드를 예의 주시했다. 무언가 이슈가 발생하면 해당 기능을 0%로 롤백하고, 원인을 조사하고, 이슈를 수정한 뒤 다시 공개했다. 이 접근 방식을 통해 우리 팀은 출시를 신중하고 정확하게 진행할 수 있었고 사용자에게 안정적인 경험을 보장했다.
>
> — 하산 지르데

직접 기능 플래그 시스템을 구현할 수도 있지만 많은 기업과 조직은 Statsig, Growthbook, Optimizely 같은 서드파티 도구를 사용해 플래그를 관리하는 것을 선호한다. 이 도구들은 A/B 테스팅과 실험을 매끄럽게 수행할 수 있도록 해주며, 심지어 기능 플래그를 만들고 관리할 수 있는 강력한 기능도 제공한다.

Statsig을 기능 플래그와 실험 도구로 활용하는 예시에 관해 계속 살펴보자. Statsig 대시보드를 사용하면 애플리케이션을 위한 기능 플래그를 만들 수 있다. 애플리케이션의 새로운 버튼 색상 공개를 제어하는 기능 플래그를 만든다고 가정해보자.

기능 플래그를 만들었다면 다음으로 기능 플래그를 사용해 공개 방법에 관한 규칙을 결정할 수 있다. 예를 들면 특정 브라우저, 운영체제 혹은 앱을 사용하는 특정 일부 사용자(예: 모든 직원 등)를 대상으로 공개할 수 있다.

새로운 버튼 색상 기능에 관해, 웹 사용자 전체의 20% 사용자에게만 이 새로운 기능을 보여주도록 규칙을 설정하고 싶다고 가정해보자.

Statsig 대시보드에 기능 플래그를 구성했으므로, 리액트 애플리케이션에 해당 기능 플래그를 통해 새로운 기능을 구현할 수 있다.

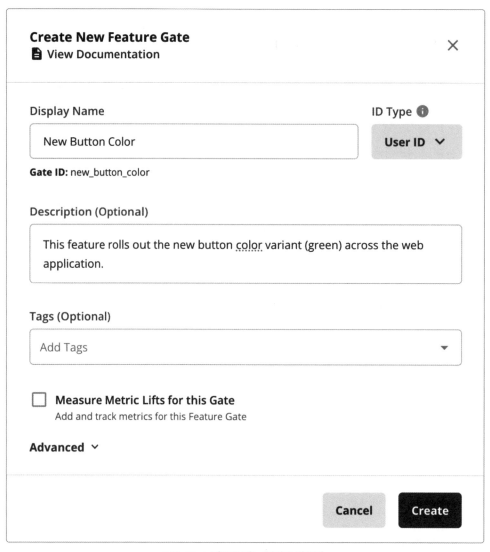

그림 10-4 새로운 기능 플래그 만들기

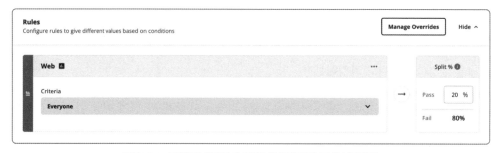

그림 10-5 전체 웹 사용자의 20% 사용자에게 공개 설정하기

Statsig의 기능 플래그는 리액트 애플리케이션에서 직관적으로 설정할 수 있으며, 앞서 A/B 테스팅 설정을 했던 것과 유사하다. Statsig React SDK가 제공하는 useGate 훅[8]을 활용해 특정 사용자에 관해 해당 기능의 활성화 여부를 평가할 수 있다.

기능 플래그 활성화 시 녹색 버튼 표시하기

```
import { useGate } from "statsig-react";

function ButtonComponent() {
  // 기능 플래그를 평가한다.
  const { value: isFeatureEnabled } = useGate(
    "new_button_color",
  );

  // 사용할 버튼 색상을 결정한다.
  const buttonColor = isFeatureEnabled
    ? "green"
    : "blue";

  return (
    <button
      style={{ backgroundColor: buttonColor }}
    >
      Click Me
    </button>
  );
}

export default ButtonComponent;
```

앞의 코드를 사용하면 새로운 기능을 활성화한 그룹에 속한 사용자들은 페이지를 로딩했을 때 녹색 버튼을 보게 되고, 나머지 사용자들은 기본 파란색 버튼을 보게 된다. 이 동적 렌더링을 사용하면 기능 플래그로 설정한 조건에 기반해 사용자 경험을 실시간으로 변경할 수 있다.

실제로 아무런 이슈가 발생하기 않거나 녹색 버튼에 관한 피드백이 긍정적이라면, 팀은 **새로운 코드를 배포하지 않고도** 점진적으로 공개 비율을 20%에서 더 많은 사용자 세그먼트로 늘릴 수 있다. 반대로 무언가 이슈가 발생하거나 녹색 버튼에 관한 피드백이 부정적이며 해당 기능을 즉시 끄고 모든 사용자가 파란색 버튼을 보도록 할 수 있다.

---

8 https://docs.statsig.com/client/reactSDK#usegate

기능 플래그는 기술적 이익을 제공하는 동시에 비즈니스 이점도 제안한다. 제품 관리자, 마케팅 팀, 고객 지원 담당은 기능 출시를 조정할 수 있고, 타깃을 지정한 프로모션을 실행할 수 있고, 고객 피드백을 보다 효과적으로 관리할 수 있다.

10.4 정리

이번 장에서는 개인화, A/B 테스팅을 통한 실험, 기능 플래그를 사용한 전략적 기능 공개 수행을 통해 맞춤 사용자 경험을 만드는 방법에 관해 이해했다. 이를 적절하게 도입하면 팀과 조직은 실세계의 피드백과 변화하는 사용자 니즈에 대응해 진화하고 적응하는 사용자 중심 제품을 만들 수 있다.

11

확장 가능한 웹 아키텍처

우리는 이 책에서 대규모 자바스크립트/리액트 애플리케이션 구축과 관리 해결에 도움을 주는 주제들에 관해 살펴보고 있다. 다른 모든 것보다 여기에는 디자인 시스템을 사용해 UI 일관을 보장하고 개발 프로세스를 가속화하는 것에 관해 논의했다. 세련된 데이터 가져오기 라이브러리를 활용해 데이터 가져오기를 최적화하고, 클라이언트 사이드 상태를 효과적으로 관리하고 처리할 수 있는 방법들에 관해 생각했다.

이 모든 것은 대규모 애플리케이션 구축 및 관리의 '큰' 부분에 집중하고 있지만 반드시 확장성의 개념을 커버하지는 않는다. 확장성은 필요할 때 리소스를 추가하거나 제거함으로써 다양한 워크로드를 처리하는 시스템의 능력을 말한다. 이번 장에서는 확장성의 개념과 함께 확장 가능한 아키텍처와 인프라스트럭처를 구축하기 위한 몇 가지 전략을 살펴본다.

11.1 확장성

확장성scalability이란 한마디로 (시스템의) 성장을 우아하게 다룰 수 있는 웹 아키텍처의 능력이라 요약할 수 있다. 사용자, 트랜잭션, 요청 혹은 데이터가 늘어남에 따라 시스템에 그 성능을 유지하거나 개선할 수 있고, 중단 없는 서비스를 제공하고, 지속적으로 비용-대비-효과를 거둘 수 있음을 의미한다. 확장성은 선형적으로 확장될 수 있는 인프라스트럭처를 구축하는 것을 의미한다. 즉, 리소스를 추가하면 선형적으로 추가된 리소스에 따라 성능이 개선되는 것이다.

확장 가능한 웹 아키텍처는 다양한 컴포넌트로 구성된다. 이 컴포넌트들은 함께 작동해 애플리케이션이 증가된 워크로드workload를 처리할 수 있음을 보장한다. 다음 절에서 이 컴포넌트들에 간략하게 설명한다.

로드 밸런서

로드 밸런서load balancer는 확장 가능한 웹 애플리케이션의 핵심적인 컴포넌트이다. 로드 밸런서는 유입되는 트래픽을 여러 서버에 분산시켜 부하의 균형을 맞추고 개별 서버가 과도한 부하에 의해 오작동하는 것을 방지한다. 이 분산을 통해 높은 트래픽이 몰리더라도 최적의 성능을 유지할 수 있다.

로드 밸런서는 클라이언트와 서버 클러스터 사이에 위치하며 웹사이트 혹은 애플리케이션으로 유입되는 모든 트래픽의 진입점 및 관리 역할을 한다.

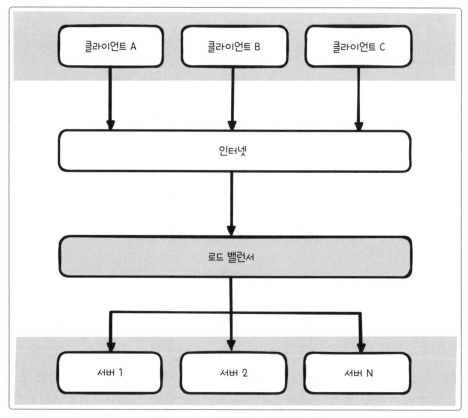

그림 11-1 로드 밸런싱 시스템 다이어그램

로드 밸런서 구성은 복잡해질 수 있으며 트래픽을 효과적으로 분산시키기 위한 다양한 핵심 고려 사항들을 포함한다.

- **알고리즘 선택**: 로드 밸런싱 알고리즘(라운드 로빈, 최소 커넥션, IP 해시 등)을 구현해 로드 밸런서가 여러 서버에 트래픽을 분산하는 방법을 지정해야 한다.
- **헬스 체크**: 정기적인 헬스 체크를 수행해 서버들이 작동하고 있음을 보장해야 한다. 어떤 서버가 헬스 체크에 실패하면 헬스 체크에 성공할 때까지 해당 서버는 풀에서 제거되어야 한다.
- **자동 스케일링**: 로드 밸런서는 이상적으로 자동 스케일링 시스템을 사용해 매끄럽게 작동해야 하며 현재 요청에 기반해 리소스를 추가하거나 제거함으로써 아키텍처가 효율적으로 확장/축소됨을 보장해야 한다.

개발 목적으로 AWS, 구글 클라우드, 애저 같은 클라우드 서비스를 사용하면 로드 밸런서 구현 및 그와 관련한 기능들에 관한 개념과 프랙티스들은 이 플랫폼들이 제공하는 도구와 서비스를 통해 단순화되고 개선된다. 이런 클라우드 서비스들은 기본 기능을 관리형 헬스 체크, 통합 스케일링, 보안, 자동화 배포 등을 지원한다.

캐싱

캐싱caching은 빈번하게 접근되는 데이터를 항상 접근할 수 있는 스토리지 위치(캐시cache라 알려짐)에 일시적으로 저장해 데이터 가져오기 속도를 높이는 프로세스이다. 이 캐시는 주간 저장소로서의 역할을 하며 사용자 혹은 애플리케이션이 원래 저장소(주로 데이터베이스 혹은 백엔드 서버) 위치에 접근할 때보다 빠르게 데이터에 접근할 수 있게 한다. 캐싱은 몇 가지 영역에서 구현될 수 있다.

- **브라우저 캐싱**: 사용자가 방문했을 때 웹사이트 리소스를 사용자의 로컬 컴퓨터에 저장함으로써 이후 방문했을 때의 로딩 타임을 줄인다.
- **CDN 캐싱**: 지역적으로 분산되어 있는 서버를 활용해 콘텐츠의 빠른 전달을 제공한다.
- **애플리케이션/데이터 캐싱**: 일반적으로 질의되는 데이터를 Redis, Memcached 같은 인메모리 캐시에 저장한다. 이를 사용하면 빈번하게 접근되는 특정 애플리케이션 데이터에 빠르게 접근할 수 있으며 데이터베이스와 백엔드 시스템의 부하를 덜 수 있다.

캐싱은 확장 가능한 아키텍처의 핵심적인 부분일 수 있다. 캐싱은 훨씬 빠르게 접근할 수 있는 특정한 캐싱된 콘텐츠를 제공함으로써 백엔드 시스템과 데이터베이스에 걸리는 부하를 상당히 줄이기 때문이다. 이는 결과적으로 최종 사용자에 대한 보다 빠른 응답 시간으로 이어지고 각 요청을 처리하기 위해 필요한 프로세싱 파워를 줄인다. 이는 많은 트래픽이 몰릴 때 대단히 중요하다.

언제 어떻게 콘텐츠가 캐싱되는지에 관한 전략은 목표에 따라 다양하게 사용할 수 있다. 예를 들면 이미지, CSS 자바스크립트 같이 자주 변경되지 않는 정적 콘텐츠는 오랜 시간동안 캐시될 수 있지만, 동적 콘텐츠는 그 콘텐츠가 변경되는 빈도와 캐시가 업데이트되기 이전까지 견딜 수 있는 지연에 따라 보다 복잡한 전략이 필요할 것이다.

클라우드 서비스 관점에서 다양한 공급자들이 관리형 캐싱 서비스managed caching service를 제공한다(Amazon ElastiCache, Azure Cache, 구글 클라우드 Memorystore 등). 이 서비스들은 Redis 혹은 Memcached를 사용해 설정된 캐시의 분산, 확장, 관리를 담당한다.

콘텐츠 전달 네트워크

콘텐츠 전달 네트워크content delivery network, CDN은 전 세계의 여러 위치에 전략적으로 배치된 서버의 네트워크이며 사용자에게 가장 가까운 서버에서 정적 콘텐츠(HTML 페이지, 이미지, 자바스크립트, CSS 파일 등)를 제공하는 목적으로 설계되었다.

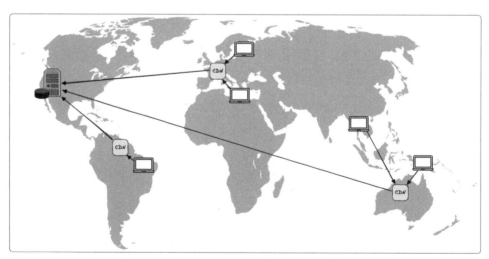

그림 11-2 CDN이 사용자에게 가깝게 콘텐츠를 전달하는 방법

CDN은 확장 가능한 웹 아키텍처에서 매우 중요한 역할을 한다. CDN은 지리적으로 사용자에게 가까운 위치로 콘텐츠를 가져다주기 때문에 지연을 줄이고 콘텐츠 전달 속도를 높인다.

클라우드 공급자들은 대개 통합된 CDN 서비스를 제공하므로 그들의 웹 아키텍처의 일부로 CDN을 쉽게 배포할 수 있다. 예를 들면 AWS는 Amazon CloudFront, 마이크로소프트 애저는 Azure

CDN, 구글 클라우드는 Cloud CDN을 제공한다. 이 서비스들은 사용자가 위치한 곳에 가까운 '에지 로케이션edge location'에 콘텐츠를 캐싱하는 방식으로 작동한다.

수평적 확장

정확한 사용자 수를 예측하고 확장을 위해 필요한 인프라스트럭처를 결정하는 것은 상당히 어렵다. 이를 위해 조직들은 대개 수평적 확장과 수직적 확장을 조합한다.

수평적 확장horizontal scaling은 스케일 아웃scale-out이라고도 부르며, 애플리케이션 클라우드 아키텍처에 보다 많은 장비를 추가하는 것, 예를 들면 클러스터 서버를 추가하거나 클라우드 환경에 새로운 인스턴스를 추가하는 것을 포함한다. 이 방법은 유연성과 탄력성resilience를 제공하기 때문에 웹 기반 아키텍처에서 선호한다. 요청이 늘어나면 새로운 서버를 풀에 추가함으로써 워크로드를 분산한다. 서버가 실패하면 다른 서버가 워크로드를 받으며 높은 가용성을 제공한다.

수평적 스케일링은 주로 다음 상황에 적합하다.

- 단일 실패 포인트로 인한 다운 타임을 피하고 싶다.
- 애플리케이션을 빈번하게 업그레이드 해야 한다.
- 벤더 락인lock-in을 피하고 여러 서비스를 탐색하고 싶다.
- 여러 서비스를 사용함으로써 시스템 탄력성을 개선하고 싶다.

수직적 확장

수직적 확장vertical scaling은 스케일 업scale-up이라고도 부르며 한 단위의 리소스를 최대화해서 증가하는 부하를 처리하는 것, 예를 들면 서버를 실행하는 물리 머신에 프로세싱 파워나 메모리를 추가하거나 소프트웨어 관점에서 알고리즘이나 애플리케이션 코드를 최적화하는 것을 포함한다.

수직적 확장은 새로운 서버를 설정하기 위한 복잡성이 요구되지 않기 때문에 일반적으로 수평적 확장보다 쉽고 빠르다. 하지만 한 대의 서버를 물리적으로 업그레이드하는 데는 한계가 있으며, 업그레이드한 서버에서도 다운타임은 발생할 수 있다.

수직적 확장은 주로 다음 상황에 적합하다.

- 운용 비용을 줄인 단순한 아키텍처가 필요하다.
- 낮은 전력을 소비하면서 확장할 수 있는 시스템이 필요하다.

- 낮은 라이선싱 비용으로 쉽게 설치 및 확장할 수 있는 시스템이 필요하다.
- 애플리케이션 호환성을 유지하고 싶다.

모던 클라우드 서비스들은 수평적 확장과 수직적 확장 전략을 단순화할 수 있는 해결책들을 제공한다. 이 서비스들은 자동 스케일링을 지원한다. 자동 스케일링은 서버 부하에 따라 컴퓨팅 리소스의 수를 자동으로 조정함으로써 동적으로 수평적 확장을 하게 해준다. 마찬가지로 크기 조정이 가능한 인스턴스를 제공함으로 수직적 확장을 용이하게 한다.

마이크로서비스

마이크로서비스microservice는 애플리케이션을 작고, 독립적으로 배포할 수 있는 서비스로 분해하는 아키텍처적 접근법이다. 분해된 서비스는 독립적으로 확장 및 관리할 수 있다. 각 서비스들은 고유의 프로세스를 실행하며 경량 메커니즘(주로 HTTP 리소스 API 또는 RPC 호출 등)을 사용해 서로 소통한다.

마이크로서비스 아키텍처는 모놀리식 아키텍처monolithic architecture와 대비된다. 모놀리식 아키텍처에서는 애플리케이션의 모든 컴포넌트가 강하게 통합되어 있기 때문에 함께 확장되어야 하는데 이는 번거롭고 비효율적이다. 마이크로서비스는 각 서비스를 독립적으로 확장할 수 있게 함으로써 확장성을 가능하게 한다. 애플리케이션의 어떤 부분에 많은 요청이 걸리면 관련된 서비스만 스케일 업하면 된다. 이는 애플리케이션 전체를 확장하는 것보다 비용 대비 효과가 뛰어나고 덜 복잡하다

마이크로서비스는 그 장점과 함께 서비스 통합과 관리라는 관점에서는 복잡성을 가져다준다. 또한 서비스 디스커버리, 로드 밸런싱, 실패 시 복구를 위한 강건한 인프라스트럭처를 요구할 수 있다. 쿠버네티스Kubernetes, 도커Docker 같은 도구 및 클라우드 기반 서비스들은 오케스트레이션, 컨테이너화, 서비스 디스커버리 같은 기능을 제공함으로써 이 복잡성을 관리한다.

11.2 확장 가능한 애플리케이션의 특성

앞 절에서 확장 가능한 웹 아키텍처를 촉진하는 여러 컴포넌트들에 관해 살펴봤다. 실제 확장 가능한 시스템은 이 컴포넌트들(및 다른 요소들)을 응집적이고 효율적으로 통합해 성능 저하나 비용 초과 없이 증가하는 요청에 반응할 수 있음을 보장한다.

정리하자면 확장 가능한 애플리케이션은 다음 영역에서 뛰어나야 한다.

1. **성능**: 애플리케이션은 부하 상황에서도 낮은 지연으로 작동해야 한다. 웹사이트의 속도는 사용성, 사용자 만족, 검색 엔진 순위, 그리고 무엇보다 궁극적으로 수익과 사용자 유지에 영향을 준다.

2. **가용성과 신뢰성**: 확장 가능한 애플리케이션은 부하 상황에 빠져서는 안 되며 요청에 대해 신뢰할 수 있도록 생산하고 저장해야 한다.

3. **관리 가능성**: 확장 가능한 클라우드 아키텍처는 쉽게 문제를 진단하고 이해할 수 있고, 업데이트와 수정을 할 수 있고, 실패나 예외를 발생시키지 않고 시스템을 운영할 수 있어야 한다.

4. **비용**: 확장 가능한 애플리케이션의 구축, 유지 및 확장 비용이 너무 높아서는 안 된다. 개발을 진행하는 동안 확장성에 관한 계획을 세움으로써 애플리케이션이 과도한 비용을 야기하지 않으면서 요청 증대에 맞춰 확장되게 할 수 있다.

전형적인 확장 가능한 웹 애플리케이션 아키텍처는 4개의 기본 계층(웹서버, 데이터베이스 서버, 로드 밸런서, 공유 파일 서버)으로 구성된다. 각 계층은 독립적으로 확장될 수 있으며 데이터베이스 계층은 확장하기 가장 어려운 계층이다. 효율적인 데이터베이스 확장을 위한 접근법은 마스터-슬레이브 복제master-slave replication[1]를 사용하는 것이다. 마스터 노드는 데이터를 읽고 쓸 수 있으며, 슬레이브 노드는 데이터를 읽을 수만 있다. 로드 밸런서는 마스터 노드들에 부하를 분산하여 최적의 성능을 보장한다.

또 다른 모범 사례들에는 데이터베이스 최적화와 비동기 처리를 포함된다. 인덱싱, 쿼리 최적화, 데이터베이스 샤딩database sharding 또는 파티셔닝partitioning 도입을 통한 데이터베이스 성능 최적화는 여러 서버 사이에 데이터를 분산해 성능과 확장을 개선한다. 비동기와 메시지 쿼리를 사용해 백그라운드에서 시간이 소요되는 태스크를 처리해 병목을 예방하고 애플리케이션 성능을 개선할 수 있다.

11.3 쿠버네티스와 도커는 어디에 적합한가?

이번 장 앞쪽에서 쿠버네티스와 도커에 관해 간략하게 언급했다. 하지만 이 두 플랫폼들에 관해 조금 더 자세히 다룰만한 가치가 있다. 이 플랫폼들은 주로 컨테이너화와 오케스트레이션을 촉진

---

1   https://www.enjoyalgorithms.com/blog/master-slave-replication-databases

함으로써 확장 가능한 웹 아키텍처를 만들고 관리하는 데 핵심적인 역할을 한다.

도커

도커Docker[2]는 오픈소스 플랫폼으로 컨테이너 안에서 애플리케이션의 생성, 배포, 실행 프로세스를 단순화한다.

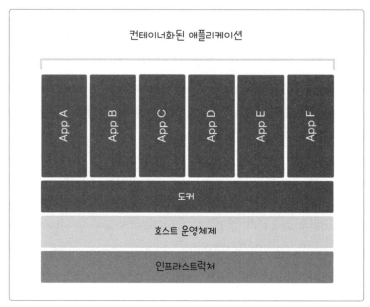

그림 11-3 도커를 사용해 컨테이너화한 애플리케이션의 다이어그램[3]

컨테이너는 애플리케이션과 그 의존성을 함께 패키징하며, 이를 통해 모든 환경에서 이들이 일관성 있게 실행됨을 보장한다. 이 접근법은 애플리케이션의 이식성portability, 효율성, 관리 가용성을 개선하며 쉽게 복잡한 웹 애플리케이션을 구축하고 확장하도록 돕는다.

도커가 제공하는 이점은 다음과 같다는 다음 이점을 제공한다.

1. **이식성**: 도커 컨테이너는 다양한 환경에서 일관성 있게 실행할 수 있으므로 "제 머신에서는 작동하는데요?" 문제를 줄인다.
2. **격리**: 컨테이너는 애플리케이션과 그 의존성을 캡슐화하고 충돌을 최소화하고 보안을 개선한다.

---

2 https://docs.docker.com/get-started/overview/

3 https://www.docker.com/resources/what-container/

3. **리소스 효율**: 컨테이너는 호스트 운영체제의 커널을 공유하고 가상 머신보다 더 적은 리소스를 소비함으로써 보다 나은 리소스 활용을 가능하게 한다.

4. **버전 관리 및 컴포넌트 재사용**: 도커 이미지는 버전 관리와 공유를 쉽게 할 수 있으므로 코드 재사용과 단순한 애플리케이션 관리를 가능하게 한다.

5. **생태계와 커뮤니티**: 도커는 수많은 도구와 통합을 제공하는 생태계와 함께 대규모의 활동적인 커뮤니티를 갖고 있다.

도커 사용과 관련된 몇 가지 어려움도 있다.

1. **학습 곡선**: 도커를 사용하기 위해서는 새로운 개념과 명령어를 학습해야 하며 일부 개발자들은 다소 어려움을 느낄 수도 있다.

2. **제한된 윈도우 지원**: 도커는 윈도우 컨테이너를 지원하기는 하지만 리눅스 컨테이너에 비해 그 기능 셋이 충실하지 않다.

3. **보안 우려**: 루트 권한으로 컨테이너를 실행하거나 오래된 이미지를 사용하면 애플리케이션이 보안 리스크에 노출될 수 있다.

쿠버네티스

쿠버네티스Kubernetes[4]는 오픈소스 컨테이너 오케스트레이션 플랫폼이며 컨테이너화한 애플리케이션의 배포, 확장, 관리를 자동화한다. 쿠버네티스는 도커 및 다른 컨테이너화 기술들과 함께 작동하도록 설계되었다.

쿠버네티스는 다음을 촉진함으로써 확장 가능한 웹 아키텍처를 향상할 수 있다.

1. **확장성**: 쿠버네티스는 컨테이너화한 애플리케이션 관리와 확장을 단순화함으로써 증가된 요청을 쉽게 처리할 수 있다.

2. **높은 가용성**: 쿠버네티스는 실패한 컨테이너를 자동으로 찾아내고 대체할 수 있으며 높은 가동 시간과 탄력성을 보장한다.

3. **로드 밸런싱과 서비스 디스커버리**: 쿠버네티스는 컨테이너화한 애플리케이션에 대한 내장 로드 밸런싱 및 서비스 디스커버리 기능을 제공한다.

4. **롤링 업데이트와 롤백**: 쿠버네티스는 최소한의 다운타임으로 매끄러운 애플리케이션 업데이트와

---

[4] https://kubernetes.io/ko/

롤백을 지원한다.

5. **확장성**: 쿠버네티스는 커스텀 리소스와 서드파티 플러그인을 사용해 특정한 니즈에 적합하게 확장할 수 있다.

쿠버네티스는 다음과 같은 잠재적인 단점을 갖고 있다.

1. **복잡성**: 쿠버네티스는 학습 곡선이 가파르다. 특히 컨테이너화의 개념에 익숙하지 않은 이들에게는 설정과 구성이 매우 복잡할 수 있다.

2. **리소스 오버헤드**: 쿠버네티스 클러스터는 컨트롤 플레인 컴포넌트control plane component[5]를 위한 추가 리소스를 요구한다. 이는 인프라스트럭처 비용 증가로 이어질 수 있다.

3. **상태를 갖는**stateful **애플리케이션에 대한 지원 제한**: 쿠버네티스도 `StatefulSets`[6]를 통해 상태를 갖는 애플리케이션에 대한 지원을 개선했지만, 상태를 갖지 않는 애플리케이션에 비해 여전히 관리하기 어렵다.

요약하면 도커와 쿠버네티스는 확장성 있는 웹 아키텍처 구현과 관련해 많은 이점을 제공한다. 그러나 동시에 몇 가지 복잡성과 잠재적인 단점도 갖고 있다. 개발자와 팀은 그들이 가진 구체적인 니즈와 요구사항을 세심하게 고려한 뒤 이 기술들의 도입 여부를 결정해야 한다.

11.4 Vercel과 Netlify 같은 기술은 어디에 적합한가?

Vercel[7]과 Netlify[8]는 AWS와 GCP 위에 구축된 플랫폼으로 프런트엔드 웹 애플리케이션을 위한 호스팅 및 배포 솔루션 제공에 특화되어 있으며 확장 가능한 웹 아키텍처에 적합하다. 이들을 사용하면 **특히 정적 사이트와 서버리스 기능에 대한 배포 및 확장 프로세스를 상당히 단순화할 수 있다.**

Vercel, Netlify 같은 도구들은 다양한 방법을 통해 확장 가능한 웹 아키텍처를 구축하고 유지하는 데 기여한다.

---

5   https://kubernetes.io/ko/docs/concepts/overview/components/#컨트롤-플레인-컴포넌트
6   https://kubernetes.io/ko/docs/concepts/workloads/controllers/statefulset/
7   https://vercel.com/
8   https://www.netlify.com/

1. **단순화된 배포**: Vercel과 Netlify는 배포 프로세스를 단순화함으로써 개발자들은 쉽게 코드를 깃 저장소에 푸시해 애플리케이션을 자동으로 구현하고 배포할 수 있다.

2. **서버리스 기능**: 두 플랫폼 모두 서버리스 기능을 지원하므로 개발자들은 내부 인프라스트럭처를 관리하지 않고도 백엔드 코드를 작성할 수 있다. 서버리스 기능은 요청 수에 따라 자동으로 확장되며 백엔드 태스크 처리를 위한 확장 가능한 해결책을 제공한다.

3. **글로벌 CDN**: Vercel과 Netlify는 애플리케이션을 글로벌 CDN에 걸쳐 분산시키기 때문에 전 세계 사용자에게 빠른 로딩 시간과 더 나은 성능을 보장한다. 또한 부하를 분산함으로써 호스팅하는 애플리케이션의 확장성을 개선한다.

4. **자동 스케일링**: 두 플랫폼 모두 요청에 따라 자동으로 애플리케이션을 확장하므로 애플리케이션은 수동 조작을 하지 않아도 증가된 트래픽을 처리할 수 있다.

5. **지속적 통합 및 지속적 배포**: Vercel과 Netlify는 내장된 지속적 통합과 지속적 배포CI/CD 파이프라인을 제공하며, 개발자들은 이를 활용해 손쉽게 애플리케이션에 업데이트를 푸시 할 수 있다.

6. **커스텀 도메인과 HTTPS**: 두 플랫폼 모두 커스텀 도메인 구성과 자동 HTTP 인증 관리를 제공하므로 애플리케이션 보안 설정 프로세스를 단순화할 수 있다.

Vercel과 Netlify는 이러한 기능들을 제공하므로 개발자들은 애플리케이션을 보다 효율적으로 실행하고 확장할 수 있다. 기반이 되는 AWS 또는 GCP 인프라스트럭처는 매우 강건하고 신뢰할 수 있고, Vercel과 Netlify는 이들 클라우드 서비스와의 상호작용을 쉽게 만들어주는 개발자 친화적인 계층을 제공한다. 따라서 프런트엔드 애플리케이션, 정적 사이트, 서버리스 기능에 매우 적합하다.

Vercel과 Netlify가 제공하는 여러 장점에도 불구하고 때로는 애플리케이션이 매우 복잡해 기반 인프라스트럭처를 더 많이 제어해야 할 때도 있다. 이런 경우에는 도커와 쿠버네티스 같은 컨테이너화 및 오케스트레이션 플랫폼을 AWS, 구글 클라우드, 마이크로소프트 애저 같은 클라우드 공급자와 함께 사용하는 것이 더욱 적합할 수 있다.

그림 11-4 vercel.com 홈페이지

11.5 정리

이번 장에서는 증가하는 요청에 따라 확장할 수 있는 시스템을 구축하는 중요성을 강조하고자 했다. 확장성은 사용자 기반이 늘어나고 트래픽이 증가하더라도 웹 애플리케이션이 계속해서 중단없이 효율적으로 작동함을 보장한다.

이번 장에서는 확장 가능한 아키텍처의 핵심 컴포넌트들에 관해 살펴봤다. 책에서 살펴본 항목들은 확장 가능한 웹 아키텍처를 만드는 일부 요소에 지나지 않는다는 점을 주지해야 한다. 자동화 테스팅, 지속적 통합, 지속적 배포 같은 다른 중요한 측면들도 애플리케이션이 확장할 때 건강과 성능을 유지하게 하기 위해 고려해야 한다.

이 주제에 관해 보다 자세히 알고 싶다면 구글 클라우드의 <확장 가능하고 복원력이 우수한 앱 패턴>,[9] 심폼Simform의 <How to Build a Scalable Application up to 1 Million Users on AWS>[10]를 읽어보자.

---

9   https://cloud.google.com/architecture/scalable-and-resilient-apps?hl=ko

10   https://www.simform.com/blog/building-scalable-application-aws-platform/

CHAPTER 12

테스팅

소프트웨어 개발에서 테스팅은 시스템 혹은 그 컴포넌트를 평가하는 프로세스이며, 이를 통해 이들이 명시된 요구사항을 만족하는지 결정한다. 테스팅의 목적은 애플리케이션이 기대한 대로 작동하고 모든 기능적/비기능적 요구사항을 만족함을 보장하는 것이다. **다시 말해, 테스팅은 소프트웨어가 해야 할 일을 하고 있는지 확인하는 방법이다.**

대규모 리액트 자바스크립트 애플리케이션에서 테스팅은 매우 중요하다. 큰 애플리케이션들은 복잡하며 디버그하기 어렵기 때문이다. 테스팅은 개발 프로세스 조기에 버그를 잡아낼 수 있게 도와주며, 버그가 심각한 이슈를 일으키기 전에 쉽게 수정할 수 있게 한다.

추가로 테스팅이 지속적 통합 파이프라인(즉, 코드 변경을 자동으로 빌드, 테스트, 배포하는 프로세스)의 일부라면 모든 코드 변경을 완전히 테스트한 뒤 기본 브랜치에 병합하거나 프로덕션에 배포할 수 있다. 이를 통해 버그 또는 다른 이슈들이 프로덕션 환경을 방해할 리스크를 줄일 수 있고, 동시에 수동 테스팅이나 버그 수정에 드는 시간과 노력을 아낄 수 있다.

넷플릭스에서 일하는 동안 테스팅에 관해 많은 것을 배웠다. 그중 한 가지는 테스팅이 그저 코드에 관한 것뿐만 아니라 그 자체가 문화라는 것이다. 엔지니어링 아이디어에 테스팅을 구축해야만 한다. 여러분이 실수할 것임을 이해하라. 그 실수를 막는 방법의 하나가 테스트를 작성하는 것이다.

문화적 측면 이외에 또 다른 한 가지는 여러분은 응집된 도구 셋을 가져야 한다는 것이다. 넷플릭스에 처음 합류했을 때 단위 테스트가 모든 곳에 존재했다. Jest, Mocha 테스트가 존재했고,

내 기억으로는 약간의 Enzyme 테스트도 있었다.

이제는 일련의 통일된 테스트 작성을 위한 표준 셋이 있으며 이는 사람들을 돕는다. 사람들이 편안함을 느끼고 이미 친숙한 방법을 사용해 테스트를 작성하도록 하기 원하는 측면도 더러 있지만, 정기적인 관점에서 봤을 때는 테스트 작성을 위한 하나의 표준을 마련하고 거기에 모든 사람을 맞추는 것이 훨씬 낫다. 그리고 그것을 문화의 일부로 만들라. 모든 PR 체크를 할 때마다 이렇게 말하라. "이 코드를 위한 테스트는 작성했어? 이 코드를 위한 테스트는 왜 없는 거지?" 바로 이것이 내가 테스팅에서 거둔 가장 큰 성공이다. 결국 이는 두 가지 측면으로 생각할 수 있다. 한 가지는 문화적 측면, 다른 한 가지는 응집된 도구 셋의 측면이다.

— **젬 영**Jem Young[1]

규모에 관계없이 리액트 애플리케이션의 신뢰성과 기능을 보장하기 위해서는 다양한 유형의 테스팅을 활용해야 한다. 이는 단위 테스팅, 엔드-투-엔드 테스팅, 통합 테스팅, 스냅숏 테스팅 등을 포함한다. 이번 장에서는 각 테스트의 유형, 목적, 리액트 애플리케이션에서 구현 방법 등에 관해 살펴본다.

12.1 단위 테스트

단위 테스트unit test**는 애플리케이션의 (나머지 코드베이스와 격리된) 개별 컴포넌트 또는 기능 검증에 초점을 둔다.** 단위 테스트는 각 컴포넌트 혹은 함수가 기대한 대로 작동하며 그 기능 요구사항을 만족시키는지 검증한다.

Jest[2]와 React Testing Library[3]는 단위 테스트를 작성하고 실행하는 도구로 많이 권장된다.

- **Jest**: 잘 알려진 자바스크립트 테스팅 프레임워크이며 이를 사용하면 리액트 애플리케이션을 위한 테스트를 쉽게 작성하고 실행할 수 있다. Jest는 모킹mocking, 코드 커버리지code coverage, 병렬 테스트 실행parallel test execution 등 유용한 여러 기능을 제공한다.
- **React Testing Library**: 리액트 컴포넌트 테스팅에 특화된 경량 라이브러리이다. 구현 세부 사항보다 사용자의 경험에 초점을 둔 테스트를 효과적으로 작성할 수 있다.

---

1 https://twitter.com/JemYoung
2 https://jestjs.io/
3 https://testing-library.com/react

간단한 예시를 통해 리액트 애플리케이션에서의 단위 테스트 작성 방법을 알아보자. 하나의 Counter 컴포넌트를 가지고 있다고 가정하자. 이 컴포넌트를 사용자와 버튼의 상호작용에 기반해 숫자를 증가 또는 감소시킨다.

Counter 컴포넌트

```jsx
import React, { useState } from 'react';

const Counter = () => {
  const [count, setCount] = useState(0);

  const increment = () => {
    setCount(count + 1);
  };

  const decrement = () => {
    setCount(count - 1);
  };

  return (
    <div>
      <button onClick={decrement}>-</button>
      <span>{count}</span>
      <button onClick={increment}>+</button>
    </div>
  );
};

export default Counter;
```

이 컴포넌트를 격리한 상태로 테스트하고 싶다면 다음을 확인하는 테스트 작성을 고려할 수 있다.

- count 값은 span 요소 안에서 올바르게 표시되며 초깃값은 0이다.
- count 값은 [+] 버튼을 클릭했을 때 1 증가한다.
- count 값은 [-] 버튼을 클릭했을 때 1 감소한다.

Jest를 사용하는 별도의 Counter.test.tsx 파일의 describe()와 it() 블록 안에 앞의 테스트를 위한 구조를 만들 수 있다.

Counter.test.tsx 파일

```jsx
import React from 'react';
```

```
describe('Counter component', () => {
  it('initial count is 0', () => {
    // ...
  });

  it('increases count on "+" button click', () => {
    // ...
  });

  it('decreases count on "-" button click', () => {
    // ...
  });
});
```

React Testing Library가 제공하는 유틸리티 기능들을 사용하면, 우리는 마치 사용자처럼 리액트 컴포넌트와 상호작용할 수 있다. 이 함수들은 클릭, 타이핑, 스크롤 같은 사용자 이벤트를 시뮬레이션해 이 이벤트들에 대해 컴포넌트가 올바르게 작동하는지 확인할 수 있다.

첫 번째 테스트에서는 queryByText()[4] 유틸리티 메서드를 사용해서 count 값을 표시하는 span 요소를 찾아 초깃값이 0인지 확인한다. 확인을 위해 Jest의 expect()[5] 헬퍼를 사용할 수 있다. 해당 요소를 찾고 null이 아닌지(즉, 요소가 값을 갖는지) 확인한다.

count 초깃값이 0인지 테스트하기

```
import React from 'react';
import { render } from '@testing-library/react';
import Counter from './Counter'

describe('Counter component', () => {
  it('renders with initial count of 0', () => {
    const { getByText } = render(<Counter />);
    expect(getByText('0')).not.toBeNull();
  });

  // ...
});
```

---

4   https://testing-library.com/docs/queries/bytext/

5   https://jestjs.io/docs/expect

다른 테스트에서는 React Testing Library의 `fireEvent()`[6] 메서드를 사용해 [+] 버튼과 [-] 버튼을 클릭하는 사용자 행동을 시뮬레이션한 뒤 Counter 컴포넌트가 각 조건에서 어떻게 작동하는지 확인한다.

count 증가 및 감소에 관한 테스팅

```
import React from 'react';
import {
  render,
  fireEvent
} from '@testing-library/react';
import Counter from './Counter'

describe('Counter component', () => {
  it('renders with initial count of 0', () => {
    const { getByText } = render(<Counter />);
    expect(getByText('0')).not.toBeNull();
  });

  it('increases count on "+" button click', () => {
    const { getByText } = render(<Counter />);
    const incrementButton = getByText('+');

fireEvent.click(incrementButton);
    expect(getByText('1')).not.toBeNull();
  });

  it('decreases count on "-" button click', () => {
    const { getByText } = render(<Counter />);
    const decrementButton = getByText('-');

fireEvent.click(decrementButton);
    expect(getByText('-1')).not.toBeNull();
  });
});
```

모든 테스트가 성공하면 이 컴포넌트가 의도한 대로 작동한다고 확신할 수 있다.

대규모 리액트 애플리케이션에서 비동기 동작(예를 들면 API로부터 데이터 가져오기 혹은 지연이 있는 사용자 입력 처리하기 등), 콘텍스트 혹은 리덕스 스토어에 의존하는 컴포넌트를 테스트해야 하는 보다 복잡한 시나리오를 테스트해야 할 때가 있다. 하지만 테스트의 기본적인 형태는 Counter 예시

---

6 https://testing-library.com/docs/dom-testing-library/api-events/

의 그것과 비슷할 것이다. 우리는 여전히 React Testing Library가 제공하는 유틸리티 함수를 사용해서 컴포넌트를 렌더링하고 그 컴포넌트와 상호작용해야 한다. 이상적으로는, 잘 알려져 있는 정리, 동작, 확인 패턴을 따라 테스트를 수행하게 될 것이다.

정리, 동작, 확인

정리, 동작, 확인 패턴arrange, act, assert pattern은 단위 테스트를 명확하고 간결한 형태로 구조화하기 위해 널리 받아들여지는 접근법이다. 이 패턴은 테스트 프로세스를 다음의 세 단계로 나눈다.

1. **정리**: 이 단계에서는 테스트 대상 컴포넌트 혹은 시스템의 초기 단계를 설정한다. 특정 props를 사용해 컴포넌트를 렌더링하거나, 목 객체를 만들거나, 필요한 의존성들을 초기화한다.

2. **동작**: 이 단계에서는 동작을 수행하거나 사용자 상호작용 또는 시스템 운영을 시뮬레이션하는 이벤트를 트리거한다. 이 동작에는 클릭이나 키 입력, 함수 호출, 컴포넌트 상태 업데이트 같은 이벤트를 트리거하는 것 등이 포함된다.

3. **확인**: 마지막 단계에서는 이전 단계에서 동작을 수행한 뒤 컴포넌트나 함수가 기대한 대로 작동했는지 확인한다. 어서션assertion을 사용해서 특정한 조건이 참true을 유지하는지 확인한다. 예를 들면 어떤 요소가 DOM 안에 존재하는지 확인하거나, 업데이트된 상탯값을 기대 결과와 비교하거나, 특정 함수가 적절한 인수와 함께 호출되었는지 검증한다.

정리, 동작, 확인 패턴을 `Counter` 컴포넌트 테스트에 적용하면 다음과 같다.

정리, 동작, 확인 패턴을 Counter 컴포넌트 테스트에 적용하기

```
import React from 'react';
import {
  render,
  fireEvent
} from '@testing-library/react';
import Counter from './Counter'

describe('Counter component', () => {
  it('renders with initial count of 0', () => {
    // 정리
    const { getByText } = render(<Counter />);

    /*
      동작 - 초기 렌더링을 테스트하므로 아무런 동작이 필요하지 않다.
    */
```

```
    // 확인
    expect(getByText('0')).not.toBeNull();
  });

  it('increases count on "+" button click', () => {
    // 정리
    const { getByText } = render(<Counter />);
    const incrementButton = getByText('+');

    // 동작
    fireEvent.click(incrementButton);

    // 확인
    expect(getByText('1')).not.toBeNull();
  });

  it('decreases count on "-" button click', () => {
    // 정리
    const { getByText } = render(<Counter />);
    const decrementButton = getByText('-');

    // 동작
    fireEvent.click(decrementButton);

    // 확인
    expect(getByText('-1')).not.toBeNull();
  });
});
```

12.2 엔드-투-엔드 테스트

단위 테스트와 달리, **엔드-투-엔드 테스트**end-to-end test, E2E test**는 여러 컴포넌트와 서비스에 걸쳐 발생하는 실세계의 사용자 상호작용을 시뮬레이션해 애플리케이션의 완전한 기능을 평가한다.** 엔드-투-엔드 테스트는 프런트엔드, 백엔드, 외부 시스템과의 모든 통합을 포함한 모든 시스템이 사용자의 관점에서 기대한 대로 작동함을 보장한다.

Cypress[7]는 잘 알려진 웹 애플리케이션용 엔드-투-엔드 테스팅 도구로 테스트를 작성하고 실행하는 데 필요한 강건한 기능 셋을 제공한다. Cypress는 사용자 상호작용을 시뮬레이션 할 수 있는 직관적인 API, 실시간 재로딩, 시간을 오가며 디버깅할 수 있는 기능을 제공한다.

---

7 https://www.cypress.io/

업데이트된 counter 예시

Cyprees를 사용해 리액트 애플리케이션을 위한 엔드-투-엔드 테스트를 작성하는 방법을 확인하자. 여기에서는 업데이트한 counter 컴포넌트 예시를 사용한다. 이 컴포넌트 버전의 리액트 애플리케이션은 2개의 다른 라우트, 즉 인덱스 라우트(/)와 /counter 라우트를 갖는다.

메인 App 컴포넌트

```
import React from "react";
import {
  BrowserRouter as Router,
  Route,
  Switch,
} from "react-router-dom";
import HomePage from "./HomePage";
import CounterList from "./CounterList";

function App() {
  return (
    <Router>
      <Switch>
        <Route
          exact
          path="/"
          component={HomePage}
        />
        <Route
          path="/counter"
          component={CounterList}
        />
      </Switch>
    </Router>
  );
}

export default App;
```

/ 라우트는 HomePage 컴포넌트를 표시한다. 이 컴포넌트 환영 메시지와 하나의 링크를 갖고 있으며, 이 링크를 클릭하면 사용자를 /counter로 리다이렉트한다.

HomePage 컴포넌트

```
import React from "react";
import { Link } from "react-router-dom";
```

```
                        </h1>
                        ter</Link>
    </d
);

export default
```

/counter 라우트는 상위 컴포넌트(CounterList)를 포함하여, 이 상위 컴포넌트는 API로부터 아이
템 목록을 가져온 뒤 각 아이템을 하위 컴포넌트(Counter)로서 렌더링한다. 각 Counter 컴포넌트
는 그 count 속성을 증가 또는 감소시킬 수 있으며, 이 조작 내용은 서버에 유지되고 클라이언트
와 동기화된다.

CounterList 컴포넌트
```
import React, {
  useState,
  useEffect,
} from "react";
import Counter from "./Counter";

const CounterList = () => {
  const [items, setItems] = useState([]);

  useEffect(() => {
    fetch("/api/items")
      .then((response) => response.json())
      .then((data) => setItems(data));
  }, []);

  return (
    <div>
      <h1>Counter List</h1>
      {items.map((item) => (
        <Counter key={item.id} item={item} />
      ))}
    </div>
  );
};

export default CounterList;
```

Counter 컴포넌트

```jsx
import React, { useState } from "react";

const Counter = ({ item }) => {
  const [count, setCount] = useState(item.count);

  const updateCount = (change) => {
    fetch(`/api/items/${item.id}`, {
      method: "PUT",
      headers: {
        "Content-Type": "application/json",
      },
      body: JSON.stringify({
        count: count + change,
      }),
    })
      .then((response) => response.json())
      .then((updatedItem) => {
        setCount(updatedItem.count);
      });
  };

  return (
    <div>
      <h3>{item.name}</h3>
      <div>
        Count:{" "}
        <span className="count">{count}</span>
      </div>
      <button
        className="increment"
        onClick={() => updateCount(1)}
      >
        +
      </button>
      <button
        className="decrement"
        onClick={() => updateCount(-1)}
      >
        -
      </button>
    </div>
  );
};
```

이 시나리오에 관한 엔드-투-엔드 테스트를 설정할 때는 다음을 수행할 수 있다.

1. 인덱스 라우트와 /counter 라우트 모두에 대해 Cypress 테스트 파일을 만든다.

2. 인덱스 라우트에 대해 사용자가 링크나 버튼을 클릭했을 때 해당 라우트가 사용자를 /counter 로 리다이렉트하는지 확인한다.

3. /counter 라우트에 대해 데이터 가져오기, count 값 증가/감소하기, 변경 사항을 서버에 저장하기, 클라이언트와 업데이트 동기화하기 같은 사용자 상호작용을 시뮬레이션 하는 테스트를 작성한다.

엔드-투-엔드 테스팅 시나리오에서는 개별 함수나 컴포넌트를 격리한 상태에서 테스트하는 것이 아니라 어떻게 하면 애플리케이션 전체(즉, 한쪽 끝에서 다른 쪽 끝까지)를 테스트할 수 있을지 생각해야 한다. 우리가 만드는 엔드-투-엔드 테스트는 컴포넌트와 API 서비스 사이의 통합 및 전체적인 사용자 경험에 초점을 두어야 한다.

/ 라우트 테스트하기

가장 먼저 인덱스 라우트(/)에 관한 테스트를 작성한다. 이 테스트에서는 링크를 클릭했을 때 사용자를 /counter 라우트로 리다이렉트하는지 확인한다. Jest와 마찬가지로 Cypress를 사용하면 **테스트를 describe()와 it() 블록 안에 조직화할 수 있다.**[8]

/ 라우트 테스트하기

```
describe('/', () => {
  beforeEach(() => {
    cy.visit('/');
  });

  it('redirects to /counter on link click', () => {
    cy.get('a').click();
    cy.url().should('include', '/counter');
  });
});
```

beforeEach 훅은 describe 블록의 각 테스트가 시작되기 전에 실행된다. Cypress 명령어인 cy.visit('/')[9]는 브라우저에게 웹 애플리케이션의 인덱스 라우트(/)를 탐색하게 한다. 이 설정은 스위트의 모든 테스트가 인덱스 라우트에서 시작되는 것을 보장한다.

---

8   https://docs.cypress.io/guides/core-concepts/writing-and-organizing-tests#Test-Structure
9   https://docs.cypress.io/api/commands/visit

테스트 함수에서 `cy.get()`[10] 함수를 사용해서 해당 함수가 페이지에서 찾아낸 첫 번째 앵커 태그 (`<a>`)를 선택했다. 이 앵커 태그는 'Go to Counter' 링크일 것이라 가정된 것이다. `click()`[11]은 선택된 요소에 대해 클릭 이벤트를 시뮬레이션하는 명령어이다.

`cy.url()`[12]를 사용해 브라우저의 현재 URL을 추출하고 해당 URL이 문자열 `/counter`를 포함하고 있는지 확인한다. 이것은 페이지의 링크를 클릭한 뒤 애플리케이션이 의도한 대로 `/counter` 라우트를 탐색했는지 확인한다.

/counter 라우트 테스트하기

`/counter` 라우트를 테스트하기 위해 API로부터 데이터 가져오기, `count` 값 증가 및 가소하기, 변경 사항을 서버에 저장하기, 업데이트 내용을 클라이언트와 동기화하기를 테스트할 것이다. `/counter` 라우트에 먼저 방문한 뒤 모든 테스트가 실행되도록 설정한다.

/counter 라우트에 대한 테스트 설정하기

```
describe('/counter', () => {
  beforeEach(() => {
    cy.visit('/counter');
  });

  // ...
});
```

`/counter` 라우트에 표시된 컴포넌트는 API와 상호작용해서 서버로부터 데이터를 가져오거나 사용자가 적절한 버튼을 클릭했을 때 해당 데이터를 업데이트한다. Cypress에서 테스트를 실행할 때 테스트가 실제로 서버에 연결되는지 확인하거나 이 요청을 스텁stub 혹은 목mock으로 만들 수 있다. 각 옵션의 장단점은 다음과 같다.

- **실제 API 요청**: 테스트에서 실제 API 요청을 사용해 테스트가 정확하게 애플리케이션의 실제 행동을 실제 환경에서 시뮬레이션하는 것을 보장할 수 있다. 하지만 이 접근법은 네트워크 이슈 혹은 외부 의존성으로 인해 테스트 속도를 느리게 하거나 테스트가 안정적이지 못하게 만들 수 있다.

---

10 https://docs.cypress.io/api/commands/get
11 https://docs.cypress.io/api/commands/click
12 https://docs.cypress.io/api/commands/url

- **스텁/목 API 응답**: 스텁 혹은 목 API 응답을 사용하면 테스트를 보다 빠르고 안정적으로 실행할 수 있다. 테스트가 네트워크 지연, 서버 가용성 같은 외부 요소에 의존하지 않기 때문이다. 하지만 이 접근법은 애플리케이션이 실제 API와 상호작용할 때의 동작을 완전히 나타내지 못하기 때문에 스텁이나 목이 실제 API를 정확하게 모방하게 해야 한다.

Cypress가 제공하는 네트워크 요청 가이드 문서[13]는 애플리케이션의 크리티컬 패스(예: 로그인, 회원 등록, 결제 등)를 테스트할 때는 반드시 실제 API 요청을 사용하되 너무 많이 사용하지 말라고 권장한다. 크리티컬 패스가 아닌 경우에는 대부분의 테스트에서 스텁 API 응답을 사용해야 한다.

다음 절에서는 API 요청을 스텁 또는 목으로 만드는 것의 이점에 관해 살펴볼 것이다. 그러나 여기에서는 우선 테스트 시 API에 실제 요청을 사용한다고 가정하자.

/counter에 대한 GET 요청을 스텁으로 만들기

```
describe('/counter', () => {
  beforeEach(() => {
    cy.intercept('GET', '/api/items', [
      { id: 1, name: 'Item 1', count: 0 },
      { id: 2, name: 'Item 2', count: 0 },
    ]);
    cy.visit('/counter');
  });

  // ...
});
```

앞의 예시에서는 `cy.intercept()`[14]를 사용해서 /api/items 엔드포인트에 대해 만들어진 GET 요청을 가로챈 뒤, 응답으로서 미리 정해진 배열을 반환하게 했다. 이런 방식으로 테스트를 하는 동안 counter 컴포넌트에 표시되는 데이터를 통제한다.

beforeEach 훅을 설정한 상태에서 /counter 라우트에 대한 몇 가지 테스트를 작성할 수 있다. 다음을 테스트한다.

- counter 리스트는 올바르게 데이터를 가져오고 표시한다.
- 아이템 리스트를 가져온 뒤, 올바른 버튼을 클릭했을 때 각 아이템의 count 값을 증가/감소시킬 수 있다.

---

13 https://docs.cypress.io/guides/guides/network-requests
14 https://docs.cypress.io/api/commands/intercept

먼저 가져온 데이터가 페이지에 올바르게 표시되는지 확인하는 테스트를 작성한다. `cy.get()` 유틸리티를 사용해서 count 클래스의 모든 요소를 선택한 뒤(이들은 표시된 각 counter의 count 값과 일치해야 한다), 이 중 2개의 요소가 존재하고 이들의 텍스트 콘텐츠가 기대한 결과와 일치하는지 확인한다.

/counter 라우트에서의 데이터 가져오기 및 표시 테스트하기

```
describe('/counter', () => {
  beforeEach(() => {
    cy.intercept('GET', '/api/items', [
      { id: 1, name: 'Item 1', count: 0 },
      { id: 2, name: 'Item 2', count: 0 },
    ]);
    cy.visit('/counter');
  });

  it('displays counters fetched from API', () => {
    cy.get('.count').should(($counts) => {
      expect($counts).to.have.length(2);
      expect($counts.eq(0)).to.contain.text('0');
      expect($counts.eq(1)).to.contain.text('0');
    });
  });

  // ...
});
```

다음 테스트에서는 첫 번째 counter 요소의 증가 버튼 클릭 동작을 시뮬레이션한다. `cy.get()`을 사용해서 increment 클래스의 모든 요소를 선택한 뒤 `first()`를 호출해 컬렉션의 첫 번째 요소를 특정한다.

/counter 라우트에서 증가 기능 테스트하기

```
describe("/counter", () => {
  beforeEach(() => {
    cy.intercept('GET', '/api/items', [
      { id: 1, name: 'Item 1', count: 0 },
      { id: 2, name: 'Item 2', count: 0 },
    ]);
    cy.visit("/counter");
  });

  it("displays counters fetched from API", () => {
```

```
      cy.get(".count").should(($counts) => {
        expect($counts).to.have.length(2);
        expect($counts.eq(0)).to.contain.text("0");
        expect($counts.eq(1)).to.contain.text("0");
      });
    });

    it("increases count on increment click", () => {
      const updatedItem = {
        id: 1,
        name: "Item 1",
        count: 2,
      };

      cy.get(".increment").first().click().click();

      cy.get(".count")
        .first()
        .should("contain.text", updatedItem.count);
    });

    // ...
  });
```

앞의 테스트에서 `/api/items/`에 대한 `PUT` 요청을 스텁으로 만들고 해당 요청의 페이로드의 업데이트된 `count` 속성이 증가된 값을 포함하는지 확인한다. 다음으로 `first().click().click()`을 사용해 첫 번째 증가 버튼을 두 번 클릭한 동작을 시뮬레이션한 뒤, 표시된 첫 번째 `counter`의 `count` 값이 기대한 대로 증가했는지 확인한다.

`/counter` 라우트에 대해 감소 기능에 대한 유사한 테스트를 작성함으로써 테스트를 완료할 수 있다.

/counter 라우트에서 감소 기능 테스트하기

```
describe("/counter", () => {
  beforeEach(() => {
    cy.visit("/counter");
  });

  it("displays counters fetched from API", () => {
    cy.get(".count").should(($counts) => {
      expect($counts).to.have.length(2);
      expect($counts.eq(0)).to.contain.text("0");
      expect($counts.eq(1)).to.contain.text("0");
```

```
    });
  });

  it("increases count on increment click", () => {
    const updatedItem = {
      id: 1,
      name: "Item 1",
      count: 2,
    };

    cy.get(".increment").first().click().click();

    cy.get(".count")
      .first()
      .should("contain.text", updatedItem.count);
  });

  it('decreases count on decrement click', () => {
    const updatedItem = {
      id: 2,
      name: 'Item 2',
      count: -2,
    };

    cy.get('.decrement').first().click().click();

    cy.get('.count')
      .first()
      .should("contain.text", updatedItem.count);
  });
});
```

앞서 작성한 테스트와 달리 엔드-투-엔드 테스팅 접근법은 보다 통합된 관점을 요한다. 개별 함수 혹은 컴포넌트의 테스트를 고려하지 않고 전체 애플리케이션의 흐름 및 다양한 부분들 사이의 상호작용을 검증하는 데 초점을 둔다.

12.3 통합 테스트

통합 테스트integration test**에서는 일반적으로 애플리케이션의 여러 단위 혹은 컴포넌트 사이의 상호작용을 테스트하는 데 초점을 둔다.** 명확하게 정의하기는 어렵지만 통합 테스트는 단위 테스트와 엔드-투-엔드 테스트의 중간에 위치한다.

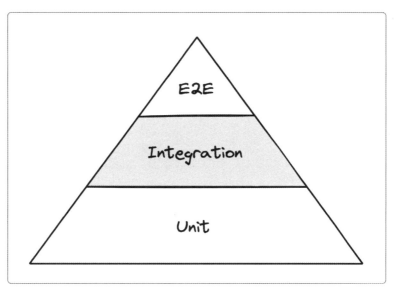

그림 12-1 **간략하게 나타낸 테스팅 피라미드**[15]

업데이트된 counter 예시를 다시 한번 보자. 이번에는 Counter 컴포넌트와 이 컴포넌트가 의존하는 API 서비스 사이의 기능을 확인하는 통합 테스트를 작성하는 방법에 관해 살펴본다. 여기에서는 사용자가 증가 버튼 혹은 감소 버튼을 클릭한 뒤 Counter 컴포넌트가 API로부터 새로운 데이터를 받아 성공적으로 마크업을 업데이트하는지 확인한다. 다음은 Jest와 React Testing Library를 사용해 이 테스트를 구현하는 의사 코드~pseudo-code~이다.

Counter 컴포넌트와 API 서비스에 대한 통합 테스팅

```
import React from "react";
import {
  render,
  fireEvent,
  waitFor,
} from "@testing-library/react";
import { Counter } from "./Counter";

// 목 API 서비스
jest.mock("./apiService", () => ({
  updateCount: jest.fn(),
}));

describe("Counter", () => {
```

---

15 https://testing.googleblog.com/2015/04/just-say-no-to-more-end-to-end-tests.html

```
test("UI updates on item count++", async () => {
  const mockData = {
    id: 1,
    name: "Item 1",
    count: 2,
  };
  const { queryByText } = render(
    <Counter
      item={{
        id: 1,
        name: "Item 1",
        count: 0,
      }}
    />,
  );

  // 증가 버튼을 클릭한다.
  fireEvent.click(queryByText("+"));

  // API 응답을 기다린다.
  await waitFor(() =>
    expect(
      require("./apiService").updateCount,
    ).toHaveBeenCalledWith(1, mockData.count),
  );

  // 새로운 데이터를 반영한 UI 업데이트를 확인한다.
  expect(
    queryByText("Count: 2"),
  ).not.toBeNull();
});
});
```

앞의 코드 예시에서 Counter 컴포넌트는 별도의 API 서비스를 통해 컴포넌트가 의존하는 서버 API
와 상호작용한다고 가정한다. 여기에서는 Jest의 mock() 함수[16]를 사용해서 기존 updateCount()
API 서비스 메서드를 모의 구현함으로써, 컴포넌트가 해당 메서드를 호출했을 때의 응답을 시뮬레
이션한다. 테스트의 나머지 부분에서는 사용자의 증가 버튼 클릭을 시뮬레이션하고, 모의 구현한
API 응답을 기다리고, 이후 컴포넌트가 새로운 데이터를 반영해 UI를 업데이트했는지 확인한다.

앞의 통합 테스트 예시에서 Counter 컴포넌트와 API의 상호작용을 테스트함으로써 기능 단위도

---

16 https://jestjs.io/docs/mock-functions

테스트했음을 주지하자. 또한 실제 API와 상호작용하는 대신 API 동작을 모의 구현했다. 이 접근법을 사용하면 외부 의존성을 포함하지 않고 UI와 API 사이의 통합을 격리할 수 있으므로 테스트의 신뢰도를 높이고 테스트에 집중할 수 있다.

우리가 테스트에서 사용한 도구는 작성하는 테스트 유형을 지시하지 않는다. 하지만 API 요청을 모의 구현하지 않고, 실제 테스트 환경을 활용하고, 테스팅을 위해 백엔드에 데이터를 주입하는 것은 보다 실질적인 엔드-투-엔드 테스팅 환경과 유사하다.

반대로 컴포넌트 사이의 상호작용을 테스트하고, API 요청을 모의 구현하고, 애플리케이션 흐름의 특정 부분에 초점을 두는 것은 통합 테스팅에 일반적으로 관련된 특성이다. 통합 테스트는 엔드-투-엔드 테스트의 충분함과 단위 테스트의 효율성의 균형을 제공하는 것을 목적으로 하며, 개별 컴포넌트가 함께 잘 작동하고 전체 애플리케이션 콘텍스트 안에서 예상한 대로 기능함을 보장한다.

대규모 리액트 애플리케이션에서는 단위 테스트, 통합 테스트, 엔드-투-엔드 테스트 중 어떤 테스트를 작성하는데 더 많은 시간을 들여야 할까? 이 질문에 관해서는 12.5절에서 살펴본다. 그에 앞서 다른 테스트 유형인 스냅숏 테스트에 관해 간단히 살펴보자.

12.4 스냅숏 테스트

스냅숏 테스트snapshot test는 특정 시점에서의 **컴포넌트의 UI 출력을 캡처하고 이를 미래의 출력과 비교**함으로써 의도하지 않은 변경이 발생하지 않았음을 보장하는 데 초점을 둔다. 이 접근법은 코드를 업데이트하거나 리팩터링할 때 발생할 수 있는 UI의 잠재적인 리그레션을 발견하는 데 유용하다.

스냅숏 테스트는 Jest를 사용해 작성할 수 있다. Jest는 컴포넌트의 렌더링한 스냅숏을 만든 뒤 이를 참조 파일로 저장한다. 간단한 `Link` 컴포넌트를 사용해 스냅숏 테스팅의 예시를 확인하자. 이 컴포넌트는 `anchor` 요소를 렌더링하고, URL(`page`)와 모든 자식 요소(`children`)를 props로 받아서 클릭 가능한 링크를 만든다.

간단한 Link 컴포넌트

```
export default function Link({
  page,
  children,
}) {
```

```
  return <a href={page}>{children}</a>;
}
```

다음은 Link 컴포넌트에 대한 스냅숏 테스트를 작성한 예시이다. Jest에서 제공하는 `react-test-renderer`[17] 패키지를 사용했다.

Link 컴포넌트에 대한 스냅숏 테스트하기

```
import renderer from "react-test-renderer";
import Link from "../Link";

it("renders correctly", () => {
  const tree = renderer
    .create(
      <Link page="http://www.facebook.com">
        Facebook
      </Link>,
    )
    .toJSON();
  expect(tree).toMatchSnapshot();
});
```

스냅숏 테스트를 처음 실행하면 Jest는 Link 컴포넌트의 직렬화된 출력을 포함하는 스냅숏 파일을 생성한다. 이 파일은 테스트와 함께 저장되고 미래의 테스트에 대한 참조를 제공한다.

Link 컴포넌트의 초기 스냅숏

```
exports[`renders correctly 1`] = `
<a
  href="http://www.facebook.com"
>
  Facebook
</a>
`;
```

컴포넌트 출력을 변경하고 싶다고 가정하자. 컴포넌트가 테스트 시 다른 링크를 렌더링하도록 설정해 출력을 변경할 수 있다.

---

17 https://www.npmjs.com/package/react-test-renderer

다른 링크를 렌더링하도록 테스트를 업데이트하기

```
import renderer from 'react-test-renderer';
import Link from '../Link';

it('renders correctly', () => {
  const tree = renderer
    .create(
      <Link page="http://www.instagram.com">
        Instagram
      </Link>
    )
    .toJSON();
  expect(tree).toMatchSnapshot();
});
```

앞의 변경을 적용한 뒤 테스트를 실행하면 Jest는 새로운 출력과 초기 스냅숏 사이의 차이를 지적할 것이다. 이를 통해 컴포넌트의 동작에 의도하지 않은 변경이 발생했음을 알 수 있다.

링크를 업데이트한 뒤의 테스트 결과

```
FAIL src/Link.test.js
  ● renders correctly

  expect(value).toMatchSnapshot()

  Received value does not match stored snapshot ...

  - Expected
  + Received

    <a
  -   href="http://www.facebook.com"
  +   href="http://www.instagram.com"
    >
  -   Facebook
  +   Instagram
    </a>

    7 |
    8 | it("renders correctly", () => {
```

이와 같이 테스트가 실패하고, Jest가 업데이트된 출력과 저장된 스냅숏의 불일치를 식별했음을 알 수 있다. 이 변경이 의도된 것이라면 다음과 같이 스냅숏을 간단하게 업데이트할 수 있다.

Jest 스냅숏 업데이트하기

```
jest --updateSnapshot
```

스냅숏을 업데이트하면 Jest는 최신 변경을 반영해 스냅숏 참조를 업데이트한다.

업데이트된 Link 컴포넌트의 스냅숏

```
exports[`renders correctly 1`] = `
<a
  href="http://www.instagram.com"
>
  Instagram
</a>
`;
```

스냅숏 참조가 업데이트되면 이제 테스트는 성공한다.

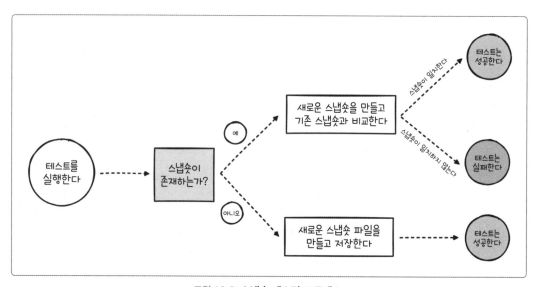

그림 12-2 **스냅숏 테스팅 프로세스**

모든 스냅숏 테스트들은 테스트가 초기 실행된 순서를 따른다. 기존 스냅숏이 주어지면 해당 스냅숏은 새로운 스냅숏과 비교되어 성공 혹은 실패 여부를 판단한다. 테스트가 실패하면 스냅숏의 차이(즉, 기대 결과와 실제 결과의 차이)가 식별되므로 스냅숏 혹은 테스트 대상 코드를 업데이트해야한다. 기존 스냅숏이 없으면 새로운 스냅숏이 만들어져 저장되고 테스트는 자동으로 성공한다.

12.5 애플리케이션을 어떻게 테스트해야 하는가?

지금까지 리액트 애플리케이션을 테스트할 때 일반적으로 작성하는 다양한 유형의 테스트에 관해 이해했다. 이를 기반으로 생각해보자. 어떤 유형의 테스트를 작성해야 하는가? 어떤 유형의 테스트를 무시해야 하는가? 얼마나 많은 테스트를 작성해야 하는가? 이런 질문들에 올바른 답은 없지만, 이번 절에서는 조금 시간을 들여 가장 최선의 결과를 얻을 수 있는 유용한 가이드라인에 관해 살펴본다.

언제 스냅숏 테스트를 작성해야 하는가?

스냅숏 테스트는 앞서 논의한 다른 유형의 테스트(즉, 단위 테스트, 통합 테스트, 엔드-투-엔드 테스트)에 비하면 다소 특이하다. 스냅숏 테스트는 UI의 일관성이 중요한 경우, 예를 들면 디자인 시스템 혹은 복잡한 시각적 세부 요소를 가진 컴포넌트를 사용하는 경우에 매우 적합하기 때문이다. 스냅숏 테스트를 작성할 때는 다음을 고려하라.

- **스냅숏 테스트는 보조적으로 작성하라:** 스냅숏 테스트는 UI 일관성을 검증하는 데 뛰어나지만 이들이 기본 테스트 방법이 되어서는 안 된다. 단위 테스트를 사용해 개별 기능과 컴포넌트를 테스트하고, 통합 테스트를 사용해 애플리케이션의 서로 다른 부분들의 상호작용을 검증하고, 엔드-투-엔드 테스트를 사용해 전반적인 사용자 경험과 기능을 확인하라.
- **스냅숏을 작게 유지하라:** 전체 페이지보다 개별 컴포넌트 테스트에 초점을 두는 편이 차이를 식별하고 해결하는 과정을 단순화할 수 있다. 작은 스냅숏은 쉽게 이해하고 유지보수 가능하며, 의도하지 않은 변경을 덜 간과하는 데 도움을 준다.
- **테스트 케이스를 문서화하라:** 가능한 한 각 스냅숏 테스트로 커버하는 테스트 케이스를 문서화하라. 이는 다른 개발자들이 해당 테스트의 목적과 스냅숏 테스트가 어떤 결과/UI를 검증하는지 이해하도록 돕는다.

100%의 코드 커버리지를 항상 목표로 해야 하는가?

코드 커버리지code coverage는 테스트로 커버된 코드베이스의 비율을 나타내는 지표이다. Jest는 기본적으로 코드 커버리지 추적을 지원한다. 보다 세세한 보고서와 추적 결과를 확인하고 싶다면 Istanbul 같은 코드 커버리지 도구를 사용할 수 있다.

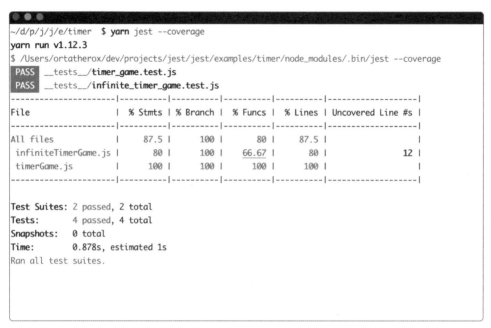

그림 12-3 Jest 코드 커버리지 예시

높은 코드 커버리지는 애플리케이션의 안정성에 관한 확신을 가질 수 있게 해준다. 그러나 **100% 의 코드 커버리지가 항상 필요한 것은 아니며 오히려 때로는 비생산적일 수 있다.** 종종 불필요한 테스트 를 작성하게 되거나 애플리케이션의 덜 중요한 부분에 집중하게 되어 가치 있는 시간과 리소스를 소비하게 되기도 한다.

사실 100%의 코드 커버리지를 달성하기 위해 무작정 노력하는 것보다는 여러분과 여러분의 팀의 입장에서 합리적으로 결정한 구체적인 커버리지 임곗값을 추구하는 것이 훨씬 바람직하다. 예를 들면 코드베이스 품질에 대한 확신을 갖기 위해 60% 혹은 80%의 코드 커버리지가 충분하다고 결정할 수도 있다.

Codecov 혹은 Coveralls 같은 도구를 사용해 시간 경과에 따른 코드 커버리지를 모니터링하고 테 스트 커버리지가 특정 임곗값보다 낮아지면 알림을 보내도록 설정하는 것도 고려하라. 이를 활용 해 여러분은 테스트의 간극을 지속적으로 인지할 수 있고 필요하다면 적극적으로 대응할 수 있다.

모든 코드를 TDD 마인드셋으로 작성해야 하는가?

테스트 주도 개발test-driven development, TDD은 코드에 대한 테스트를 작성한 **뒤에** 실제 코드를 작성 하는 개발 접근법이다. TDD는 개발 프로세스에 다음과 같은 여러 이익을 준다.

1. **개선된 코드 품질**: 테스트를 작성한 뒤 실제 코드를 작성함으로써 이른 시점부터 코드의 기대 동작과 결과에 초점을 둘 수 있다. 이는 종종 잘 정의된, 보다 강건한 코드 구현으로 이어진다.

2. **쉬운 디버깅과 유지보수**: 테스트가 실패했을 때, 기대 결과를 이미 알고 있기 때문에 쉽게 이슈를 식별하고 수정할 수 있다. 이는 장기적으로 디버깅에 소요되는 수고를 줄이고 여러분의 애플리케이션을 보다 관리 가능한 상태로 유지할 수 있다.

3. **빠른 개발**: TDD는 특정 시점에 구체적인 기능과 컴포넌트에 초점을 둠으로써 개발자들이 큰 태스크를 작고, 관리 가능한 덩어리로 나누도록 독려한다. 이는 생산성을 높이고 시간에 지남에 따라 기술 부채가 발생할 가능성을 줄인다.

이런 장점에도 불구하고 작성하는 모든 코드에 TDD를 적용하는 것은 고품질의 리액트 애플리케이션 개발에서의 엄격한 요구사항은 아니다. 여러분은 다른 테스팅 방법론을 선호할 수 있고, TDD가 기존 워크플로나 프로젝트 요구사항과 잘 맞지 않는다고 판단할 수도 있다.

단위 테스트 vs. 통합 테스트 vs. 엔드-투-엔드 테스트

어떤 유형의 테스트를 다른 유형의 테스트보다 강조해야 하는지 결정하는 문제에 올바른 답은 없다. 프로젝트 규모, 복잡성, 팀 전문성 및 가용 리소스 등 다양한 요소에 기반해 테스트 접근법을 권장하고 적용하는 다양한 테스트 전략들이 존재한다.

테스팅 피라미드testing pyramid는 마이크 콘이 《경험과 사례로 풀어낸 성공하는 애자일》(인사이트, 2012)에서 처음 소개했으며, 이후 구글의 유명한 아티클 <Just Say No to More End-to-End Tests>[18]를 통해 심도 있게 논의되었다. 앞에서도 나왔던 다음 그림에서 볼 수 있듯, 테스팅 피라미드는 단위 테스트 수가 가장 많아야 하고, 그다음으로 통합 테스트, 엔드-투-엔드 테스트 순으로 그 수가 적어야 함을 강조한다.

---

18 https://testing.googleblog.com/2015/04/just-say-no-to-more-end-to-end-tests.html

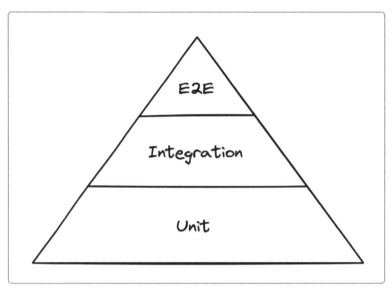

그림 12-4 **간략하게 나타낸 테스팅 피라미드**

테스팅 피라미드 접근법은 테스트 커버리지를 최대화하면서 동시에 테스팅에 들이는 시간과 리소스를 최소화하려는 접근법이다.

길레르모 라우치Guillermo Rauch는 많은 사람이 효과를 봤던 한 테스팅 전략을 "Write tests. Not too many. Mostly integration."이라고 아름답게 요약했다.[19]

이 전략에 대해 켄트 C. 도즈Kent C. Dodds는 **테스팅 트로피**testing trophy라는 이름을 붙였고[20] 라모나 슈워링Ramona Schwering은 **테스트 다이아몬드**test diamond라는 이름을 붙이기도 했다.[21]

이 테스팅 전략에서는 **통합 테스트에 더욱 초점**을 둘 것을 강조하며, 그다음으로 단위 테스트, 엔드-투-엔드 테스트 순으로 구현하라고 권장한다. 하지만 켄트 C. 도즈는 정적 타이핑(타입스크립트 같은) 사용이 타입과 관련된 에러를 예방하는 데 중요한 역할을 한다고 한층 강조한다. 이 정적 타입이 테스팅 트로피 전략의 기반이 된다.

통합 테스트의 우선순위를 높임에 따라 테스트 신뢰성과 개발 효율 사이의 균형이 깨질 수 있다. 통합 테스트를 활용하면 엔트-투-엔드 테스팅과 관련된 오버헤드를 발생시키지 않으면서도 실세계

---

19 https://twitter.com/rauchg/status/807626710350839808
20 https://kentcdodds.com/blog/write-tests
21 https://web.dev/articles/ta-strategies?hl=ko#test_diamond

의 시나리오에서 컴포넌트들이 상호작용하는 방법을 보다 종합적으로 이해할 수 있다.

앞서 설명한 두 테스트 전략에서 눈여겨 볼 점은 엔드-투-엔트 테스트를 가장 적게 작성한다는 것이다. 엔드-투-엔드 테스트는 단위 테스트나 통합 테스트에 비해 만들고 유지보수하는 데 더 많은 시간이 소요되며, 실행 시간 역시 많이 소요된다. 그렇기 때문에 엔드-투-엔드 테스트는 사용자 인증, 지불 프로세스 및 다른 중요한 경로 같은 핵심 애플리케이션 흐름에 대해서만 작성할 것이 권장된다.

여러분과 여러분의 팀이 단위 테스트에 초점을 둘 것인지, 혹은 통합 테스트에 초점을 둘 것인지는 궁극적으로 프로젝트의 구체적인 니즈와 콘텍스트, 테스팅의 깊이와 범위에 대한 팀의 선호에 달려있다.

13

툴링

적절한 **툴링**tooling 선택은 개발 워크플로 효율성과 효과에 큰 차이를 만들 수 있다. ESLint 같은 도구를 사용하면 코딩 표준을 준수하게 하고 선제적으로 에러를 식별할 수 있다. Jest 같은 테스팅 스위트는 애플리케이션이 확장 가능하며 동시에 강건하다는 것을 보장하는 강건한 프레임워크를 제공한다. 빌드 시스템(Vite, Webpack, Turbopack, Parcel, Rollup 등)은 코드 빌드와 성능 최적화에 핵심적인 역할을 한다. 깃 같은 도구들은 코드베이스를 관리하고, 변경을 추적하고, 팀 구성원들의 협업을 촉진하는 데 필수적이다.

앞 장에서 이 도구들 중 몇 가지에 관해 다뤘다. 이번 장에서는 이 도구들이 대규모 리액트 애플리케이션을 구축하고 유지보수하는 데 어떻게 중요한 역할을 수행하는지에 초점을 두어 조금 더 깊이 파고 들어보자.

13.1 버전 관리: 깃

깃Git을 사용한 버전 관리version control는 모던 소프트웨어 개발, 특히 대규모 소프트웨어 애플리케이션 개발의 근본적인 측면으로서 가장 눈에 띈다. 버전 관리는 협력적인 개발을 가능하게 한다. 즉, 수많은 개발자들이 같은 프로젝트에서 충돌 없이 작업할 수 있다. 각 개발자의 기여 내용은 효과적으로 추적, 병합, 관리된다. 이는 팀으로 작업하는 환경에 반드시 필요하다.

깃은 기능, 수정 사항, 릴리스를 관리하는 데 필수적인 브랜칭branching 및 병합 전략을 지원한다. 개발자들은 별도 브랜치를 사용해 프로젝트의 서로 다른 측면에 관해 작업할 수 있으며, 작업을 마친 뒤 이 브랜치를 메인 코드베이스에 병합할 수 있다. 이 모든 것은 통제되고 체계적인 방법으로 관리된다.

다음은 대규모 소프트웨어 애플리케이션을 위한 버전 관리 설정을 위해 고려해야 할 점들이다.

일관성 있는 브랜칭 전략

기능 브랜칭feature branching과 같이 명확하고 일관싱 있는 브랜칭 전략을 구현해 새로운 기능 개발, 수정 사항, 출시를 관리하라. 이를 잘 문서화해서 모든 팀 구성원이 명확하게 이해할 수 있게 해야 한다. 간단한 예시로 다음을 포함할 수 있다.

- **메인 브랜치**: 애플리케이션의 가장 최신의, 안정된 코드를 포함하는 브랜치다.
- **기능 브랜치**: 새로운 기능, 수정, 개선을 위해 만든 별도의 브랜치다. 이 브랜치들은 `main` 브랜치에서 파생되고 그 목적을 명확하게 식별할 수 있는 이름을 갖는다(예: `feature-new-login`, `fix-header-bug` 등)

잘 문서화되고 일관성 있는 브랜칭 전략을 구현하고 준수함으로써 팀은 개발 프로세스가 조직화되고, 효율적이고, 충돌이 최소화되어 있다고 확신한다. 이는 대규모 소프트웨어 개발 환경에서 특히 중요하다.

리뷰 프로세스

기능 브랜치를 메인 브랜치(혹은 개발 브랜치development branch)로 병합하기 전에 명확한 코드 리뷰 프로세스를 거쳐야 한다. 코드 리뷰 프로세스에는 풀리퀘스트pull request를 만들어 한 명 이상의 구성원들에게 리뷰를 받는 것을 포함한다. 코드 리뷰는 이슈를 식별하고 새로운 코드가 병합되기 **전에** 코드 품질을 보장하는 데 도움이 된다.

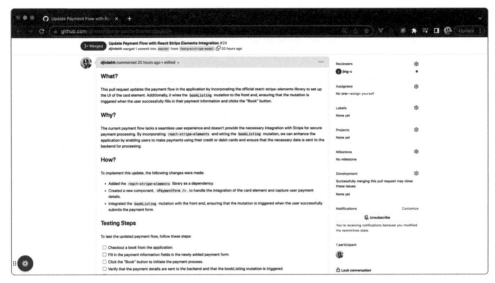

그림 13-1 **풀리퀘스트 설명 상세**

보안 및 컴플라이언스 확인

많은 조직들은 준수할 구체적인 코딩 표준 및 프랙티스를 갖고 있으며, 규제가 심한 업계일수록 이런 현상이 두드러진다. 예를 들면 미국에서 헬스케어 애플리케이션을 개발하는 경우, 개발자들은 HIPAAHealth Insurance Portability and Accountability Act 표준을 준수함으로써 민감한 환자 정보의 보호를 보장해야 한다.

이런 다양한 표준에 맞춰야 할 때는 깃 워크플로 안에 보안과 컴플라이언스 확인을 구현하는 것이 중요하다. 코드 혹은 의존성에 존재하는 취약성을 자동으로 스캔하는 프로세스를 포함한다. 이를 통해 소프트웨어가 잠재적인 위협에 대해 안전함을 보장할 수 있다. 예시로 들었던 HIPAA를 반드시 준수해야 하는 헬스케어 애플리케이션이라면 SonarQube 같은 도구를 Git Workflow에 통합함으로써 코드베이스를 스캔해 보안 취약점(예를 들면 암호화되지 않은 환자 데이터 전송, 민감한 정보의 안전하지 않은 저장 등 HIPAA 표준의 직접적인 위반)을 찾아내는 데 도움을 얻을 수 있다.

마지막으로 버전 관리 시스템은 CI/CD 파이프라인을 구현하는 데 중요하다. 다음 절에서 이에 관해 살펴보자.

13.2 지속적 통합

지속적 통합continuous integration, CI은 여러 개발자의 코드 변경을 그 즉시 하나의 소프트웨어 프로젝트로 병합하는 프랙티스다. CI 설정 방법은 조직의 고유한 워크플로와 요구사항에 따라 다양하지만, 여기에서는 전형적인 CI 프로세스가 일반적으로 포함하는 것들에 관해 살펴본다.

표준 CI 프로세스에서는 개발자가 변경을 코드베이스에 커밋(예를 들면 `main` 브랜치에 커밋)할 때마다, 이 변경 사항들에 대한 테스트를 수행한 뒤 기존 코드에 통합한다. CI 서버는 이를 자동화하며 새로운 커밋에 대한 버전 관리 저장소를 추적한다. 새로운 커밋이 발견되면 CI 서버는 코드에 대해 일련의 자동화 테스트(즉, 체크)를 실행한다. 확인 스위트는 주로 단위 테스트, 통합 테스트 및 다양한 형태의 자동화 체크를 포함하며 이들은 모두 새로운 코드가 기존 기능을 방해하지 않는 것을 검증하기 위해 설계된다.

CI 프로세스가 진행되는 동안 관련된 자동화 체크 중 하나라도 실패하면 시스템을 통합 프로세스를 중지한다. 이 예방적 절차는 메인 코드베이스에 잠재적인 문제를 가진 코드가 병합되는 것을 방지한다.

이 체크들이 성공적으로 완료되면 CI 프로세스의 다음 단계가 진행되며, 결과적으로 코드 변경 사항을 코드베이스의 `main` 브랜치로 병합한다.

오늘날 소프트웨어 개발 업계에서는 다양한 CI 서버가 널리 사용되고 있다. 각 CI 서버들은 고유한 기능과 통합을 제공함으로써 다양한 요구사항과 선호도를 충족시키고 있다.

- **깃허브 액션**GitHub Actions: 깃허브 안에 구현되어 있다. 깃허브 액션은 깃허브 저장소 안에서 직접 CI를 포함한 워크플로를 자동화할 수 있게 해준다. 기존에 깃허브에서 호스팅하던 프로젝트와 매끄럽게 통합되며 사용이 쉬워 인지도가 급속하게 향상되었다.
- **깃랩 CI/CD**GitLab CI/CD: 깃랩 플랫폼에 통합되어 있다. 깃랩 CI/CD는 소프트웨어 개발 라이프사이클 전체 자동화를 위한 강력한 도구다. 깃랩에서 호스팅하는 프로젝트에서 사용하기 매우 편리하다.
- **Travis CI**: 쉬운 사용성으로 널리 알려져 있다. Travis CI는 깃허브에서 호스팅하는 프로젝트에 주로 사용되는 호스티드 CI 서비스다.
- **CircleCI**: 이 CI 서버는 강건한 성능을 제공하며 빠른 빌드 시간으로 잘 알려져 있다. CircleCI는 클라우드 기반 배포, 온프레미스 배포를 모두 지원한다.

- **젠킨스**Jenkins: 오픈소스 자동화 서버인 젠킨스는 다양한 플러그인 생태계로 유명하다. 이 플러그인들을 활용하면 CI/CD 툴체인의 거의 모든 도구를 통합할 수 있다.
- 기타 여러 도구들

앞서 설명한 여러 이유들로 인해 대규모 리액트 애플리케이션을 위한 강건한 CI 프로세스를 구축하는 것을 매우 권장한다. 리액트 웹 애플리케이션의 경우, CI 파이프라인 안에 전형적으로 구축할 수 있는 확인 항목은 다음을 포함한다.

- 린팅, 형식, 코드 스타일 체크(예: ESLint 사용) 및 Prettier
- 단위 테스트, 통합 테스트, E2E 테스트(예: Jest 및 Cypress 사용)
- 타입스크립트 타이핑
- 접근성 테스팅(예: Axe 같은 도구 사용)

13.3 번들러

모던 리액트 애플리케이션에서 우리가 작성하는 거의 대부분의 코드는 우리의 코딩 작성 여정을 쉽게 하기 위해 만들어진 특별한 환경 안에서 완료된다. 리액트 자체를 활용해 대화형 사용자 인터페이스, 스타일된 컴포넌트를 만들어 스타일에 적용하고, 타입스크립트를 사용해 타입 안전성을 보장하는 것 등을 통해 이를 알 수 있다.

브라우저는 앞서 언급한 도구들과 기술들에 관해 알지 못한다. 이 코드를 브라우저에서 직접 실행하려 하면 브라우저는 이 코드들을 적절하게 실행하지 못할 것이다. 브라우저는 HTML, CSS, 자바스크립트만 실행할 수 있으므로 개발 코드는 브라우저에 호환되는 형식으로 변환해야만 한다. 여기에서 **번들러**bundler가 활용된다.

Vite, Webpack, Turbopack 같은 번들러들은 우리가 개발한 풍부하고 복잡한 코드베이스, 브라우저가 직접 해석할 수 있는 보다 제한된 언어의 간격을 메꾸기 위해 디자인되었다. 번들러는 브라우저가 이해하지 못하는 언어 혹은 문법으로 작성된 코드(예: JSX, 타입스크립트, SASS 등)을 받아 이들을 웹 브라우저 환경에서 실행될 수 있는 코드인 단순한 HTML, CSS, 자바스크립트로 변환한다.

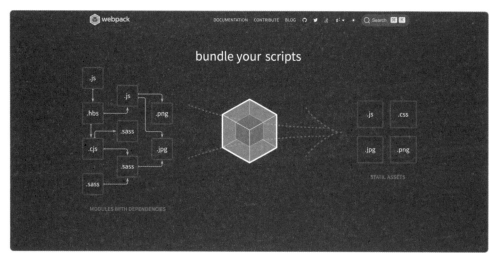

그림 13-3 **Webpack의 모듈 번들링 프로세스**[1]

번들러의 핵심 기능은 코드 컴파일과 변환이지만, 이 도구들은 모던 웹 개발에 반드시 필요한 추가적인 기능도 제공한다.

- Vite는 단순한 번들러를 넘어 개발 서버의 역할도 한다. Vite는 Rollup을 활용해 개발 과정에서 기본 ES 모듈을 구축하고 활용함으로써 보다 빠른 업데이트와 간소화된 개발 경험을 제공한다.
- 번들러는 HTML, 자바스크립트, CSS를 넘어 이미지, 폰트 같은 다른 애셋들도 효율적으로 관리한다.
- 번들러는 웹 애플리케이션 성능 최적화에서 핵심적인 역할을 한다. 이미지 크기를 최적화하고, 지연 로딩과 코드 분할 같은 기법들을 촉진해 애플리케이션의 전체 크기를 줄임으로써 로딩 시간을 줄인다.
- 번들러는 중요한 트리 셰이킹 기능을 제공한다. 트리의 의존성을 분석하고 사용되지 않은 코드를 최종 번들에서 제거한다. 이를 통해 번들의 크기는 보다 작아지고 효율성은 향상되어 로딩 시간과 전체 애플리케이션 성능을 개선한다.

대규모 리액트 애플리케이션을 개발할 때 번들러는 효율적인 의존성 관리를 촉진하고 확장 가능한 아키텍처를 원한다. 번들러는 모던 웹 개발 워크플로에서 꼭 필요한 존재이다.

---

[1] https://webpack.js.org/

13.4 린팅

린팅linting은 개발 과정에서 코딩 표준을 강제하고 에러와 비일관성을 식별하는 프로세스로 코드 품질을 유지하는 데 필수적이다. 타입스크립트(자바스크립트) 코드의 린팅에는 ESLint[2] 라이브러리가 널리 사용된다. ESLint 라이브러리는 자유롭게 구성할 수 있고, 간단히 구현할 수 있으며, 풍부한 기본 규칙을 포함하고 있다. <Getting Started with ESLint>[3] 문서를 참조하면 ESLint를 프로젝트 안에 단계적으로 설정할 수 있다.

대규모 리액트 애플리케이션에서 린팅을 설정할 때 참고할 만한 몇 가지 좋은 프랙티스를 소개한다.

- <Airbnb's ESLint configuration>[4]처럼 잘 만들어진 ESLint 규칙 셋을 활용(혹은 참조)한다. 이런 규칙들은 널리 사용되고 있으며 좋은 코딩 프랙티스를 강조하는 광범위한 규칙 셋을 다룬다.

- 여러분의 ESLint 설정을 다듬으라. 커스텀 규칙을 추가하거나 기존 규칙을 수정하라. 이를 통해 여러분의 프로젝트 혹은 조직에 딱 맞는 코딩 표준 혹은 프랙티스를 강제할 수 있다.

- 여러분의 엔지니어링 팀과 조직을 위한 코딩 스타일 가이드를 개발하고 유지하라. 이 가이드에는 ESLint 구성을 반영함으로써 코드베이스 사이의 일관성을 보장하라. 스타일 가이드는 새로운 팀 구성원들이 코딩 표준을 이해하고 유지하는 데 도움을 준다.

- 추가적으로 Prettier, Husky 같은 도구를 사용해 코드 포매팅, 철자 확인, 린팅을 강제한 뒤 코드를 커밋하거나 푸시하게 하라.
    - Prettier는 코드 포매팅 도구이며 사용자 규칙을 만들어 코드 가독성을 높일 수 있다.
    - Husky를 사용하면 코드를 커밋하거나 푸시하기 전에 린트와 테스트의 실행을 강제할 수 있다.

- 린팅 확인 과정을 CI 파이프라인에 포함시켜라. CI 도구가 모든 풀리퀘스트 혹은 코드 커밋에 대해 ESLint를 실행하게 설정하라. 린팅이 실패하면 코드가 병합되지 않도록 해야 한다. 이를 통해 표준을 만족하는 코드만 메인 브랜치에 통합되게 할 수 있다.

- 주기적으로 린팅 규칙을 리뷰하고 업데이트해서 여러분이 사용하는 프로그래밍 언어와 프레임워크의 새로운 코딩 표준, 모범 사례, 변경을 반영하라. 최신 규칙을 유지함으로써 린팅 프로세

---

2 https://eslint.org/
3 https://eslint.org/docs/latest/use/getting-started#quick-start
4 https://github.com/airbnb/javascript/

스의 관련성을 높이고 효율적으로 유지할 수 있다.

대규모 리액트 애플리케이션에서 ESLint 같은 도구를 사용해 강건한 린팅 프로세스를 수립하는 것은 단순히 코드 품질을 유지하는 것을 넘어 지속 가능하고 효율적인 워크플로를 만드는 것이다. 애플리케이션과 팀의 규모가 커지더라도 코드는 여전히 일관성을 갖고, 이해할 수 있으며, 의도한 모범 사례를 따름을 보장하는 데 도움을 준다.

13.5 로깅과 성능 모니터링

웹 성능 모니터링과 로깅은 대규모 웹 애플리케이션에서 매우 중요하다. 개발자들과 시스템 관리자들은 이 도구들을 활용해 성능 이슈, 에러 및 사용자 경험에 영향을 미칠 수 있는 다른 문제들을 식별하고 진단할 수 있다.

로깅

로깅logging(주로 에러 로깅error looging)은 사용자 경험에 영향을 미칠 수 있는 이슈들을 식별하고 진단하는 데 매우 중요하다. 개발자들은 로깅 도구들을 활용해 처리되지 않은 예외, 문법 에러, 런타임 에러 같이 프로덕션에서 발생하는 에러를 추적하고 진단할 수 있다. 개발자들은 이 정보를 활용해 신속하게 버그를 식별하고 수정함으로써 사용자 경험을 개선하고 다운타임을 줄인다.

로깅에 관한 몇 가지 유용한 접근법을 소개한다.

- **중앙 집중화된 로깅 설루션을 사용하라**: 중앙 집중화된 로깅 설루션을 사용하면 애플리케이션의 다양한 부분으로부터 로그를 수집해 한 곳에 저장할 수 있으며 쉽게 로그를 검색하고 분석할 수 있다. 이는 애플리케이션 디버깅과 모니터링에 매우 중요하다. 대규모 조직에서 널리 사용되는 로깅 설루션에는 Splunk, Datadog, Sentry, ELK Stack 등이 있다.

- **로깅 대상을 신중하게 선택하라**: 너무 많은 정보를 로깅하면 수집된 로그를 검색하고 분석하는 데 부정적인 영향을 미칠 수 있다. 로그 대상을 신중하게 선택하고, 불필요한 정보를 제거하라.

- **구조화된 로깅을 하라**: 구조화된 로깅이란 일반 텍스트가 아닌 JSON 같은 구조화된 형식의 데이터를 로깅하는 것을 말한다. 구조화된 로깅은 검색과 분석을 쉽게 할 수 있으며 애플리케이션 동작의 패턴과 트렌드를 식별하는 데 도움을 준다.

- **로그에 콘텍스트를 포함하라**: 사용자 ID, 요청 ID, 애플리케이션 버전과 같은 콘텍스트를 로그에 포함하면 문제의 원인을 보다 빠르게 식별할 수 있다. 개인 정보와 보안 고려 사항을 염두에

두라.

- **로그를 모니터링하라**: 로그를 실시간으로 모니터링하면 빠르게 이슈를 식별하고 그 이슈에 대응함으로써 애플리케이션 성능에 큰 영향을 미치는 것을 방지할 수 있다.

성능 모니터링

성능 모니터링performance monitoring은 시스템 혹은 애플리케이션의 효율성과 속도를 지속적으로 추적하고 평가하는 능력이다. 이 프로세스는 응답 시간, 서버 부하, 리소스 효율 같은 애플리케이션 성능에 관한 데이터 수집, 분석, 보고를 포함한다.

웹 성능 모니터링을 통해 페이지가 느리게 작동하는 것과 로딩 시간이 긴 것을 식별하고 분석할 수 있는 이익을 얻을 수 있다. 개발자들은 성능 모니터링 도구를 활용해 병목을 식별하고 코드, 서버, 데이터베이스를 최적화함으로써 전체적인 성능을 개선할 수 있다. Datadog, New Relic, Splunk 같은 도구는 실시간 로깅과 에러 로깅 기능과 함께 시스템 성능 추적과 모니터링 기능도 제공한다.

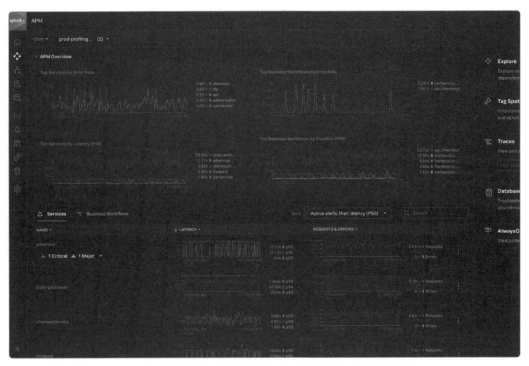

그림 13-3 다양한 서비스를 추적하는 Splunk의 성능 모니터링 대시보드

성능 모니터링과 에러 로깅은 또한 서드파티 서비스와 API 관련 이슈를 식별하는 데도 도움을 준다. 예를 들면 어떤 서드파티 서비스가 다운되었거나 느리게 응답하는 경우 이는 여러분의 애플리케이션 성능에 영향을 미칠 수 있다. 성능 모니터링과 에러 로깅을 활용하면 이 이슈들을 식별하고 이들을 해결할 수 있는 통찰을 얻을 수 있다.

마지막으로 성능 모니터링과 에러 로깅은 대규모 웹 애플리케이션의 건강과 안정성을 유지하는데 대단히 중요하다. 개발자들과 시스템 관리자들은 이 도구들을 활용해 이러한 이슈들을 능동적으로 식별하고 진단함으로써 사용자 경험에 영향을 미치지 않도록 할 수 있다. 이는 다운타임을 줄이고, 안정성을 개선하고, 애플리케이션이 사용자의 니즈를 만족할 수 있게 보장한다.

13.6 정리

리액트 애플리케이션의 툴링 생태계는 매우 크며 프로젝트의 성공에 필수적이다. 코드 품질을 보장하는 ESLint, 코드 신뢰성과 유지보수성을 향상하는 타입스크립트, 잘 테스트된 애플리케이션을 보장하는 Jest까지 여러 도구들은 각각 구분된 역할을 담당한다.

깃을 사용한 버전 관리, 깃허브 액션이나 젠킨스 같은 플랫폼을 사용한 지속적 통합, Webpack이나 Vite 같은 번들링/개발 환경은 강력한 인프라스트럭처를 제공한다. 이를 활용하면 리액트 프로젝트에서의 개발을 간소화하고, 팀 협업을 향상하고, 신뢰할 수 있는 소프트웨어 출시를 보장할 수 있다.

14

기술적 마이그레이션

대규모 웹 애플리케이션을 구축할 때, 개발 과정에서 **기술적 마이그레이션**technical migration은 피할 수 없다. 애플리케이션이 성장하고 기술이 진화하면서 우리는 종종 기존 코드보다 새롭고 효율적인 기술 및 방법론에 맞는 코드로 마이그레이션해야 한다.

기술적 마이그레이션은 기존 시스템, 애플리케이션, 혹은 데이터셋의 스택, 플랫폼, 버전을 이동하는 프로세스를 가리킨다. 성능, 유지보수성, 보안을 개선하거나 진화하는 업계 표준과 발맞추기 위해 기술적 마이그레이션을 수행한다.

마이그레이션은 다음과 같이 다양한 변경과 업그레이드를 포함할 수 있다.

- 의존성, 라이브러리, 프레임워크 업그레이드 혹은 대체
- 새로운 프로그래밍 언어 또는 플랫폼으로 이동
- 새로운 버전의 데이터베이스 혹은 데이터 스토리지 시스템으로 마이그레이션
- 테스팅, 모니터링, 디버깅을 위한 새로운 도구 혹은 방법론 도입
- 성능, 유지보수성, 확장성 개선을 위한 기존 코드 리팩터링
- 클라우드 기반 시스템 같은 새로운 배포 인프라스트럭처로 마이그레이션
- 새로운 기능 혹은 비즈니스 요구사항을 지원하기 위한 애플리케이션 아키텍처 업데이트
- 위협 혹은 취약성으로부터 보호하기 위한 새로운 보안 지표 구현
- 기타

기술적 마이그레이션은 때로 복잡하고 많은 시간이 소요될 수 있다. 세심한 계획, 테스팅, 실행을 통해 매끄러운 전환을 보장해야 하기 때문이다. 여러 팀 혹은 이해관계자(개발자, QA 엔지니어, 프로젝트 관리자, 비즈니스 분석가 등)의 협업이 필요할 수도 있다.

이번 장에서는 다양한 유형의 마이그레이션 및 대규모 웹 애플리케이션의 기술적 마이그레이션 계획 및 접근 방법에 관한 몇 가지 좋은 프랙티스들을 살펴본다.

14.1 다양한 마이그레이션 전략

대규모의 레거시 자바스크립트 웹 애플리케이션들을 유지하고 업그레이드하는 태스크는 엄두가 나지 않는 일일 수 있다. 특히 애플리케이션들이 오래된 라이브러리나 프레임워크를 사용해 구현되었고 코드가 이리저리 뒤엉켜 있으며 문서화가 잘 되어 있지 않을 때 더욱 그렇다. 다음 절에서는 이런 애플리케이션의 유지보수와 마이그레이션을 위한 여러 접근법에 관해 살펴보고 각각의 장단점에 관해 논의한다.

좋은 마이그레이션

좋은 마이그레이션good migration은 애플리케이션 코드를 완전히 새롭게 재작성하는 것, 모든 컴포넌트가 새로운 프레임워크 혹은 기술로 완전히 이전되는 것을 포함한다. 개발자들은 이 접근법을 활용하면 완전히 새롭게 시작할 수 있고, 현대적인 도구와 기법들의 장점을 취하고, 보다 효율적인 애플리케이션을 만들 수 있다.

하지만 코드를 완전히 새롭게 재작성하는 것은 많은 시간과 노동이 소요되며 애플리케이션의 가용성 측면의 문제를 일으킬 수 있다. 이 방법론은 작은 프로젝트, 덜 중요한 애플리케이션 혹은 자주 변경되지 않는 프로젝트에 적합하다.

빠른 마이그레이션

빠른 마이그레이션fast migration은 완전히 재작성하는 접근법의 대안을 제공한다. 빠른 마이그레이션에서는 애플리케이션을 부분 혹은 조각으로 나누고 각 부분을 점진적으로 마이그레이션한다. 개발자들은 마이그레이션 된 컴포넌트가 컴파일되면 릴리스할 수 있기 때문에 빠른 피드백을 얻을 수 있고 애플리케이션을 사용할 수 없는 시간을 줄일 수 있다.

이러한 장점에도 불구하고 빠른 마이그레이션 도구, 라이브러리, 의존성, 프레임워크의 충돌을 일으킬 수 있다. 또한 동일한 도구의 다른 버전을 지원하는 것은 문제를 일으킬 수 있다. 특히 CSS cascade logic[1] 같은 글로벌 정책을 적용하는 경우에 그렇다.

교살자 애플리케이션

교살자 애플리케이션strangler application 접근법이라는 이름은 '교살자 무화과stranger fig' 패턴[2]에서 유래했다. 이 접근법은 기존 웹 애플리케이션의 경계를 식별하고 새로운 프레임워크를 사용해 새로운 기능을 추가함으로써 구식 시스템을 '교살시킨다strangled'. 이 접근법은 통제된, 체계적인 방식으로 구식 컴포넌트를 새로운 컴포넌트로 점진적으로 대체함으로써 마이그레이션에 의한 잠재적인 리스크를 줄인다. 이 프로세스는 교살자 무화과[3]가 점진적으로 기존 나무를 교살시키는 것과 비슷하다.

이 접근법을 따르려면 개발자들은 반드시 애플리케이션을 관련된 서로 다른 코드 조각으로 나눈 뒤 이들을 새로운 컴포넌트(예: 리액트 컴포넌트)로 감싸야 한다. 이 방법론은 어떤 동작도 추가하지 않으며 기존 컨텐츠를 렌더링하는 컴포넌트를 생성할 수 있다

하이브리드 접근법

종종 앞서 설명한 전략들을 조합하는 것이 가장 적절한 접근법일 수 있다. 예를 들면 개발자들은 좋은 마이그레이션 접근법을 특정 중요 컴포넌트에 대해 사용하고, 빠른 마이그레이션 접근법을 덜 중요한 컴포넌트에 사용할 수 있다. 하이브리드 접근법hybrid approach를 사용하면 애플리케이션의 특정한 니즈나 제약에 맞춰 보다 유연한 마이그레이션 프로세스를 수행할 수 있다.

대규모의 레거시 자바 웹 애플리케이션에서 작업할 때는 세심하게 유지보수 및 마이그레이션 프로세스를 계획해야 한다. 개발자들은 애플리케이션의 구체적인 요구사항과 제약을 평가하고 가장 적절한 전략(혹은 전략의 조합)을 선택함으로써 매끄럽고 효율적인 마이그레이션 프로세스를 보장해야 한다. 이렇게 함으로써 혼란을 최소화하고, 잠재적인 리스크를 줄이고, 장기적으로 애플리케이션 성능과 사용성을 최적화해야 한다.

---

1   https://developer.mozilla.org/en-US/docs/Web/CSS/Cascade
2   https://learn.microsoft.com/ko-kr/azure/architecture/patterns/strangler-fig
3   https://en.wikipedia.org/wiki/Strangler_fig

오래된 자바스크립트 도구를 새로운 프레임워크로 마이그레이션 하는 방법을 자세히 소개한 예시로, 스매싱 매거진Smashing Magazine에 실린 'How To Migrate From jQuery To Next.js'[4]를 참조하면 많은 도움이 될 것이다.

14.2 마이그레이션 전략

좋은 마이그레이션 전략은 이상적으로 포괄적이고 체계적인 접근법을 포함해야 한다. 주로 다음과 같은 핵심 요소들을 포함한다.

마이그레이션 범위를 이해한다

기술적인 마이그레이션에 뛰어들기 전에 마이그레이션 범위를 이해해야 한다. 마이그레이션할 컴포넌트 혹은 기능, 관련된 기술, 애플리케이션 아키텍처, 성능 및 사용자 경험에 미칠 영향을 식별한다.

마이그레이션 계획을 세운다

마이그레이션 범위를 식별했다면 마이그레이션 계획을 세울 수 있다. 여기에는 마이그레이션 수행 단계, 타임 라인, 필요한 리소스 정의 등이 포함된다. 실제적이고 달성할 수 있는 계획을 세우는 것이 중요하며, 마이그레이션의 복잡도와 잠재적인 리스크 및 어려움을 고려해야 한다.

마이그레이션 계획은 코드는 물론 데이터베이스/스키마 마이그레이션 및 이들 사이의 의존성을 모두 포함한 마이그레이션 단계를 커버해야 한다.

점진적인 마이그레이션을 구현한다

애플리케이션 중단 등의 혼란을 최소화하고 에러나 버그의 리스크를 줄이기 위해서는 점진적인 마이그레이션을 구현해야 한다. 한 순간에 애플리케이션의 작은 부분만 마이그레이션하고, 각 조각을 충분히 테스팅하고 배포한 뒤 다음 단계를 진행해야 한다.

---

4   https://www.smashingmagazine.com/2021/07/migrate-jquery-nextjs/

성능을 모니터링하고 최적화한다

마이그레이션 프로세스를 진행하는 동안 애플리케이션의 성능을 모니터링하고 최적화하는 것이 중요하다. Chrome DevTools 같은 도구를 사용해 성능 병목을 식별 및 최적화하고, 지연 로딩과 코드 분할 같은 기법을 구현해 새롭게 마이그레이션한 코드와 컴포넌트의 성능을 개선하라.

충분히 테스트한다

테스팅은 모든 기술적 마이그레이션에서 대단히 중요하다. 각 컴포넌트를 충분히 테스트한 뒤 다음 단계를 진행해야 한다. 통합 테스팅을 수행해 조합된 컴포넌트들이 함께 올바르게 기능하는 것을 보장하라.

이해관계자들과 소통한다

마이그레이션 프로세스를 진행하는 동안 최종 사용자, 개발자, 관리자를 포함한 이해관계자와 소통해야 한다. 마이그레이션 진행에 대한 정기적인 업데이트를 제공하고, 질문이나 우려사항이 발생하면 이를 해결하고, 피드백을 제공함으로써 마이그레이션이 비즈니스와 사용자의 니즈를 만족시키고 있음을 보장해야 한다.

이 원칙들과 전략들을 따름으로써 혼란을 최소화하고, 리스크를 줄이고, 마이그레이션이 비즈니스와 최종 사용자의 니즈를 만족시킴을 보장하면서 대규모 애플리케이션의 기술적 마이그레이션에 접근할 수 있다.

14.3 코드모드

대규모 애플리케이션을 마이그레이션할 때 모든 코드 조각을 수동으로 업데이트해야 한다면 많은 시간이 소요될 뿐만 아니라 에러 발생 가능성도 높아진다. **코드모드**codemod는 자바스크립트 애플리케이션의 코드 변경 프로세스를 자동화하는 스크립트를 뜻하며, 코드 수정 프로세스를 크게 간소화한다.

코드모드는 코드베이스를 스캔하고 필요한 변경을 자동 수행함으로써 마이그레이션의 특정 측면을 자동화할 수 있다. 이를 활용하면 구문 업데이트, 변경 사항 임포트, 구성 파일 업데이트 등을 수행할 수 있다.

예시: 모든 상대 임포트를 절대 임포트로 변환하기

많은 상대 임포트relative import를 사용한 파일을 많이 포함한 대규모 자바스크립트 코드베이스가 있다고 가정하자.

XYZ를 상대 경로로 임포트하기

```
import XYZ from '../../../../components/XYZ'
```

프로젝트 규모가 커짐에 따라 상대 경로relative path는 번거롭고, 가독성이 떨어지는 경우가 많다. 마이그레이션 프로세스를 진행하면서 `src/` 디렉터리 안의 모든 상대 임포트를 절대 임포트absolute import로 변경해 보다 적절한 모듈 해결 구성을 갖고자 한다고 가정하자.

XYZ를 절대 경로로 임포트하기

```
import XYZ from 'src/components/XYZ'
```

이를 위해서는 먼저 다음을 수행하는 코드모드 스크립트를 작성할 수 있다.

- **발견**: 상대 경로 임포트 구문을 가진 모든 파일을 식별한다.
- **경로 분석**: 현재 파일 경로와 상대 임포트 경고를 분석하고 절대 경로를 계산한다.
- **대체**: 상대 경로를 계산한 절대 경로로 대체한다.

깃허브 사용자인 Phenax는 이를 수행하는 스크립트를 작성해 gist에 공개했다.[5]

Phenax의 absolute-import-codemod-transform.js 스크립트

```
const path = require("path");

const SOURCE = "src";
const SOURCE_PATH = path.resolve(SOURCE) + "/";

const getAbsolutePath = (
  importPath,
  filePath,
) => {
  return path
    .resolve(path.dirname(filePath), importPath)
    .replace(SOURCE_PATH, "");
```

---

5   https://gist.github.com/phenax/468db4019d6958f939fa8694e53ad32a

```
};

const replaceImportPath = (j, node, filePath) =>
  j.importDeclaration(
    node.value.specifiers,
    j.literal(
      getAbsolutePath(
        node.value.source.value,
        filePath,
      ),
    ),
  );

export default function (file, api) {
  const j = api.jscodeshift;
  const filePath = file.path;
  return j(file.source)
    .find(j.ImportDeclaration)
    .replaceWith((node) =>
      replaceImportPath(j, node, filePath),
    )
    .toSource();
}
```

코드모드 스크립트가 준비되었으면, 페이스북 팀이 제공하는 jscodeshift[6] 툴킷을 사용해 여러 자바스크립트 파일과 타입스크립트 파일을 대상으로 이 코드모드 스크립트를 실행한다.

jscodeshift CLI 명령어로 코드모드 스크립트 실행하기

```
jscodeshift -t ./absolute-import-codemod-transform.js src/**/*.js
```

올바르게 실행하면 위 명령어는 자동으로 모든 일치하는 파일을 업데이트한다. 상대 경로는 절대 경로로 변환되므로 수작업으로 모든 파일을 변경할 필요가 없다!

예시: ES6 클래스를 함수형 컴포넌트로 변환하기

특히 대규모 코드베이스를 다룰 때, ES6 클래스를 리액트의 함수형 컴포넌트로 변환하는 태스크는 코드모드를 활용할 수 있는 또 다른 훌륭한 유스 케이스이다. 이 변환을 통해 코드를 간소화할 수 있고 모던 리액트 프랙티스들을 보다 많이 활용할 수 있다. 클래스 기반 컴포넌트는 컴포넌트를

---

6   https://github.com/facebook/jscodeshift

정의하는 방식으로 더 이상 권장되지 않기 때문이다.[7]

모든 클래스 기반 컴포넌트를 함수형 컴포넌트로 변환하는 코드모드를 작성하는 것은 클래스와 기능 함수의 구조와 동작에 따라 어려울 수 있다. 간단히 하기 위해 `render()` 메서드와 안전한 속성(정적 속성 혹은 props)만 갖고 있으며, `refs`[8]는 사용하지 않는 ES6 클래스만 함수형 컴포넌트로 변환하는 코드모드 스크립트를 작성한다.

ES6 클래스 컴포넌트 변환 예시

```
import React, { Component } from 'react';

class SimpleComponent extends Component {
  static defaultProps = {
    greeting: 'Hello',
  };

  render() {
    const { greeting, name } = this.props;
    return (
      <div>
        {greeting}, {name}!
      </div>
    );
  }
}

SimpleComponent.propTypes = {
  name: PropTypes.string.isRequired,
};

export default SimpleComponent;
```

앞서 설명한 목적을 달성하기 위한 코드모드 스크립트는 다음을 수행한다.

- **발견**: 코드베이스에서 모든 ES6 클래스 컴포넌트를 식별한다.

- **분석**: 식별한 클래스 컴포넌트의 구조를 분석해 변환을 위한 조건을 만족하는지 결정한다. `render()` 메서드 및 `defaultProps`/`propTypes` 같은 정적 속성을 포함하고 있는지와 해당 클래스가 `refs`, `states`, `render()` 이상의 라이프사이클 메서드 같은 복잡한 기능을 사용하지 않

---

7   https://react.dev/reference/react/Component
8   https://react.dev/learn/referencing-values-with-refs

는지 확인한다.

- **변환**: 식별된 클래스 컴포넌트를 함수형 컴포넌트로 변환한다.

다음은 이 코드모드를 구현한 의사 코드이다.

특정 ES6 클래스를 함수형 컴포넌트로 변환하는 코드모드

```
const { parse } = require("recast");
const { default: j } = require("jscodeshift");

const canConvertToFunctionalComponent = (
  classDeclaration,
) => {
  /*
    해당 클래스가 하나의 render 메서드, state, props를 가지며
    refs, state, 혹은 다른 라이프사이클 메서드를 사용하지 않는지 확인한다.

    변환 대상이면 true를 반환하고, 그렇지 않으면 false를 반환한다.
  */

};

const convertClassToFunction = (
  classDeclaration,
) => {
  /*
    `canConvertToFunctionalComponent`에서
    정의한 기준에 따라 해당 클래스 컴포넌트를 함수형 컴포넌트로 변환한다.
  */
};

export default function (file, api) {
  const j = api.jscodeshift;
  const root = j(file.source);

  return root
    .find(j.ClassDeclaration)
    .filter((path) =>
      canConvertToFunctionalComponent(path.node),
    )
    .replaceWith((path) =>
      convertClassToFunction(path.node),
    )
    .toSource();
}
```

코드모드가 준비되었으면, `jscodeshift` 툴킷을 사용해 이 코드모드를 실행해 적절한 클래스 기반 컴포넌트를 함수형 컴포넌트로 전환할 수 있다.

앞서 공유한 SimpleComponent 예시와 동등한 함수형 컴포넌트

```javascript
import React from "react";
import PropTypes from "prop-types";

function SimpleComponent({
  greeting = "Hello",
  name,
}) {
  return (
    <div>
      {greeting}, {name}!
    </div>
  );
}

export default SimpleComponent;
```

코드모드는 프레임워크 혹은 라이브러리의 메이저 버전 사이에서 마이그레이션을 할 때 특히 유용하다. 메이저 버전 업데이트들은 중요한 문법 변경, API 변경, 다른 큰 변경들을 포함하는 경우가 많다. 코드모드는 이런 변경의 많은 부분을 자동화함으로써 마이그레이션 프로세스를 빠르고, 더 일관성 있고, 에러가 덜 발생하도록 돕는다.

코드모드는 코드 마이그레이션을 쉽게 할 수 있게 도울 뿐만 아니라 코드 리팩터링이나 여러 코드 베이스에 모범 사례를 적용하는 태스크에도 유용하게 사용할 수 있다.

14.4 생성형 AI의 역할

생성형 AIgenerative AI는 인공지능의 한 유형으로 텍스트, 이미지, 코드, 음악에 이르기까지 새로운 콘텐츠를 생성할 수 있는 능력을 갖고 있다. 생성형 AI는 방대한 양의 기존 예시 데이터셋을 활용해 학습하고 학습한 정보를 사용해 새로운 오리지널 정보를 생성한다. 생성된 정보는 학습에 사용했던 입력의 스타일 혹은 콘텐츠와 유사하다. ChatGPT, 제미나이, 깃허브 코파일럿, 구글의 Project IDX 같은 도구들은 생성형 AI 도구의 예로, 이들은 최근 몇 년 사이에 큰 인기를 얻었다.

생성형 AI는 코드 생성code generation, 코드 자동 완성code completion, 코드 번역code translation 같은

기능을 제공하며 코드 마이그레이션에 큰 도움을 준다.

코드 생성

생성형 AI 도구를 사용하면 자연 언어 프롬프트를 기반으로 새로운 코드를 생성할 수 있으며, 마이그레이션 프로세스를 진행하는 동안 대상 (프로그래밍) 언어로 빠르게 새로운 코드를 작성할 수 있다. 이는 때로 개발자들의 시간과 수고를 절약하게 해준다. 개발자들은 수동으로 전체 코드베이스를 재작성하지 않아도 되기 때문이다. 이런 도구의 예로 OpenAI의 ChatGPT를 들 수 있다.

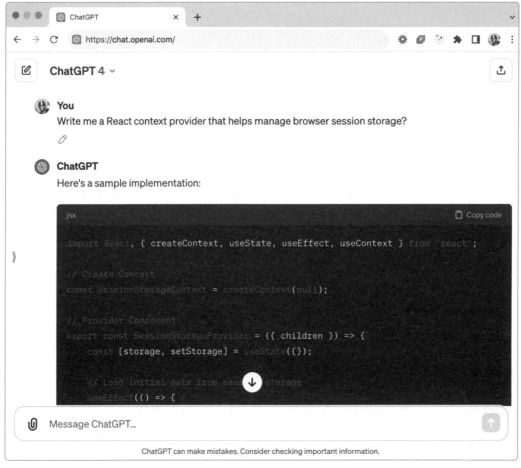

그림 14-1 **ChatGPT를 사용해 리액트 콘텍스트 공급자 생성하기**

코드 자동 완성

생성형 AI 도구들은 부분적으로 작성된 코드를 자동 완성할 수 있다. 개발자들이 코드 마이그레이션 과정에서 간극을 채우거나 기존 코드를 새로운 언어나 프레임워크에 맞게 조정해야 할 때 유용하게 사용할 수 있다. 깃허브 코파일럿 같은 도구들은 OpenAI의 Codex model을 사용해 개발자의 에디터에서 즉시 코드 제안을 제공한다.

코드 번역

생성형 AI 모델은 한 프로그래밍 언어의 코드를 다른 프로그래밍 언어의 코드를 번역할 수도 있으며, 언어를 변경하는 코드 마이그레이션 상황에서 매우 유리하다. 이 모델들은 소스 코드의 콘텍스트를 이해하고 언어적으로 동등한 코드를 대상 언어로 구성한다. 다음은 깃허브 코파일럿을 사용해 자바스크립트의 binarySearch() 함수를 파이썬의 함수로 변경한 예시이다.

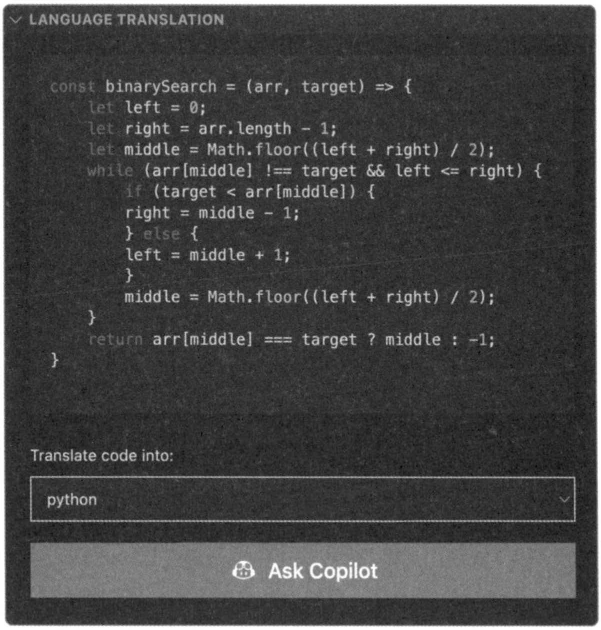

```
LANGUAGE TRANSLATION

const binarySearch = (arr, target) => {
    let left = 0;
    let right = arr.length - 1;
    let middle = Math.floor((left + right) / 2);
    while (arr[middle] !== target && left <= right) {
        if (target < arr[middle]) {
        right = middle - 1;
        } else {
        left = middle + 1;
        }
        middle = Math.floor((left + right) / 2);
    }
    return arr[middle] === target ? middle : -1;
}

Translate code into:

python

🐙 Ask Copilot
```

그림 14-2 깃허브 코파일럿을 사용한 언어 번역[9]

생성형 AI는 새로운 기술이지만 코드 마이그레이션에 드는 수작업 노력과 시간을 줄이는 기능들을 제공한다. 하지만 이 기술을 사용하는 데는 몇 가지 어려움과 제한도 있다.

---

9 https://blackgirlbytes.dev/use-copilot-to-write-and-translate-a-binary-search-algorithm

- 생성된 코드가 항상 최적이거나 정확한 것은 아니므로 사람이 직접 리뷰와 수정을 해야할 수 있다.
- 생성형 AI 모델에게 복잡한 알고리즘을 학습, 정제하도록 하려면 많은 양의 고품질 데이터가 필요하다.
- 이 기술은 새롭고 여전히 진화하고 있으므로, 다양한 마이그레이션 시나리오마다 그 효과는 크게 다를 수 있다

생성형 AI는 코드 마이그레이션에서 사용할 수 있는 강력한 도구이지만, **사람의 전문성을 대신하는 것이 아니라 보조하는 목적으로 사용해야 한다.** 이 도구들은 마이그레이션 프로세스의 일부를 상당히 가속화할 수 있지만, 한편으로 생성된 코드와 코드 변경 사항은 사람이 철저하게 리뷰하고 검증한 뒤에 적용해야만 한다.

15

타입스크립트

타입스크립트TypeScript는 자바스크립트 코드를 보다 안전하게 만드는 데 도움을 주는 **정적 타입** statically typed 언어로, 2012년 마이크로소프트가 발표했다. 타입스크립트에 친숙하지 않은 사람들을 위해 설명하자면, 타입스크립트의 주요한 기능은 코드의 변수, 매개변수, 함수에 타입을 지정할 수 있다는 것이다. **런타임**(코드가 실행되는 시점)이 아닌 **컴파일타임**(코드가 컴파일되는 시점)에 타입을 체크하는 자바스크립트의 슈퍼셋이다.

2022년 타입스크립트는 가장 빠르게 성장하는 프로그래밍 언어로 인식되었다. <JetBrains State of Developer Ecosystem 2022>에 따르면 2017년에 비해 2022년에는 사용량이 3배가 되었다.[1] 타입스크립트가 리액트 애플리케이션에서 제공하는 이점에 관해 살펴보기 전에, 먼저 타입스크립트가 자바스크립트 코드베이스의 **타입 안전성**type-safety을 어떻게 향상시켰는지 살펴보자.

15.1 타입 안전성

타입스크립트의 가장 눈에 띄는 기능은 바로 정적 타입 체킹static type checking으로, 이는 런타임이 아니라 컴파일타임 동안 타입 관련 에러를 잡아내는 데 도움을 준다. 이를 이해하기 위해서는 먼저 자바스크립트가 동적 타입dynamically typed 언어라는 점부터 이해해야 한다.

---

1   https://www.jetbrains.com/lp/devecosystem-2022/

자바스크립트에서는 특정한 데이터 타입을 변수에 할당한 뒤 **다른** 데이터를 같은 변수에 할당할 수 있다. 예를 들면, number라는 변수를 생성한 뒤 5라는 숫자로 해당 변수를 초기화할 수 있다.

숫자 값 5로 초기화하기

```
let number = 5;
```

이후 코드에서 문자열 "5"를 number 변수의 값으로 재할당할 수 있다.

같은 변수에 "5" 재할당하기

```
let number = 5;

// 다른 코드...

number = "5";
```

앞의 예시는 자바스크립트가 약한 타입 언어weakly typed language임을 보여주는 예시이다. 자바스크립트는 변수에 대해 고정된 데이터 타입을 강제하지 않는다. 변수의 타입이 선언되면 변경되지 않는 강한 타입 언어strongly typed language와 달리, 자바스크립트는 변수의 타입 변경을 허용한다. 이 유연함은 장점인 동시에 단점이기도 하다.

장점은 개발자들이 코드를 보다 빠르고 쉽게 작성할 수 있다는 점이다. 변수를 선언할 때 변수의 타입을 명시적으로 지정하지 않아도 되며, 타입을 뒤섞은 동작(문자열을 숫자에 더하는 등)은 즉각 에러를 유발하지 않는다. 이 동적 타이핑dynamic typing은 초기 개발 프로세스의 속도를 높이며 자바스크립트를 처음 다루는 이들에게 친화적이다.

반면에, 단점은 의도치 않은 버그를 야기한다는 것이다. 변수가 예상치 못하게 타입을 변경하거나, 특정한 타입을 기대하는 함수가 다른 타입을 받으면 그 결과는 예측하기 어려워진다. 에러는 런타임이 되어서야 나타날 수 있으며, 이런 에러는 개발 프로세스를 진행하는 동안에는 잡아내기 어렵다. 이는 기능이 기대와 다르게 작동하는 시나리오로 이어질 수 있고, 디버깅은 보다 어려워진다.

이 단점이 자바스크립트의 슈퍼셋인 타입스크립트가 많은 인기를 얻은 주요 이유다. 정적 타이핑static typing을 도입함으로써 양쪽 세계의 장점을 모두 활용할 수 있으며, 개발자들은 선택적으로 타입 애너테이션type annotation을 사용해 자바스크립트 코드를 작성할 수 있다.

앞의 예시를 타입스크립트로 바꿔보자. number 변수를 초기화할 때 number 변수의 정적 타입이 number 타입이 되도록 명시할 수 있다.

타입스크립트에서 number 데이터 타입 할당하기

```
let number: number = 5;
```

number 변수에 문자열 "5"를 할당하려고 하면 타입스크립트 컴파일러는 'string' 타입을 'number' 타입에 할당할 수 없다(Type 'string' is not assignable to type 'number')는 에러를 표시한다.

타입스크립트에서 변수를 다른 타입에 재할당하기

```
let number: number = 5;

// 다른 코드

/*
  Type 'string' is not assignable to type 'number'.ts(2322)
*/
number = "5";
```

타입스크립트는 우리가 명시적으로 그 정적 타입을 지정하지 않아도 number 변수가 number 타입임을 인식한다.

타입스크립트는 해당 코드를 자바스크립트로 컴파일할 때(즉, 컴파일타임에) 우리가 작성한 코드에 이슈가 있음을 인식한다. 이는 안전성과 예측성이라는 이점을 준다. 잠재적인 타입 관련 에러를 런타임이 아닌 개발 중 컴파일타임에 잡아낼 수 있기 때문이다.

타입스크립트는 타입 안전성과 함께 다음의 이점도 제공한다.

- **더 나은 개발자 경험**: VSCode 같은 에디터들은 타입스크립트 코드에서 사용할 수 있는 개선된 IntelliSense, 자동 완성 기능, 리팩터링 기능을 제공한다.
- **쉬운 유지보수**: 프로젝트 규모가 커지면 의도하지 않게 뭔가를 망가뜨리지 않으면서 변경하기 어렵다. 타입스크립트의 정적 타이핑은 퇴행적인 버그와 이슈를 유입시키지 않으면서 쉽게 코드베이스를 탐색하고 리팩터링할 수 있게 한다.

- **보다 나은 협업**: 타입과 타입 정의의 자기 설명적인 특성으로, 타입스크립트를 사용하면 다른 사람들이 작성한 코드를 쉽게 이해할 수 있다.

15.2 빌드 도구와 타입스크립트

타입스크립트가 **단지 개발 도구는 아니라는 점**을 주목해야 한다. 타입스크립트 자체는 브라우저가 이해하지 못하기 때문에 반드시 유효한 자바스크립트를 컴파일해야 한다. 대규모 리액트 애플리케이션에서는 Vite나 Webpack 같은 빌드 도구를 사용해 이 컴파일 과정을 수행한다. 이 빌드 도구들은 esbuild나 ts-loader 같은 도구를 활용해 타입스크립트 코드를 평이한 자바스크립트로 트랜스파일한다.

새로운 리액트 타입스크립트 애플리케이션을 시작한다면 Vite[2]나 Next.js[3] 같은 프레임워크 사용을 권장한다. 이들은 기본적으로 타입스크립트를 지원한다. 이 도구들을 사용하면 타입스크립트 컴파일러나 Webpack을 직접 설정할 필요가 없다. 타입스크립트 구성 파일(`tsconfig.json`)만 만들면 프레임워크가 나머지 작업은 알아서 해준다.

15.3 구성과 린팅

tsconfig.json

`tsconfig.json`[4] 파일은 타입스크립트 애플리케이션의 루트에 만들고 유지하는 JSON 파일이며, 타입스크립트 프로젝트의 상위 디렉터리임을 나타낸다. 이 파일을 사용해 타입스크립트 구성을 커스터마이즈하고 타입스크립트 컴파일러가 프로젝트를 컴파일하는 데 사용하는 옵션을 안내한다.

리액트 애플리케이션을 위한 `tsconfig.json` 예시

```
{
  "compilerOptions": {
    "target": "ES6",
    "module": "CommonJS",
    "jsx": "react",
```

---

2   https://vitejs.dev/guide/features.html#typescript
3   https://nextjs.org/docs/app/building-your-application/configuring/typescript
4   https://www.typescriptlang.org/docs/handbook/tsconfig-json.html

```
      "outDir": "./dist",
      "rootDir": "./src",
      "strict": true,
      "esModuleInterop": true,
      "skipLibCheck": true,
      "forceConsistentCasingInFileNames": true
    },
    "include": ["src/**/*.ts", "src/**/*.tsx"],
    "exclude": ["node_modules"]
}
```

위 구성 예시에서 사용한 옵션들에 빠르게 살펴보자.

- `target`: 대상 ECMA스크립트의 버전. ES6 등
- `module`: 모듈 시스템. `CommonJS` 등
- `jsx`: JSX 파일 처리 메서드
- `outDir`: 컴파일된 자바스크립트 파일을 저장할 디렉터리
- `rootDir`: 입력 파일의 루트 디렉터리
- `strict`: 모든 엄격한 타입 옵션을 활성화하는 플래그(아래 세부 내용 참조)
- `esModuleInterop`: 생성된 코드에서 ES6 스타일 임포트/익스포트를 허용하는 설정
- `skipLibCheck`: 선언 파일에 대한 타입 체킹을 건너뛰는 플래그
- `forceConsistentCasingInFileNames`: 파일 이름의 대소문자 일관성을 보장하는 체크 옵션
- `include`: 프로그램에 포함할 파일명 혹은 패턴의 배열
- `exclude`: `include`를 해결할 때 배제할 파일명 혹은 패턴의 배열

앞에서 `true`로 설정한 `strict` 옵션은 다양한 타입 체킹 동작을 활성화함으로써 타입 시스템을 보다 견고하게 만든다. 엄격한 체크의 일부 항목만 활성화하고 싶다면 `strict` 옵션을 비활성화한 뒤 수동으로 원하는 개별 옵션을 설정하면 된다.

개별 타입 체킹 옵션 수동 활성화하기

```
{
  "compilerOptions": {
    // ...
    "strict": false,
    "noImplicitAny": true,
    "strictNullChecks": true,
```

```
    // ...
  },
  // ...
}
```

`noImplicitAny`와 `strictNullChecks` 옵션은 이런 개별 타입 체킹 옵션으로 이들은 개별적으로 활성화해 타입 시스템의 특정 측면을 강제할 수 있다.

`noImplicitAny`는 타입을 갖지 않는 모든 변수 혹은 매개변수(타입스크립트가 타입을 추론할 수 없는)에 명시적으로 타입을 선언하지 않으면 에러로 간주한다. 런타임 에러를 발생시킬 수 있는 타입이 정의되지 않은 변수를 잡아내는 데 도움을 준다.

`strictNullChecks`는 엄격한 `null` 혹은 `undefined` 체크를 강제한다. 다시 말해 `null`이나 `undefined` 타입을 명시적으로 선언하지 않고는 변수에 할당할 수 없다. 이는 일반적인 null 참조 에러를 방지하는 데 도움이 된다.

앞의 예시와 구성은 컴파일러에 지시하고 통제할 수 있는 수많은 옵션의 지극히 일부에 지나지 않는다. 사용할 수 있는 모든 옵션과 그 역할을 확인하고 싶다면 타입스크립트 문서의 TSConfig Reference[5]를 참조하자.

ESLint

린팅은 코딩 표준을 강제함으로써 개발을 진행하는 동안 에러/불일치를 식별하는 프로세스로 코드 품질을 유지하는 데 매우 중요하다. 타입스크립트(및 자바스크립트) 코드 린팅에서는 ESLint[6] 라이브러리를 널리 사용한다. ESLint는 자유롭게 구성할 수 있고, 구현이 간단하며 다양한 기본 규칙 집합을 포함한다.

타입스크립트 프로젝트에 ESLint를 설정하고 구성하려면 몇 가지 의존성을 설치해야 한다.

- `eslint`: 핵심 ESLint 라이브러리다.
- `@typescript-eslint/parser`: ESLint를 활성화해 타입스크립트 코드를 분석하는 파서이다.
- `@typescript-eslint/eslint-plugin`: `@typescript-eslint/parser`와 함께 사용할 수 있는

---

5   https://www.typescriptlang.org/tsconfig
6   https://eslint.org/

플러그인이다. 타입스크립트를 위한 다양한 ESLint 규칙을 통합한다.

ESLint 의존성 설치하기

```
yarn add -D eslint \
  @typescript-eslint/parser \
  @typescript-eslint/eslint-plugin
```

필요한 패키지를 설치했다면 `.eslinerc` 파일을 리액트 타입스크립트 프로젝트 루트에 만들고 애플리케이션을 위한 린팅 규칙을 생성한다.[7]

리액트/타입스크립트 애플리케이션을 위한 `.eslintrc` 파일 예시

```
{
  "parser": "@typescript-eslint/parser",
  "parserOptions": {
    "ecmaVersion": "latest",
    "sourceType": "module"
  },
  "extends": [
    "plugin:@typescript-eslint/recommended"
  ],
  "rules": {
    "indent": "off",
    "@typescript-eslint/indent": "off"
  }
}
```

앞 예시의 구성은 다음과 같다.

- `parser`: ESLint에서 `@typescript-eslint/parser`를 사용한다고 지정한다.
- `parserOptions`: ESLint가 지원할 언어 옵션을 지정한다.
- `extends`: `@typescript-eslint/recommended`[8] 플러그인에 지정된 린팅 규칙을 확장한다.
- `rules`: 애플리케이션에서 사용할 특정 ESLint 규칙을 지정한다.

ESLint를 사용한 린팅에 관해 자세히 알고 싶다면 13장을 참조하자.

---

7   https://eslint.org/docs/latest/use/configure/
8   https://github.com/typescript-eslint/typescript-eslint/blob/main/packages/eslint-plugin/src/configs/recommended.ts

15.4 리액트 + 타입스크립트

리액트와 타입스크립트를 조합하면 대규모 애플리케이션 개발을 위한 강건한 환경을 구성할 수 있다. 이번 절에서는 타입스크립트를 사용해 보다 효율적이고, 가독성이 높고, 유지보수 가능한 리액트 코드를 작성하는 다양한 패턴에 관해 살펴본다.

함수형 컴포넌트에서 props 타입 정의하기

리액트에서 함수형 컴포넌트를 정의할 때는 타입스크립트 인터페이스 혹은 타입을 사용해서 컴포넌트가 받는 props를 정의하는 것이 좋다.

리액트 컴포넌트에서 props 정의하기

```
import React from 'react';

interface Props {
  name: string;
  age: number;
  address?: string;
}

const Person = ({ name, age, address }: Props) => {
  return (
    <div>
      <p>Name: {name}</p>
      <p>Age: {age}</p>
      {address && <p>Address: {address}</p>}
    </div>
  );
};

export default Person;
```

앞의 예시에서 `Person` 컴포넌트를 지정했다. 이 컴포넌트가 렌더링되면 `name`, `age`를 각각 `string`, `number` 타입으로 정의할 것을 요구한다. 이 컴포넌트는 `string` 타입의 `address` 속성을 선택적으로 받을 수 있다.

정확하지 않은 타입을 사용해 컴포넌트를 렌더링하면 타입스크립트는 컴파일타임 에러를 출력한다.

정확하지 않은 타입을 사용해 컴포넌트 렌더링하기

```
import React from 'react';
import Person from './Person';

const App = () => {
  return (
    /*
      TypeScript Error:
      Type 'number' is not assignable to type 'string'.
      Type 'string' is not assignable to type 'number'.

      (타입 'number'는 타입 'string'에 할당할 수 없습니다.)
      (타입 'string'은 타입 'number'에 할당할 수 없습니다.)
    */
    <Person name={42} age={"twenty"} />
  );
};

export default App;
```

children 타이핑하기

children[9]은 특별한 prop으로 상위 컴포넌트parent component에서 하위 컴포넌트child component로 JSX 요소를 전달할 때 사용한다. 기본적으로 children prop은 모든 타입이 될 수 있다. 하지만 때로는 children prop이 특정 타입의 요소만 받도록 하는 것이 유용하다.

React.ReactNode는 children prop에 사용할 수 있는 매우 일반적인 타입으로 모든 유효한 리액트 하위 요소를 수용한다. 문자 및 숫자와 같은 기본값, 리액트 요소, 이 타입을 포함하는 배열이나 프래그먼트를 포함한다.

React.ReactNode를 children으로 받는 컴포넌트

```
import React from "react";

interface Props {
  children: React.ReactNode;
}

const Person = ({ children }: Props) => {
  return <div>{children}</div>;
```

---

9   https://react.dev/learn/passing-props-to-a-component#passing-jsx-as-children

```
};

export default Person;
```

요소의 배열을 갖는 컴포넌트를 children으로 렌더링하기

```
import React from "react";
import Person from "./Person";

const App = () => {
  return (
    <Person>
      {[
        <p key="1">Name: James</p>,
        <p key="2">Age: 30</p>,
      ]}
    </Person>
  );
};

export default App;
```

React.ReactElement는 children prop으로 사용할 수 있는 보다 구체적인 타입이며, 전형적으로 JSX를 통해 생성된 리액트 요소 객체를 나타낸다. children이 텍스트나 배열이 아니라 단일 리액트 요소가 되도록 제한하고 싶을 때 유용하다.

React.ReactElement를 children으로 받는 컴포넌트

```
import React from 'react';

interface Props {
  children: React.ReactElement;
}

const Person = ({ children }: Props) => {
  return <div>{children}</div>;
};

export default Person;
```

단일 요소를 갖는 컴포넌트를 children으로 렌더링하기

```
import React from 'react';
import Person from './Person';
```

```
const App = () => {
  return (
    <Person>
      <p>Name: James</p>
    </Person>
  );
};

export default App;
```

각 자식에게 다른 타입을 제공함으로써 컴포넌트가 사용할 수 있는 children의 구체적인 형태를 지정할 수 있다.

```
interface Props {
  children: [
    React.ReactNode,
    number,
    React.ReactElement
  ];
}
```

리액트 훅

리액트 훅React hook을 사용하면 함수형 컴포넌트의 상태와 다른 리액트 기능들을 활용할 수 있다. 리액트 라이브러리가 제공하는 핵심 훅core hook을 사용한다면 몇 가지 패턴과 프랙티스를 따르는 것도 좋다. 이를 통해 타입 안전한 리액트 코드를 작성하는 방법을 익힐 수 있다.

useState

useState 훅은 가장 기본적인 훅이며 이를 사용하면 함수형 컴포넌트의 로컬 상태를 관리할 수 있다. 타입스크립트는 useState에 전달되는 초깃값을 사용해 상태의 타입을 추론할 수 있다. 그러나 직접 상태의 타입을 명확하게 정의할 수도 있다.

다음은 count의 타입을 number로 명확하게 정의하는 예시이다.

명시적으로 상태의 타입 정의하기

```
const [count, setCount] = useState<number>(0);
```

count를 숫자가 아닌 값으로 설정하려고 하면 타입 스크립트는 이를 에러로 표시한다. 이 타입 체킹을 통해 해당 상태가 기대한 데이터 타입과 일관성을 유지함을 보장할 수 있다. 이는 버그를 방지하는 동시에 코드 품질을 향상한다.

숫자 count 속성을 문자열로 업데이트하기

```
import React, { useState } from 'react';

const Counter: React.FC = () => {
  // 명시적으로 count의 타입을 number로 정의한다.
  const [count, setCount] = useState<number>(0);

  const updateCount = () => {
    /*
      TypeScript Error:
      Argument of type 'string' is not assignable to parameter of type 'number | ((prevState:
      number) => number)'.

      ('string' 타입 인수는 'number | ((prevState: number) => number)' 타입 인수에 할당할 수
      없습니다.)
    */
    setCount("5");
  };

  return (
    <div>
      <h2>Counter: {count}</h2>
      <button onClick={updateCount}>
        Increment
      </button>
    </div>
  );
};

export default Counter;
```

useReducer

useReducer 훅을 사용하면 함수형 컴포넌트의 보다 복잡한 상태 로직을 관리할 수 있다. useState 훅과 비슷하지만 복잡한 상태 전환을 처리하거나, 최적화를 구현하거나, 보다 구조화된 접근법을 요구하는 상태 관리를 수행하는 경우에는 useReducer 훅을 사용하는 것이 좋다.

useReducer 훅을 사용해서 얻을 수 있는 이익에 관해서는 7장에서 자세히 살펴본다.

타입스크립트를 사용하면 reducer 함수의 **상태**와 **동작**에 대한 유형을 정의한 다음 useReducer 훅에서 사용할 수 있다.

상태 타입과 액션 정의하기

```
import { useReducer } from 'react';

type State = { count: number };
type Action = {
  type: 'increment' | 'decrement'
};

const initialState: State = { count: 0 };

function reducer(
  state: State,
  action: Action
): State {
  switch (action.type) {
    case 'increment':
      return { count: state.count + 1 };
    case 'decrement':
      return { count: state.count - 1 };
    default:
      throw new Error();
  }
}

const Counter = () => {
  const [state, dispatch] = useReducer(
    reducer,
    initialState
  );

  // ...
};
```

앞과 같은 타입스크립트 환경에서 dispatch 함수를 useReducer와 함께 올바르지 않게 사용하면, 타입스크립트는 에러를 발생시킨다. 이는 가져온 액션과 정의된 액션 타입의 일관성을 보장하고자 할 때 유용하다.

예를 들면 위에서 정의된 Action 타입은 'increment' 혹은 'decrement'만 유효한 액션 타입으로 허용한다. 이 타입과 일치하지 않는 액션을 가져오려고 하면 타입스크립트는 에러를 발생시킨다.

컴포넌트로부터 유효하지 않은 타입의 액션 가져오기

```
// ...
const Counter = () => {
  const [state, dispatch] =
    useReducer(reducer, initialState);

  const wrongUpdate = () => {
    /*
      TypeScript Error:
      Argument of type '{ type: 'multiply' }' is not assignable to parameter of type
      'Action'. Object literal may only specify known properties, and 'type' does not
      exist in type 'Action'.

      (타입 '{ type: 'multiply' }'인 인수는 타입 'Action'의 매개변수로 할당할 수 없습니다.
      객체 리터럴은 알려진 속성만 명시할 수 있으며, 'type'은 'Action' 타입에 존재하지
      않습니다.)
    */
    dispatch({ type: 'multiply' });
  };

  // ...
};
```

이 타입 체킹은 reducer() 함수가, 처리 가능하도록 설계된 액션만 받아서 처리할 수 있음을 보장한다. 따라서 상태 관리 면에서 무결성과 예측성을 유지할 수 있다.

useContext

useContext 훅을 사용하면 애플리케이션의 모든 위치에서 접근할 수 있는 전역 상태를 만들 수 만들 수 있다. 타입스크립트를 사용하면 우리가 만드는 콘텍스트 상태 타입을 정의할 수 있다. 다음은 타입스크립트와 함께 useContext를 사용해 리액트 애플리케이션의 theme 콘텍스트를 다루는 예시이다.

콘텍스트 API를 사용해 Themable 리액트 컴포넌트 만들기

```
import React, {
  createContext,
  useContext
} from 'react';

type Theme = 'light' | 'dark';
const ThemeContext =
  createContext < Theme > "light";
```

```
const ThemedComponent = () => {
  const theme = useContext(ThemeContext);

  const style = {
    background:
      theme === "light" ? "#fff" : "#333",
  };

  return <div style={style}>...</div>;
};

export default ThemedComponent;
```

앞에서 `ThemeContext`는 `'light'`, `'dark'`라는 2개의 theme 값만 받을 수 있도록 정의했다. `ThemedComponent`는 이 콘텍스트를 활용해 현재 테마에 따라 동적으로 배경 스타일을 설정한다.

`ThemeContext`가 2개의 가능한 theme 값만 받게 함으로써 이 콘텍스트의 모든 소비자는 지정된 theme 타입을 고수할 것임을 보장할 수 있다.

타입스크립트는 이와 유사한 형태로 `useEffect`, `useDemo`, `useCallback` 같은 다른 핵심 리액트 훅을 적용할 수 있고, 이를 통해 그들의 입력과 출력의 올바른 타입을 보장할 수 있다. 핵심 훅뿐만 아니라 타입스크립트는 커스텀 훅의 타입을 지정하는데 효과적이며, 다양한 컴포넌트와 콘텍스트에 걸쳐 커스텀 훅을 올바르게 사용하도록 할 수 있다.

커스텀 훅

커스텀 훅custom hook은 우리가 직접 만들 수 있는 함수이며 이를 활용하면 여러 컴포넌트 사이에서 상태를 갖는 로직stateful logic을 추출하고 재사용할 수 있다.

다음은 커스텀 `useToggle` 훅의 예시이다. `useToggle` 훅을 사용하면 컴포넌트가 불리언 상태를 쉽게 관리하게 할 수 있다. `useToggle` 훅은 초기 상태를 입력으로 받고 현재 상태와 토글할 함수의 튜플을 반환한다.

자바스크립트로 작성한 커스텀 useToggle 훅

```
import { useState, useCallback } from 'react';

const useToggle = (initialState = false) => {
  const [isOn, setIsOn] = useState(initialState);
```

```
  const toggle = useCallback(() => {
    setIsOn(prevIsOn => !prevIsOn);
  }, []);

  return [isOn, toggle];
};

export default useToggle;
```

타입스크립트를 사용하면 훅의 입력과 출력의 타입을 명시적으로 정의할 수 있다. 이를 통해 해당 훅이 올바르게 사용되도록 보장하고 해당 훅을 사용하는 컴포넌트에 대한 더 나은 타입 추론을 할 수 있다.

다음은 같은 `useToggle` 훅을 타입스크립트로 작성한 것으로, 이 훅은 명시적으로 튜플을 반환한다.

타입스크립트로 작성한 동일한 useToggle 훅

```
import { useState, useCallback } from 'react';

type UseToggle = {
  isOn: boolean;
  toggle: () => void;
};

const useToggle = (
  initialState: boolean
): [boolean, () => void] => {
  const [isOn, setIsOn] = useState(initialState);

  const toggle = useCallback(() => {
    setIsOn(prevIsOn => !prevIsOn);
  }, []);

  return [isOn, toggle] as const;
};

export default useToggle;
```

컴포넌트 안에서 이 훅이 사용될 때, 타입스크립트는 훅에 제공된 초기 상태와 훅이 반환하는 값의 타입이 올바르게 사용되었음을 보장한다.

올바르지 않은 useToggle 훅의 사용

```
import React from 'react';
import useToggle from './useToggle';

const Component: React.FC = () => {
  /*
    TypeScript Error:
    Argument of type 'string' is not assignable to parameter of type 'boolean'.

    ('string' 타입의 인수는 'boolean' 타입 매개변수에 할당할 수 없습니다.)
  */
  const [isOn, setToggle] = useToggle("wrong type");
  return (
    // ...
  );
};

export default Component;
```

올바른 useToggle 훅의 사용

```
import React from 'react';
import useToggle from './useToggle';

const Component: React.FC = () => {
  /*
    isOn: boolean
    toggle: () => void
  */
  const [isOn, toggle] = useToggle(false);

  return (
    // ...
  );
};

export default Component;
```

이늄

타입스크립트에서는 이늄enum[10]을 사용하면 관련된 값의 집합을 조직화할 수 있으며, 대규모 리액트 애플리케이션의 가독성과 유지보수성을 개선할 수 있다. 이늄을 사용하면 유사한 분류에 속하는 값들을 그루핑할 수 있어 코드를 보다 직관적으로 만들 수 있기 때문에 이질적이고, 구조화되어 있지 않은 값을 사용하면서 발생할 수 있는 에러를 줄일 수 있다. 결과적으로 값이 하나의 중앙 집중 관리되는 위치에서만 변경되기 때문에 보다 쉽게 값을 리팩터링 및 업데이트할 수 있다.

이늄을 사용하면 숫자 혹은 문자열값을 함께 그루핑할 수 있다.

숫자 이늄

```
enum Direction {
  Up = 1,
  Down,
  Left,
  Right
}

// 사용법
// move는 값 1을 갖는다.
const move = Direction.Up;
```

문자열 이늄

```
enum Status {
  IDLE = 'IDLE',
  LOADING = 'LOADING',
  SUCCESS = 'SUCCESS',
  ERROR = 'ERROR'
}

// 사용법
// currentStatus는 값 'LOADING'을 갖는다.
const currentStatus = Status.LOADING;
```

모던 타입스크립트에서는 enum 키워드 대신 as const 어서션을 사용해서 이늄을 만들 수 있다.

---

10 https://www.typescriptlang.org/docs/handbook/enums.html

as const 어서션을 사용해 이늄 만들기

```
const status = {
  IDLE: 'IDLE',
  LOADING: 'LOADING',
  SUCCESS: 'SUCCESS',
  ERROR: 'ERROR',
} as const;

// 사용법
// currentStatus는 값 'LOADING'을 갖는다.
const currentStatus = Status.LOADING;
```

앞의 예시에서 **as const**는 상태 객체의 각 속성을 리터럴_{literal} 타입으로 만든다. 이를 활용하면 고정된 값을 갖는 읽기 전용 객체를 만들 수 있다. 이는 이늄과 유사하며 실젯값을 직접 사용하고자 할 때 유용하며, 이 값들이 변경되지 않음을 보장한다.

이늄은 다른 UI 컴포넌트 혹은 요소를 리액트 애플리케이션의 특정한 상태 혹은 조건에 기반해 렌더링할 때도 효과적이다. 예를 들면 다음 **LoadingIndicator** 컴포넌트에서는 **status** 상수 이늄을 사용해 다양한 UI 상태(로딩, 성공, 에러)를 간략하고 타입 안전한_{type-safe} 방법으로 관리한다.

이늄을 사용해 조건에 따라 UI 렌더링하기

```
import React from 'react';

const status = {
  IDLE: 'IDLE',
  LOADING: 'LOADING',
  SUCCESS: 'SUCCESS',
  ERROR: 'ERROR',
} as const;

type Status = typeof status[keyof typeof status];

interface Props {
  status: Status;
}

const LoadingIndicator: React.FC<Props> = ({
  status,
}) => {
  switch (status) {
    case status.IDLE:
      return null;
```

```
      case status.LOADING:
        return <div>Loading...</div>;
      case status.SUCCESS:
        return <div>Data loaded successfully</div>;
      case status.ERROR:
        return <div>Error loading data</div>;
      default:
        return null;
    }
  };

  export default LoadingIndicator;
```

제네릭 컴포넌트

타입스크립트에서 제네릭generic은 단일 타입이 아닌 다양한 타입에 대해 작동하는 재사용 가능한 함수를 만들 수 있게 하는 기능이다. 리액트 컴포넌트에 제네릭을 사용하면 컴포넌트가 다른 형태의 데이터(예: props)를 받게 할 수 있다. 먼저 예시를 통해 제네릭에 관해 이해하자. 앞의 예시에서는 단일 컴포넌트를 사용해 여러 데이터 타입을 받는 것을 처리해본다.

하나의 `DataTable` 컴포넌트가 있다고 가정하자. 이 컴포넌트는 테이블 뷰 안에 데이터를 표시한다. 먼저 다음과 같이 테이블 안에 사용자 정보를 렌더링하기 위해 사용되는 `DataTable`을 가질 수 있다.

DataTable 컴포넌트
```
import React from 'react';

type UserData = {
  id: number;
  name: string;
  email: string;
};

interface Props {
  data: Array<UserData>;
  columns: Array<keyof UserData>;
}

const DataTable = ({
  data,
  columns
```

```
}: Props) => {
  return (
    <table>
      <thead>
        <tr>
          {columns.map((col, index) => (
            <th key={index}>{col}</th>
          ))}
        </tr>
      </thead>
      <tbody>
        {data.map(
          (item: UserData, index: number) => (
            <tr key={index}>
              {columns.map((col, idx) => (
                <td key={idx}>{item[col]}</td>
              ))}
            </tr>
          ))}
      </tbody>
    </table>
  );
}
```

사용자 정보를 사용해 DataTable 렌더링하기

```
<DataTable
  data={[
    {
      id: 1,
      name: "John Doe",
      email: "john.doe@example.com",
    },
  ]}
  columns={["id", "name", "email"]}
/>
```

앞의 `DataTable` 컴포넌트는 `Array<UserData>` 타입의 data라는 이름의 prop을 받는다. `UserData`
는 사용자 정보를 포함한 객체를 나타낸다. `DataTable` 컴포넌트는 `columns`라는 prop을 위한 값도
받아야 한다. 이 값은 우리가 표시하고자 하는 `UserData` 객체들을 가리키는 리스트의 배열이다.
`keyof UserData`를 사용함으로써 `UserData`의 키만 사용할 수 있음을 보장한다.

다른 형태의 데이터를 위해 동일한 `DataTable` 컴포넌트를 재사용하고 싶다면 어떻게 할까? 예를

들면 제품 정보의 데이터 테이블을 렌더링하고 싶다고 가정해보자. 이를 달성하기 위해 취할 수 있는 접근법의 하나는 유니언 타입union type[11]을 사용해 DataTable 컴포넌트가 받을 수 있는 여러 데이터 형태를 나타내는 것이다.

유니언 타입을 사용해 다른 형태의 데이터를 받을 수 있도록 DataTable을 조정하기

```
import React from 'react';

type UserData = {
  id: number;
  name: string;
  email: string;
};

type ProductData = {
  productId: number;
  productName: string;
  price: number;
};

interface Props {
  data: Array<UserData> | Array<ProductData>;
  columns:
  Array<keyof UserData> |
  Array<keyof ProductData>;
};

const DataTable = ({ data, columns }: Props) => {
  // 구현 ...
};
```

유니언 타입을 도입하면 DataTable 컴포넌트가 다양한 데이터 형태를 지원하도록 유연성을 더할 수 있다. 하지만 이 방식은 계속해서 다른 데이터 타입을 추가해야 한다면 잘 확장할 수 없다. 더 많은 데이터 형태가 추가되거나 기존 데이터 형태가 변경되면 유지보수 비용이 기하급수적으로 늘어나기 때문이다.

DataTable 컴포넌트가 다양한 여러 데이터 형태를 받을 수 있게 하는 또 다른 접근 방법은 간단히 any[12] 타입을 사용해서 컴포넌트가 **모든 형태**의 데이터를 받을 수 있게 선언하는 것이다.

---

11 https://www.typescriptlang.org/docs/handbook/2/everyday-types.html#union-types
12 https://www.typescriptlang.org/docs/handbook/2/everyday-types.html#any

DataTable이 모든 형태의 데이터를 받을 수 있게 조정하기

```
import React from 'react';

interface Props {
  data: any;
  columns: string[];
}

const DataTable = ({ data, columns }: Props) => {
  // 구현...
}
```

any 타입을 사용하는 것은 적응적인 컴포넌트를 만드는 쉬운 해결책처럼 보일 수 있지만, 타입스크립트가 제공하는 이점을 누리지 못하게 된다. 다시 말해, any를 사용하면 타입 안전성 체크를 할 수 없게 되며 이는 잠재적으로 런타임 에러를 발생시킬 수 있다.

이런 상황에서 타입스크립트 제네릭[13]을 활용할 수 있다. 타입스크립트 제네릭을 사용하면 **타입 안전성을 유지하면서** 여러 데이터 형태를 처리하는 유연성을 확보할 수 있다.

DataTable 컴포넌트를 제네릭으로 만들 수 있다. 제네릭 컴포넌트는 Array<T> 타입의 데이터 prop 을 받는다. 여기에서 T는 모든 객체가 될 수 있다.

DataTable이 타입 변수를 받게 만들기

```
import React from 'react';

const DataTable = <T extends object>(
  { data, columns }: Props<T>
) => {
  return (
    // ...
  );
};
```

앞의 코드 스니핏에서 <T extends object> 구문은 객체$_{object}$를 확장한 제네릭 타입 T를 선언한다. 이는 T가 모든 객체 타입이 될 수 있다는 의미이다.

제네릭 타입 변수 T는 Props 인터페이스로 전달된다. Props 인터페이스 역시 제네릭이며 타입 변

---

13 https://www.typescriptlang.org/docs/handbook/2/generics.html

수를 받을 수 있다. 이후 `T`를 사용해 `data`와 `columns` 배열의 타입을 지정한다. `data`는 모든 타입 `T`의 배열이고, `columns`는 `T`의 키의 배열이다.

타입 변수를 Props 제네릭 인터페이스에 전달하기

```
import React from 'react';

interface Props<T> {
  data: Array<T>;
  columns: Array<keyof T>;
}

const DataTable = <T extends object>(
  { data, columns }: Props<T>
) => {
  return (
    // ...
  );
};
```

`DataTable` 컴포넌트의 전체 코드는 다음과 같을 것이다.

제네릭 DataTable 컴포넌트

```
import React from 'react';

interface Props<T> {
  data: Array<T>;
  columns: Array<keyof T>;
}

const DataTable = <T extends object>(
  { data, columns }: Props<T>
) => {
  return (
    <table>
      <thead>
        <tr>
          {columns.map((col, index) => (
            <th key={index}>{col}</th>
          ))}
        </tr>
      </thead>
      <tbody>
        {data.map((item: T, index: number) => (
          <tr key={index}>
```

```
            {columns.map((col, idx) => (
              <td key={idx}>
                {item[col as keyof T]}
              </td>
            ))}
          </tr>
        ))}
      </tbody>
    </table>
  );
};
```

앞과 같이 변경하면 상위 컴포넌트는 `DataTable` 컴포넌트를 사용해서 사용자 정보 테이블을 렌더링할 수 있다.

사용자 데이터를 사용해 DataTable 렌더링하기

```
import React from "react";
import DataTable from "./DataTable";

const App = () => {
  const userData = [
    { id: 1, name: "John", age: 30 },
    { id: 2, name: "Jane", age: 25 },
  ];
  return <DataTable data={userData} />;
};

export default App;
```

또한 `DataTable` 컴포넌트를 사용해 애플리케이션의 임의의 위치에서 일련의 제품 정보를 렌더링하게 할 수도 있다.

제품 데이터를 사용해 DataTable 렌더링하기

```
import React from "react";
import DataTable from "./DataTable";

const App = () => {
  const productData = [
    {
      productId: "p1",
      productName: "Laptop",
      price: 1000,
```

```
    },
    {
      productId: "p2",
      productName: "Phone",
      price: 500,
    },
  ];

  return <DataTable data={productData} />;
};

export default App;
```

앞의 두 예시에서 타입스크립트는 우리에게 명시적으로 타입을 지정할 것을 요구하지 않고도 데이터의 형태를 추론할 수 있다. 이는 타입스크립트의 강력한 기능이다. 컴파일러는 우리가 데이터의 타입을 명시적으로 지정하지 않아도 DataTable 컴포넌트에 전달된 데이터의 형태가 일치하는지 확인한다.

DataTable은 제네릭 매개변수도 받을 수 있으므로 원한다면 타입 추론을 제거하고 명시적으로 데이터 prop의 타입을 정의할 수 있다.

명시적으로 데이터 형태 정의하기

```
import React from 'react';
import DataTable from './DataTable';

type UserData = {
  id: number;
  name: string;
  email: string;
};

const App = () => {
  const userData = [
    { id: 1, name: 'John', age: 30 },
    { id: 2, name: 'Jane', age: 25 }
  ];

  return (
    <DataTable<UserData> data={userData} />
  );
};

export default App;
```

앞의 예시는 조금 더 엄격한 접근법이다. 우리는 명시적으로 타입을 지정함으로써 `DataTable` 컴포넌트 안에서 사용되는 데이터 형태를 기술했다. 이는 컴포넌트 사용에 대한 엄격한 계약을 강제해야 하는 경우 종종 유용하다. 컴포넌트의 소비자consumer는 기대되는 데이터의 형태를 정확하게 인지할 수 있기 때문이다.

리액트 및 타입스크립트 컴포넌트 패턴들에 관해 더 알고 싶다면 <React TypeScript Cheatsheets>[14]를 읽어보자. 오픈소스 자료이며 몇 가지 추가 예시와 팁들을 제공해준다.

15.5 선언 파일들

타입스크립트가 가진 잠재력을 완전히 활용하려면 우리가 사용하는 서드파티 라이브러리 역시 동적 타입을 지원해야 한다. 안타깝게도 우리가 사용할 만한 대부분의 서드파티 라이브러리는 네이티브 자바스크립트(예: lodash) 혹은 자바스크립트 확장으로만 작성되어 있다. 이럴 때 타입스크립트 선언 파일을 사용한다.

선언 파일declaration file[15]은 타입스크립트로 작성되지 않은 모듈 혹은 라이브러리의 타입을 선언한 파일이다. 이 파일들은 `.d.ts` 확장자를 가지며 구현 코드가 없는 라이브러리의 함수, 클래스, 변수에 관한 타입 정보를 포함한다.

이와 관련된 타입을 갖지 않는 라이브러리를 임포트해 사용하는 경우 커스텀 선언 파일을 만들거나 `DefinitelyTyped` 저장소로부터 적절한 선언 파일을 임포트할 수 있다.

DefinitelyTyped

DefinitelyTyped[16]는 널리 알려진 다양한 자바스크립트 라이브러리에 대한 고품질 타입스크립트 선언 파일을 포함하고 있는 저장소이다. 이 저장소는 커뮤니티가 주도해 관리하고 있으며 누구나 타입 정의를 추가하거나 개선함으로써 기여할 수 있다.

타입 정의를 포함하지 않는 외부 라이브러리를 사용할 때는 가장 먼저 DefinitelyTyped를 호출하는 것이 좋다. 예를 들면 `lodash` 라이브러리를 사용한다면 다음을 실행해 타입 정의를 설치할 수 있다.

---

14 https://react-typescript-cheatsheet.netlify.app/
15 https://www.typescriptlang.org/docs/handbook/declaration-files/introduction.html
16 https://definitelytyped.org/

개발 의존성으로 @types/lodash 설치하기

```
yarn add @types/lodash -D
```

이 명령을 실행하면 `lodash` 타입 정의가 설치되고 타입스크립트는 자동으로 프로젝트에서 이를 인식하고 활성화한다.

커스텀 선언 파일

DefinitelyTyped에서 특정한 라이브러리에 대한 타입 선언을 호스팅하지 않는다면 커스텀 선언 파일을 만들어야 할 수 있다.

커스텀 선언 파일을 만들려면 새로운 `.d.ts` 파일을 만들고, 원하는 라이브러리에 대한 타입 정의를 수동으로 작성해야 한다. 다음은 가상의 라이브러리를 위한 커스텀 선언 파일 기본 예시이다.

커스텀 선언 파일 예시

```
// index.d.ts
declare module 'hypothetical-library' {
  export function add(
    a: number,
    b: number
  ): number;

  export function subtract(
    a: number,
    b: number
  ): number;
}
```

앞의 예시에서는 가상의 2개의 함수, 즉 `add`와 `subtract` 함수를 사용해 가상 라이브러리 모듈을 선언했다. 각 함수는 2개의 숫자를 인수로 받고, 1개의 숫자를 반환한다.

커스텀 선언 파일을 생성했다면 다음으로 타입스크립트 구성 파일을 조정해 타입스크립트가 이 커스텀 선언 파일을 컴파일에 포함하게 해야 한다. 선언 파일의 경로를 추가하거나 선언 파일이 저장된 폴더를 `tsconfig.json` 파일의 `include` 옵션[17]에 포함시키면 된다.

---

[17] https://www.typescriptlang.org/tsconfig/#include

선언 파일을 포함하도록 타입스크립트 구성하기

```
{
  // ...
  "include": [
    "./path/to/your/declarations/*.d.ts",
    // 다른 파일들
  ],
  // ...
}
```

15.6 API 결과에 타입 자동 생성

대규모 리액트 애플리케이션에는 리액트 앱이 API와 상호작용함으로써 데이터를 가져오거나 액션을 수행할 때가 많다. 이 API들은 RESTful, GraphQL, gRPC 기반, 혹은 다른 무엇일 수 있다.

이런 API들과 상호작용할 때 타입스크립트가 의미 있는 값을 제공할 수 있으려면, 해당 API가 반환하거나 받는 데이터의 구조를 반영하는 타입스크립트 타입을 가져야 한다. RESTful API와 상호작용하는 리액트 애플리케이션이 있다고 가정해보자. 이 API의 엔드포인트는 `id`를 제공하면, 그 `id`에 해당하는 특정 속성을 가진 사용자 객체를 반환한다. 먼저 사용자에 대해 API로부터 기대되는 데이터 구조를 반영하는 타입스크립트 인터페이스를 만들 수 있다.

User 인터페이스

```
interface User {
  id: number;
  name: string;
};
```

리액트 컴포넌트에서는 ID를 통해 API로부터 사용자 데이터를 가져올 수 있다. 이 데이터를 가져와 `User` 타입에 할당함으로써 가져온 데이터가 이 타입과 일치함을 보장한다.

사용자 가져오기

```
import React, {
  useState,
  useEffect
} from 'react';
import { User } from './types';
```

```
const UserDetail: React.FC<{ userId: number }> =
  ({ userId }) => {

  // 사용자의 타입이 "User"가 되도록 설정한다.
  const [user, setUser] =
    useState<User | null>(null);
    useEffect(() => {
      const fetchUser = async () => {
        try {
          const response = await fetch(
            `https://example.com/api/users/${userId}`
          );
          const userData = await response.json();

          /*
           API로부터 얻은 userData를 "User" 타입으로 형변환한다.
          */
          setUser(userData as User);
        }
      };

      fetchUser();
    }, [userId]);

    // 사용자 세부 정보를 렌더링한다...
};
```

리액트 클라이언트 애플리케이션이 서버와 몇 안 되는 엔드포인트를 사용해 상호작용한다면, 앞의 예시처럼 User 인터페이스를 수동으로 만들어도 잘 작동할 것이다. 하지만 엔드포인트가 많고, 데이터 구조가 복잡하고, 스키마가 변경되는 API가 많다면 이런 타입들을 처음부터 새롭게 만드는 데 많은 시간이 걸릴 뿐 아니라 에러가 발생하기도 쉽다. 수작업으로 유지보수하는 것은 API와 애플리케이션 사이의 불일치를 만들고, 결과적으로 런타임 에러를 발생시키고 디버깅 시간을 증가시킨다. 이런 상황에서는 API로부터 타입스크립트 타입을 자동 생성하는 기능이 대단히 유용하다.

타입을 자동 생성함으로써 애플리케이션의 타입이 항상 API와 동기화in sync되는 것을 보장할 수 있다. 이를 통해 수작업을 줄이고 올바르지 않은 혹은 오래된 타입으로 인해 버그가 발생할 가능성을 줄인다. API로부터 타입스크립트의 자동 생성을 돕는 여러 도구들을 활용할 수 있다.

GraphQL

GraphQL을 사용하면 스키마, 즉 데이터의 구조가 이미 잘 정의되어 있다. GraphQL은 강한 타입 언어이고 스키마는 데이터의 형태, 관련된 타입, 이들 사이의 관계를 기술하는 계약을 제공하기 때문이다.

GraphQL API로부터 타입스크립트 타입을 자동 생성할 때 사용할 수 있는 잘 알려진 도구로 GraphQL Code Generator[18]가 있다. 다음은 아주 간단한 GraphQL 스키마의 예시이다.

GraphQL 스키마 예시

```
type User {
  id: ID!
  name: String!
}

type Query {
  getUser(id: ID!): User
}

type Mutation {
  createUser(name: String!): User!
}
```

GraphQL Code Generator 명령을 설정하고 실행하면 지정된 스키마를 기준으로 GraphQL 객체(User), 쿼리(getUser), 변형mutation(createUser)에 대한 타입스크립트 타입을 생성한다.

GraphQL 스키마로부터 자동 생성된 타입스크립트 타입

```
export type Scalars = {
  ID: { input: string; output: string; }
  String: { input: string; output: string; }
};

export type User = {
  __typename?: 'User';
  id: Scalars['ID'];
  name: Scalars['String'];
};

export type Query = {
```

---

[18] https://graphql-code-generator.com/

```
  __typename?: 'Query';
  getUser?: Maybe<User>;
};

export type Mutation = {
  __typename?: 'Mutation';
  createUser?: Maybe<User>;
};

export type QueryGetUserArgs = {
  id: Scalars['ID'];
};

export type MutationCreateUserArgs = {
  name: Scalars['String'];
};
```

타입스크립트 코드에서 이 자동 생성된 타입을 임포트를 사용할 수 있으며, GraphQL API와 상호
작용할 때 타입 안전성을 보장할 수 있다.

REST

RESTful API를 사용한다면 이 프로세스는 다소 어려울 수 있다. REST는 GraphQL 같은 강한 타
입 스키마를 갖지 않기 때문이다. 하지만 API가 OpenAPI[19] 같은 명세를 사용해서 기술되어 있다
면, 이를 사용해 타입스크립트 타입을 생성할 수 있다.

OpenAPI는 JSON 혹은 YAML 포맷을 사용해 RESTful API를 기술하는 표준적인 방식이다. 엔드
포인트, 요청과 응답 타입 및 API 관련 다른 정보들을 포함해 기술한다.

YAML을 사용해 작성한 OpenAPI 3.1.0 명세 예시

```
openapi: 3.1.0
info:
  title: User API
  version: 1.0.0
paths:
  /user:
    get:
      operationId: getUser
      parameters:
```

---

19 https://www.openapis.org/

```
      - name: id
        in: query
        schema:
          type: string
        responses:
          '200':
            description: Successful response
    post:
      operationId: createUser
      requestBody:
        content:
          application/json:
            schema:
              type: object
              properties:
                name:
                  type: string
        responses:
          '201':
            description: User created
components:
  schemas:
    User:
      type: object
      properties:
        id:
          type: string
        name:
          type: string
```

OpenAPI 명세로부터 타입스크립트 타입을 생성할 수 있는 도구로 openapi-generator[20]가 있다. 이 도구는 클라이언트 라이브러리, 서버 스텁, API 문서 및 타입스크립트를 포함한 보다 다양한 프로그래밍 언어를 생성한다.

RESTful API를 사용해 자동 생성한 타입스크립트 타입

```
export interface User {
  id: string;
  name: string;
}

export interface GetUserParameters {
```

---

20 https://openapi-generator.tech/

```
    id: string;
}

export interface CreateUserBody {
  name: string;
}
```

이후 타입스크립트 코드에서 이 타입들을 사용하면 API 요청을 만들고 응답을 처리할 때 타입 안전성을 보장할 수 있다.

gRPC

gRPC[21]는 고성능의 오픈소스 원격 프로시저 호출remote procedure call, RPC 프레임워크이며 구글이 처음 개발했다. 전송에는 HTTP/2를 사용하고 인터페이스 기술로는 Protocol Buffer(protobuf)[22]를 사용한다. protobuf는 언어에 구애받지 않는 이진 직렬화 포맷이며 마찬가지로 구글이 개발했다.

gRPC Web[23]은 브라우저 클라이언트용으로 gRPC를 자바스크립트로 구현한 것이며, 구글에서 내부적으로 구글 웹 애플리케이션과 클라우드 서비스를 위한 프런트 엔드 스택의 일부로 개발되었다. 그 결과 리액트 애플리케이션 gRPC Web을 사용해 gRPC 서비스와 브라우저에서 직접 소통할 수 있게 되었으며, 서버와 클라이언트의 양방향 전체 통신full-duplex communication이 가능해졌다.

다음은 protobuf를 사용해 정의한 간단한 gRPC 서비스이다.

gRPC 서비스 정의 예시

```
syntax = "proto3";

package user;

service UserService {
  rpc GetUser (GetUserRequest) returns (User);
  rpc CreateUser (CreateUserRequest) returns (User);
}

message User {
  string id = 1;
```

---

21 https://grpc.io/
22 https://protobuf.dev/
23 https://github.com/grpc/grpc-web/

```
    string name = 2;
}

message GetUserRequest {
    string id = 1;
}

message CreateUserRequest {
    string name = 1;
}
```

다양한 도구를 사용해 protobuf로부터 타입스크립트 타입을 생성할 수 있다. 이런 도구의 하나인 ts-proto[24]는 타입스크립트를 위한 관용적인 protobuf 생성기이다. ts-proto 도구를 .proto 파일에 대해 실행하면 gRPC 서비스를 위한 타입스크립트 타입, 클라이언트, 서버 코드를 생성한다. 예를 들면 앞의 .proto 파일에 대해 생성된 코드는 다음과 같다.

gRPC 서비스 정의로부터 자동 생성된 타입스크립트 타입

```
// ...

export interface User {
    id: string;
    name: string;
}

export interface GetUserRequest {
    id: string;
}

export interface CreateUserRequest {
    name: string;
}

// ...

/*
   GetUserRequest와 CreateUserRequest에 대한 유사한 암호화(encode)/복호화(decode) 함수들
*/
```

다음으로 타입스크립트 코드에서 자동 생성된 타입과 메서드를 임포트 및 사용해서 gRPC 서비스와 상호작용할 수 있다.

---

24 https://github.com/stephenh/ts-proto

API(RESTful이든 GraphQL이든 gRPC든 관계없이)로부터 타입스크립트 타입을 자동 생성하는 것은 시간을 절약하고, 버그를 줄이고, 강건하고 타입 안전한 코드베이스를 유지하는 데 도움을 주는 효과적이고 중요한 프랙티스이다.

15.7 기존 리액트 애플리케이션을 타입스크립트로 마이그레이션하기

애플리케이션 규모에 따라 기존 리액트 자바스크립트 애플리케이션을 타입스크립트로 마이그레이션하는 것은 버거운 작업일 수도 있다. 타입스크립트가 식별할 타입 에러를 이해하고 해결하는 과정을 포함하며, 이는 원래의 자바스크립트 코드에서는 분명하게 드러나지 않을 수 있다. 또한 대규모 애플리케이션은 복잡한 상태와 props 구조를 가진 경우가 많기 때문에, 모든 컴포넌트와 함수의 타입을 정확하게 결정하는 것은 상당히 어려울 것이다. 애플리케이션이 타입스크립트를 지원하지 않는 외부 라이브러리 혹은 API와 통합되면 복잡성이 늘어난다. 이로 인해 마이그레이션 프로세스에는 많은 시간이 소요되며 기술적으로도 많은 것이 요구된다.

우선 이를 염두에 두고 몇 가지 단계를 밟으면 대규모 리액트 애플리케이션을 타입스크립트로 마이그레이션하는 과정을 간단히 하는 데 도움이 된다. 먼저 마이그레이션 계획 수립에서 시작하자.

마이그레이션 계획을 세우라

계획을 세운 뒤 마이그레이션을 시작하라. 애플리케이션의 어떤 부분부터 마이그레이션할지 결정하라. 예를 들면 작고, 덜 복잡한 컴포넌트들을 마이그레이션한 뒤 보다 복잡하고 연결된 컴포넌트들을 마이그레이션하는 것이 쉬울 수 있다. 또한 팀과 소통함으로써 모두가 마이그레이션 계획을 인식하고 있는지 확인하라. 이는 다른 사람의 작업에 영향을 미칠 수 있다.

점진적으로 마이그레이션하라

점진적인 마이그레이션은 전환에서 발생하는 복잡성을 관리하는 핵심이다. **애플리케이션 전체를 한 번에 마이그레이션할 필요는 없다.** 대신 한 순간에 한 컴포넌트 혹은 한 모듈을 마이그레이션하자. 이 접근법을 사용하면 마이그레이션을 진행하는 동안에도 애플리케이션 정상적으로 기능하도록 유지하는 데 도움이 된다.

JSDoc을 활용하라

JSDoc[25]은 마크업 언어로 이를 사용해 자바스크립트 코드에 애너테이션을 할 수 있다. 기존 리액트 애플리케이션에 타입스크립트를 도입할 때 JSDoc을 사용해 여러분의 코드베이스에 타입스크립트를 점진적으로 도입할 수 있다. JSDoc 주석을 기존 자바스크립트에 추가해 타입 애너테이션을 제공하라. 충분한 시간을 들여 필요할 때 여러분의 코드를 타입스크립트로 변환할 수 있으며, JSDoc 주석을 작성해 놓은 위치부터 타입을 정의하기 시작할 수 있다.

필요하다면 코드를 리팩터링하라

기종 자바스크립트 코드는 종종 타입스크립트로 마이그레이션하기 쉬운 구조를 갖고 있지 않을 수 있다. 이런 경우에는 마이그레이션을 진행하는 동안 코드를 적절하게 리팩터링하면 도움이 된다. 예를 들면 큰 함수들을 작은 여러 함수들로 나누거나 프로미스[26] 혹은 `async/await`[27] 등을 사용해 콜백 기반 코드로 변환할 수도 있다.

타입스크립트를 잘 지원하는 IDE를 사용하라

비주얼 스튜디오 코드Visual Studio Code[28]와 같이 타입스크립트를 잘 지원하는 IDE를 활용하라. 이 도구들은 자동 완성, 타입 체킹, 에러 강조 같은 유용한 기능들을 제공하며 마이그레이션 프로세스에 큰 도움이 된다.

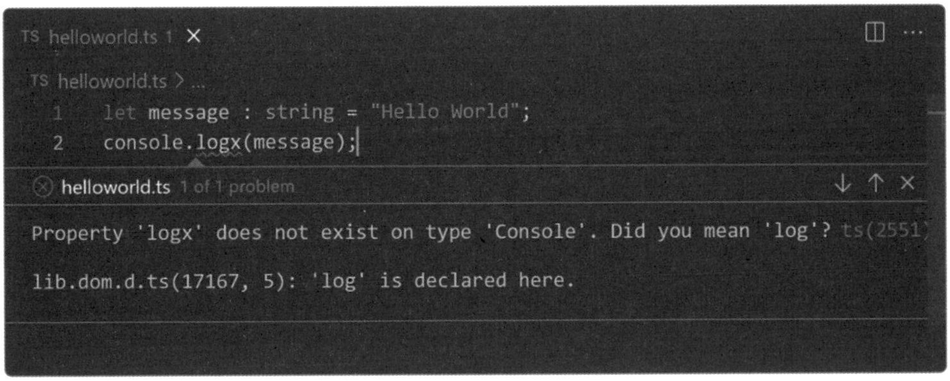

그림 15-1 타입스크립트 에러를 표시한 VSCode 화면

---

25 https://github.com/jsdoc/jsdoc
26 https://developer.mozilla.org/ko/docs/Web/JavaScript/Reference/Global_Objects/Promise
27 https://developer.mozilla.org/ko/docs/Web/JavaScript/Reference/Statements/async_function
28 https://code.visualstudio.com/

점진적으로 타입스크립트 컴파일러 옵션을 구성하라

느슨한 타입스크립트 구성에서 시작하라. `tsconfig.json` 파일에서 엄격한 `strict` 옵션을 `false`로 설정하거나 대부분의 엄격한 체크를 개별적으로 해제할 수 있다. 컴파일러가 보다 관대해지므로 마이그레이션을 막 시작하는 시점에는 도움이 될 것이다. 마이그레이션을 진행함에 따라 타입스크립트에 친숙해지면, 점진적으로 엄격한 컴파일러 옵션을 활성화하자.

DefinitelyTyped 패키지를 설치하라

잘 알려진 많은 자바스크립트 라이브러리들은 DefinitelyTyped 저장소에 정의된 타입스크립트 타입 정의를 갖고 있다. 마이그레이션을 시작하기 전에 여러분이 사용하는 라이브러리에서 타입 정의를 사용할 수 있는 확인하고, 라이브러리에 해당하는 `@types` 패키지를 설치하라.

any는 최후의 수단으로 사용하라

마이그레이션을 하는 동안 `any` 타입을 사용해 타입스크립트의 타입 체크를 건너뛰고 싶은 충동에 사로잡힐 수 있다. 이는 단기적으로 여러분의 코드가 컴파일되게 하는 데는 도움이 되겠지만 타입스크립트를 사용하는 목적을 망가뜨린다. 타입스크립트는 컴파일타임에 에러를 잡아낼 수 있는 강건한 타입 시스템을 갖기 때문이다. 다소 시간이 걸리더라도 변수에 적절한 타입을 정의하도록 노력하라. `any`는 최후의 수단으로만 사용하라.

타입스크립트의 추론을 활용하라

타입스크립트는 타입 추론에 대단히 뛰어나다. 많은 경우 타입스크립트가 콘텍스트로부터 타입을 추론할 수 있기 때문에 변수에 타입을 명시적으로 정의할 필요가 없다. 이를 활용하면 마이그레이션에 소요되는 많은 시간과 노력을 절약할 수 있다.

빌드 도구와 테스트 도구를 업데이트하라

여러분의 빌드 도구와 테스트 도구가 타입스크립트를 다룰 수 있게 구성되었는지 확인하라. 추가 플러그인을 설치하거나 기존 도구의 구성을 변경해서 타입스크립트를 지원하게 해야 할 수도 있다.

CI 파이프라인을 업데이트하라

지속적 통합은 개발자들이 공유된 저장소에 빈번하게(하루에 여러 번이면 더욱 좋다) 개발한 코드를 통합하는 프랙티스이다. 각 통합은 자동화된 빌드와 자동화된 테스트를 통해 검증된다.

타입스크립트로 마이그레이션할 때는 CI 파이프라인이 타입스크립트 컴파일 단계를 포함하게 업데이트하라. 이를 통해 타입스크립트 에러를 개발자의 로컬 머신에서뿐만 아니라 개발 프로세스의 초반에 잡아낼 수 있다. 이상적으로 빌드 파이프라인은 마이그레이션 프로세스를 진행하는 동안에는 타입스크립트로 마이그레이션되지 않은 기존 자바스크립트에 대해서는 타입스크립트 에러/경고를 찾아내지 않는 것이 좋다.

기존 리액트/자바스크립트 애플리케이션을 타입스크립트를 사용하도록 마이그레이션할 때 염두에 두어야 할 몇 가지 프랙티스만 소개했다. 여러분이 작업하는 애플리케이션에 따라 앞에서 설명하지 않은 다양한 어려움에 직면할 수 있다. 대규모 리액트 애플리케이션을 타입스크립트로 마이그레이션하는 것은 프로세스임을 기억하라. 한 번에 한 단계씩 진행하는 것으로 충분하다.

더 읽을 거리

- 스트라이프_{Stripe}가 자사의 가장 큰 자바스크립트 코드베이스의 수백만 라인의 코드를 Flow(덜 일반적으로 사용되는 자바스크립트 정적 타입 체커)에서 타입스크립트로 마이그레이션한 방법에 관해서는 <Migrating millions of lines of code to TypeScript>[29]를 참조하라.
- 타입스크립트로 마이그레이션하는 데 유용한 팁은 <React TypeScript Cheatsheet> 문서의 Migrating 절[30]을 참조하라.

---

29 https://stripe.com/blog/migrating-to-typescript
30 https://react-typescript-cheatsheet.netlify.app/docs/migration/

16

라우팅

라우팅routing(예: URL 라우팅)은 대규모 리액트 애플리케이션 구축에서 매우 중요하다. 이를 통해 사용자들이 다양한 뷰와 컴포넌트를 탐색하게 할 수 있으며, 매끄럽고 직관적인 사용자 경험을 제공할 수 있다. 애플리케이션 규모가 커짐에 따라 유지보수성, 확장성, 성능을 보장하기 위해 효과적인 라우팅의 중요성은 기하급수적으로 늘어난다.

이번 장에서는 리액트의 라우팅 기본에 관해 살펴본다. 다양한 접근법과 모범 사례에 관해 알아보고 리액트 라우터React Router, Next.js 앱 라우터 같은 솔루션에 관해서도 논의한다. 그리고 중첩된 라우팅, 데이터 로딩 같은 주제도 다룬다. 이번 장에서는 아주 세세한 내용을 설명하지는 않겠지만 여러분은 라우팅의 중요성과 대규모 리액트 애플리케이션에서 라우팅을 구현하는 방법에 관해 이해할 수 있을 것이다.

16.1 사용자에게 라우팅이 중요한 이유는 무엇인가?

라우팅은 웹 애플리케이션 안에서의 매끄럽고 직관적인 사용자 경험을 만드는 데 중요한 역할을 하기 때문에 사용자에게 매우 중요하다. 라우팅은 다음을 촉진한다.

1. **내비게이션 및 발견 가능성**discoverability: 라우팅은 애플리케이션에 명확하고 논리적인 구조를 제공하며 사용자는 이를 활용해 여러 섹션을 이동하고, 사용할 수 있는 콘텐츠와 기능을 찾아낼 수 있다. 잘 정의된 라우트는 애플리케이션에 관한 직관적인 지도 역할을 하며 전체적인 사용

자 경험을 개선한다.

2. **북마킹 및 공유**: 라우팅을 사용하면 애플리케이션의 각 뷰 혹은 각 페이지는 하나의 고유한 URL을 갖는다. 사용자는 미래의 빠른 접근을 위해 특정한 라우트를 북마크로 등록하거나 URL을 복사해서 붙여 넣어 간단하게 다른 사용자와 콘텐츠나 기능을 쉽게 공유할 수 있다.

3. **이전 페이지로 및 다음 페이지로 탐색**: 적절한 라우팅을 사용하면 사용자들이 브라우저의 이전 페이지로, 다음 페이지로 버튼을 효과적으로 사용하게 할 수 있다. 이는 방문 기록을 탐색할 때 애플리케이션의 상태를 보존하고 웹 애플리케이션에 대한 사용자의 기대에 맞는 매끄럽고 직관적인 경험을 제공한다.

4. **검색 엔진 최적화 및 인덱싱**: 각 뷰 혹은 페이지의 고유한 URL은 검색 엔진에 대한 애플리케이션의 가시성을 개선한다. 검색 엔진은 콘텐츠를 크롤링하고 인덱싱할 수 있고, 결과적으로 해당 콘텐츠는 검색 엔진을 통해 발견할 수 있게 되어 애플리케이션의 오가닉 트래픽organic traffic을 잠재적으로 증가시킬 수 있다.

5. **깊은 링킹 및 외부 접근**: 라우팅을 사용하면 깊은 링킹을 촉진할 수 있다. 사용자들은 이를 활용해 특정한 뷰 혹은 페이지에 URL을 통해 직접 접근할 수 있다. 이는 사용자들이 외부 링크를 사용하거나 다른 채널을 통해 URL을 공유 받았을 때 유용하다. 사용자들은 애플리케이션의 관련 부분에 곧바로 접근할 수 있기 때문이다.

6. **상태 관리 및 데이터 보존**: 적절한 라우팅을 사용하면 애플리케이션은 다른 뷰 사이에서 상태를 관리하고 유지할 수 있다. 사용자가 다른 영역을 탐색하더라도 관련 데이터와 사용자 정보를 유지할 수 있으며, 일관성 있고 방해받지 않는 경험을 제공한다.

7. **권한 기반 접근 및 인증**: 라우팅을 사용하면 권한 기반 접근 제어와 인증 메커니즘을 구현할 수 있다. 사용자 역할과 인증 상태에 기반해 서로 다른 라우트를 보호 또는 제한할 수 있으며, 이를 통해 사용자들이 애플리케이션의 적절한 영역에만 접근하도록 함으로써 보안과 사용자 신뢰를 향상시킨다.

효과적인 라우팅을 구현함으로써 개발자들은 애플리케이션을 보다 조직화되고 유지보수 가능하게 만들 수 있을 뿐만 아니라 한층 개선된 사용자 경험을 제공할 수 있다. 라우팅은 일련의 컴포넌트와 뷰의 조합을 웹 표준과 사용자 기대에 부합하는 응집되고, 탐색 가능하고, 사용자 친화적인 애플리케이션으로 바꾼다.

리액트의 라우팅 이해하기

리액트의 라우팅에 관해 깊이 살펴보기 전에 라우팅이 무엇인지, 모던 웹 애플리케이션에서 라우팅이 왜 중요한지 살펴보자.

라우팅의 정의

라우팅(즉, URL 라우팅)은 URL[1]을 애플리케이션 안의 특정 컴포넌트 혹은 페이지로 매핑하는 과정이다. 라우팅을 통해 사용자들은 브라우저의 주소창에 URL을 입력하거나 하이퍼링크를 클릭해 다른 뷰 사이를 탐색할 수 있다.

예를 들면 클릭했을 때 `https://website.com`이라는 URL을 `https://website.com/about/`이라는 URL로 변경한다고 가정하자. URL의 변경은 라우팅을 나타낸다. 우리가 웹사이트의 루트 경로(`/`)에 방문하면 일반적으로 홈 페이지home page에 접근한다. 마찬가지로 `/about`에 방문하면 '어바웃 페이지about page'에 접근하는 식이다.

라우팅을 사용하지 않고도 애플리케이션을 만들 수는 있다. 하지만 애플리케이션 규모가 커지면 기하급수적으로 난해해진다. 라우트를 구현하면 특정한 URL을 관련된 컴포넌트 혹은 컴포넌트 집합과 연결할 수 있어, 구조화 및 조직화된 애플리케이션 아키텍처를 만들 수 있다.

전통적 웹 애플리케이션 vs. 단일 페이지 애플리케이션

전통적 애플리케이션에서는 일반적으로 각 URL이 서버에서 제공되는 별도의 HTML에 해당한다. 사용자가 다른 URL을 탐색하면 브라우저는 요청을 서버에 보내고, 서버는 새로운 HTML 페이지를 응답한다. 이 접근법은 잠재적으로 각 탐색마다 전체 페이지 리로딩full page reload이 필요하기 때문에 더 느리고 유연하지 않은 사용자 경험을 제공하게 된다.

이와 달리 리액트를 사용해 구축한 단일 페이지 애플리케이션single-page application, SPA 는 다른 접근법을 따른다. SPA에서는 전체 페이지를 단일 페이지로 로딩하고 콘텐츠를 현재 URL에 따라 동적으로 업데이트한다. 사용자가 다른 URL을 탐색하면 리액트는 전체 페이지 리로딩을 요청하지 않고 적절한 컴포넌트만 렌더링함으로써 UI를 업데이트한다. 이 접근법은 네이티브 데스크톱 혹은 모바일 애플리케이션처럼 느껴지는, 보다 매끄럽고 응답성 있는 사용자 경험을 제공한다.

---

1   https://developer.mozilla.org/ko/docs/Learn/Common_questions/Web_mechanics/What_is_a_URL

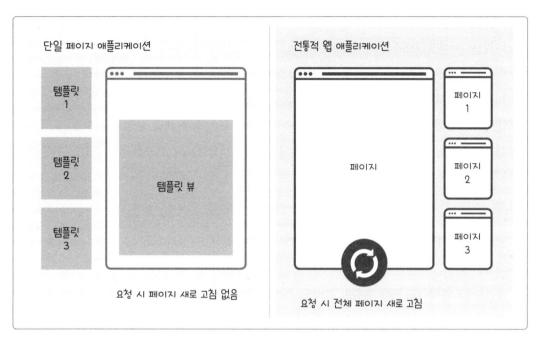

그림 16-1 **SPA** vs 비**SPA**[2]

각 접근법은 고유한 장점과 유스 케이스를 갖는다. 전통적 웹 애플리케이션 SEO 및 첫 번째 페이지 로딩 시간이 중요한 시나리오에서 뛰어나다. 일반적으로 이들은 간단하게 개발할 수 있고 많은 콘텐츠를 담은 사이트에 보다 적합하다. 한편 SPA는 보다 대화형의, 애플리케이션 같은 경험을 만들 때 빛을 발한다. SPA는 보다 부드러운 내비게이션, 첫 번째 로딩 이후의 보다 나은 성능, 높은 응답성을 보이는 느낌을 제공한다. SPA는 사용자 참여와 상호작용성이 핵심인 복잡한 웹 애플리케이션에 이상적이다.

리액트 개발 콘텍스트에서는 SPA 접근법을 보다 일반적으로 사용한다. 하지만 모던 프레임워크와 기법들은 이 두 패러다임의 경계를 모호하게 만들고 있기 때문에 개발자들은 두 접근법의 이점을 활용할 수 있다.

리액트의 라우팅에 관한 접근법

리액트는 내장 라우팅 솔루션을 제공하지 않는다. 하지만 리액트 생태계에서 라우팅과 관련된 강력한 라이브러리와 프레임워크를 제공한다. 리액트에는 크게 클라이언트 사이드 라우팅, 서버 사이드 라우팅이라는 두 가지 접근법이 있다.

---

2 https://www.digitalclaritygroup.com/single-page-application-make-sense/

클라이언트 사이드 라우팅

클라이언트 사이드 라우팅client-side routing은 리액트 애플리케이션에서 가장 일반적인 사용 방식이다. 라우팅 로직은 전적으로 브라우저가 자바스크립트를 사용해 처리한다. 사용자가 다른 URL을 탐색하거나 링크를 클릭하면, 애플리케이션 탐색 이벤트를 가로채 서버에 요청하지 않고 UI를 업데이트한다. 이 접근법은 SPA에게 대단히 중요하다. 페이지 사이를 빠르게 전환할 수 있게 해 서버 사이드 라우팅과 관련된 전통적 페이지 리로딩을 하지 않음으로써 매끄럽고 연속적인 경험을 제공하기 때문이다.

장점

- **빠르고 매끄러운 내비게이션**: 추가적인 서버 요청이 필요하지 않으므로 부드러운 내비게이션이 가능하다.
- **프런트엔드와 백엔드 분리**: 명확한 분리를 통해 독립된 개발과 유지보수가 가능하다.

제한

- **보다 느린 초기 로딩 시간**: 전체 애플리케이션을 사전에 로딩해야 한다.
- **SEO 어려움**: 검색 엔진 크롤러는 동적으로 렌더링된 컴포넌트에 대해 색인을 만들기 어려울 수 있다.

서버 사이드 라우팅

서버 사이드 라우팅server-side routing은 라우팅 로직을 서버에서 다룬다. 사용자가 URL을 입력하거나 링크를 클릭하면, 서버는 해당 요청을 처리한 뒤 적절한 HTML 컴포넌트를 반환한다. 이 접근법은 각 페이지 요청이 서버에서 완전하게 처리되기 때문에, 기본적으로 전통적 웹 애플리케이션에서 채택하는 방식이다.

장점

- **보다 나은 SEO**: 검색 엔진 크롤러는 완전히 렌더링된 HTML 페이지들에 대해 쉽게 색인을 만들 수 있다.
- **보다 빠른 초기 로딩 시간**: 서버는 HTML 콘텐츠를 빠르게 렌더링하고 전송할 수 있다.

제한

- **보다 느린 내비게이션**: 각 내비게이션 요청마다 서버와 통신을 주고받아야 한다.
- **프런트엔드와 백엔드가 밀접하게 결합**: 프런트엔드와 백엔드가 보다 밀접하게 통합되어야 하며, 이는 개발과 유지보수를 복잡하게 만든다.

두 접근법 모두 모던 웹 개발에서 각자의 영역이 있으며, 이는 애플리케이션의 구체적인 요구사항에 따라 선택해야 한다. Next.js 같은 일부 프레임워크들은 클라이언트 사이드 라우팅, 서버 사이드 라우팅의 장점을 조합한 하이브리드 솔루션을 제공하기도 한다.

16.2 리액트의 라우팅 솔루션

리액트의 라우팅에 대한 다른 접근법에 관해 이해했다. 이제 리액트 에코시스템에서 사용하 수 있는 몇 가지 유명한 라우팅 솔루션에 관해 살펴보자. 여기에서는 리액트 라우터와 Next.js의 앱 라우터에 관해 살펴본다.

리액트 라우터

리액트 라우터 React Router[3]는 독립 라이브러리이며 이를 사용하면 리액트 애플리케이션에서 클라이언트 사이드 라우팅을 할 수 있다. 이 라이브러리에서는 선언적 방식을 사용해 라우트를 정의하고 관련 컴포넌트와 매핑할 수 있고, 이를 통해 애플리케이션의 내비게이션 구조를 만들 수 있다. 리액트 라우터를 사용하면 UI를 URL과 동기화할 수 있어 쉽게 클라이언트 사이드 라우팅을 처리하고 매끄러운 내비게이션 경험을 만들 수 있다.

리액트 라우터는 종합적인 기능들을 제공한다. 선언적 라우팅, 동적 라우트 매칭, 중첩된 라우트, 프로그래밍 가능한 내비게이션, 라우트 가드route guard, 지연 로딩을 지원한다. 몇 가지 기능들에 관해서는 뒤에서 살펴본다.

라우트 구성하기

리액트 라우터 v6를 사용해서 리액트 애플리케이션의 라우팅을 설정할 때는 그 이전 버전과 접근법이 조금 다르다. 라우트 설정 방법의 하나로 createBrowserRouter[4]와 RouterProvider[5]를 조합해서 활용해 라우트를 관리할 수 있다. 이 방법은 HTML5 history API[6]를 활용해서 사용자 인터페이스를 URL과 동기화하는 동시에 보다 모듈화된 설정을 할 수 있다.

다음은 `createBrowserRrouter`와 `RouterProvider`를 사용해 라우트를 구성하는 예시이다.

---

3   https://reactrouter.com/

4   https://reactrouter.com/en/main/routers/create-browser-router

5   https://reactrouter.com/en/main/routers/router-provider

6   https://developer.mozilla.org/ko/docs/Web/API/History_API

JSX를 사용해 라우트 구성하기

```
import {
  createBrowserRouter,
  RouterProvider,
  Route,
  createRoutesFromElements,
} from "react-router-dom";

const router = createBrowserRouter(
  createRoutesFromElements(
    <Route>
      <Route path="/" element={<Home />} />
      <Route
        path="/about"
        element={<About />}
      />
      <Route
        path="/contact"
        element={<Contact />}
      />
    </Route>,
  ),
);

function App() {
  return <RouterProvider router={router} />;
}
```

앞의 예시에서는 `createBrowserRouter`를 사용해 라우트 인스턴스를 만들고 `createRoutesFrom Elements()`를 사용해 라우트를 정의했다. 이를 통해 JSX 기반 라우트를 구성할 수 있다. 각 `Route` 컴포넌트는 하나의 경로와 해당 경로가 일치했을 때 렌더링될 하나의 요소를 지정한다.

라우트 이동하기

리액트 라우터는 Link[7] 컴포넌트를 제공하며, 이를 사용하면 라우트 사이에 선언적 내비게이션을 할 수 있다. Link 컴포넌트를 사용해 클릭할 수 있는 링크를 만들고, 해당 링크를 클릭하면 전체 페이지 새로 고침을 하지 않고도 다른 라우트로 이동할 수 있다.

Link 컴포넌트를 사용해 내비게이션 활성화하기

```
import { Link } from 'react-router-dom';
```

---

7 https://reactrouter.com/en/main/components/link

```
function Navigation() {
  return (
    <nav>
      <ul>
        <li>
          <Link to="/">Home</Link>
        </li>
        <li>
          <Link to="/about">About</Link>
        </li>
        <li>
          <Link to="/contact">Contact</Link>
        </li>
      </ul>
    </nav>
  );
}
```

앞의 예시에서는 `Link` 컴포넌트를 사용해 내비게이션 메뉴를 만들었다. `to` prop은 해당 링크를 클릭했을 때 이동할 라우트를 지정한다.

라우트 매개변수와 데이터 로딩
리액트 라우터를 사용하면 매개변수를 받는 동적 라우트를 정의할 수 있다. URL을 통해 데이터를 전달하고, 해당 매개변수에 기반해 컴포넌트를 렌더링하고 싶을 때 유용하다.

라우트 매개변수와 `loader prop`
```
import {
  useLoaderData,
  useParams,
} from "react-router-dom";

function UserProfile() {
  const { userId } = useParams();
  const userData = useLoaderData();

  return (
    <div>
      <h1>User Profile</h1>
      <p>User ID: {userId}</p>
      <p>User Name: {userData.name}</p>
    </div>
  );
```

```
}
const router = createBrowserRouter(
  createRoutesFromElements(
    <Route
      path="/users/:userId"
      element={<UserProfile />}
      loader={async ({ params }) => {
        return fetch(
          `/api/users/${params.userId}`,
        );
      }}
    />,
  ),
);
```

앞의 예시에서는 리액트 라우터를 사용해 동적 라우트를 정의했다. 이 라우트는 매개변수를 받고 해당 매개변수에 지정된 데이터를 로딩한다. useParams[8] 혹은 URL에서 userId를 추출하고 이를 사용해 라우트에 정의된 로더 함수loader function[9]를 통해 사용자 데이터를 가져온다. 이 함수는 userId를 사용해 API 엔드포인트로부터 비동기적으로 사용자 데이터를 가져오고, 가져온 데이터는 useLoaderData[10] 훅을 통해 UserProfile 컴포넌트 안에서 사용된다.

중첩된 라우트

리액트 라우터는 중첩된 라우트nested route를 지원한다. 중첩된 라우트를 사용하면 라우트와 컴포넌트의 계층적 구조를 만들 수 있다. 복잡한 애플리케이션 구조를 갖고 있거나 URL에 기반해 중첩된 컴포넌트를 렌더링하고자 할 때 유용하다.

Outlet 컴포넌트를 사용한 중첩된 라우트

```
const router = createBrowserRouter(
  createRoutesFromElements(
    <Route
      path="/dashboard"
      element={<Dashboard />}
    >
      <Route index element={<Overview />} />
      <Route
```

---

8 https://reactrouter.com/en/main/hooks/use-params
9 https://reactrouter.com/en/main/route/loader#loader
10 https://reactrouter.com/en/main/hooks/use-loader-data

```
        path="profile"
        element={<Profile />}
      />
      <Route
        path="settings"
        element={<Settings />}
      />
    </Route>,
  ),
);

function Dashboard() {
  return (
    <div>
      <h1>Dashboard</h1>
      <nav>
        <Link to="/dashboard">Overview</Link>
        <Link to="/dashboard/profile">
          Profile
        </Link>
        <Link to="/dashboard/settings">
          Settings
        </Link>
      </nav>
      {/*
        이 컴포넌트는 활성화된 자식 라우트 컴포넌트를 렌더링한다.
      */}
      <Outlet />
    </div>
  );
}
```

앞의 예시에서 Dashboard는 부모 라우트 컴포넌트 역할을 하며, 그 안에 여러 자식 라우트가 정의 되어 있다. Outlet 컴포넌트는 현재 URL 경로에 기반해 적절한 자식 컴포넌트를 렌더링한다. 이 설 정은 애플리케이션 안에 명확한 계층구조를 제공하며, 이는 URL 조각을 레이아웃과 연결하는 리 액트 라우터의 철학과도 일치한다.

지연 로딩과 코드 분할

리액트 라우터는 지연 로딩과 코드 분할을 지원한다. 이를 활용하면 컴포넌트, 로더, 액션 및 다른 라우터 기반 코드를 필요할 때 로딩할 수 있다. 이는 초기 번들의 크기를 줄이고 라우터 기반 코드 를 필요할 때만 로딩함으로써 애플리케이션의 성능을 개선한다.

지연 로딩을 수행하는 방법의 하나는 lazy[11] prop을 사용하는 것이다. lazy prop은 일반적으로 동적 임포트의 결과를 반환하는 하나의 비동기 함수를 받는다. 이 함수는 라우트가 매칭되면 실행되며, 라우트 정의의 매칭되지 않은 라우트 부분을 지연 로딩할 수 있다.

lazy prop을 사용해서 라우트 정의를 지연 실행하기

```
import {
  createBrowserRouter,
  RouterProvider,
  createRoutesFromElements,
  Route,
} from "react-router-dom";

/*
  동적 로딩을 위해 `lazy` prop을 사용해서 라우트를 정의한다.
*/
let routes = createRoutesFromElements(
  <Route path="/" element={<Layout />}>
    <Route
      path="a"
      lazy={() => import("./a")}
    />
  </Route>,
);

function App() {
  return (
    <RouterProvider
      router={createBrowserRouter(routes)}
    />
  );
}

export default App;
```

앞의 예시에서 경로 "a"에 대한 라우트 정의는 지연 로딩된다. lazy 함수는 각 모듈의 동적 임포트를 반환한다. 지연 로딩된 라우트 모듈(예: a.js) 안에서 라우트에 정의하고자 하는 속성을 익스포트할 수 있다.

---

11 https://reactrouter.com/en/main/route/lazy

라우트 속성이 익스포트된 모듈

```
export async function loader({ request }) {
  // ...
}

export function Component() {
  // ...
}

export function ErrorBoundary() {
  // ...
}

// ...
```

`lazy` 함수는 다양한 라우트 속성을 해결하고 반환할 수 있다. 이 속성들은 해당 라우트에 접근할 때 라우트 정의에 통합된다.

공식 문서에 따르면 `lazy`는 라우트 매칭 속성을 정의할 때 사용할 수 없다(예: `path`, `pindex`, `children`, `caseSensitive` 등). 이 속성들은 초기 라우트 매칭에 사용되며 이후 지연 함수가 실행된다.

`lazy` prop을 사용하면 초기 번들 크기를 상당히 줄이고 리액트 라우터 애플리케이션의 성능을 개선할 수 있다. 이는 특히 많은 라우트를 가진 대규모 애플리케이션에 효과적이다.

결론
리액트 라우터는 리액트 애플리케이션에서 클라이언트 사이드 라우팅을 단순화하는 라이브러리이다. 이 라이브러리는 라우트를 정의하고, 라우트를 컴포넌트에 매핑하는 선언적 접근법을 제공한다. 이를 활용하면 구조화되고 직관적인 내비게이션 프레임워크를 만들 수 있다.

이 가이드에서는 몇 가지 핵심 기능과 그 구현에 관해 소개했지만, 리액트 라우터는 수많은 추가 기능을 제공한다. 보다 종합적인 이해 및 고급 기능에 관해 알고 싶다면 공식 문서[12]를 확인하자.

Next.js와 앱 라우터

리액트 라우터는 리액트 애플리케이션에서의 유연하고 강력한 해결책을 제공한다. 한편, Next.js는

---

12 https://reactrouter.com/

통합된 다른 접근법을 취하는데, 파일 시스템 기반 라우팅 설루션인 앱 라우터App Router다.[13] 이 라우팅 시스템은 Next.js 프레임워크 자체에 구현되어 있으며 리액트 애플리케이션에서 라우팅을 다루기 위한 보다 완고하고 잠재적으로 단순한 방법을 제공한다. 서버 사이드 렌더링SSR은 이 접근법에 통합되어 있으며 SEO를 개선하고, 초기 페이지 로딩 시간을 개선하고, 느린 디바이스 혹은 연결 상태에서 보다 나은 성능을 제공한다.

리액트 애플리케이션에서 SSR를 구현할 때는 서버와 클라이언트 모두에서 라우팅 로직을 처리해야 한다. Next.js 프레임워크들은 SSR를 내장 지원하기 때문에 구현을 보다 쉽게 할 수 있다. Next.js는 서버 사이드 렌더링과 라우팅을 기본적으로 다루므로, 개발자들은 이를 활용해 컴포넌트를 구현하고 라우트를 정의하는 데 초점을 둘 수 있다.

또한 새로운 앱 라우터 아키텍처 발표와 함께, Next.js는 리액트 서버 컴포넌트React Server Components, RSC[14]를 전면 지원한다. 이번 절에서는 서버 및 클라이언트 컴포넌트에 관해서만 간략하게 설명하고, 18장에서 더욱 자세히 살펴보겠다.

리액트 라우터와의 주요 차이

1. **파일 시스템 기반 라우팅**: Next.js는 라우트를 프로그래밍적으로 정의하는 대신, 애플리케이션의 파일과 폴더 구조를 사용해 자동으로 라우트를 생성한다.
2. **서버 사이드 렌더링과 정적 사이트 생성**: Next.js는 이 렌더링 메서드들을 기본 지원하며, 이를 활용하면 성능과 SEO를 개선할 수 있다.
3. **자동 코드 분할**: Next.js는 코드를 라우트에 따라 자동으로 분할하며, 이는 로딩 시간을 잠재적으로 개선할 수 있다.
4. **API 라우트**: Next.js를 사용하면 애플리케이션 구조의 일부로 API 엔드포인트를 만들 수 있다.

Next.js 앱 라우터의 몇 가지 핵심 기능들에 관해 살펴보자.

파일 기반 라우팅

Next.js 앱 라우터 설정에서는 `app` 디렉터리에 파일을 추가해 라우트를 만들 수 있으며, 파일 경로가 그대로 URL 경로가 된다.

---

13 https://nextjs.org/docs/app
14 https://react.dev/reference/rsc/server-components

app 디렉터리

```
app/
├── page.js
├── about/
│   └── page.js
└── blog/
    └── [slug]/
        └── page.js
```

이 구조는 다음을 의미한다.

- / 라우트는 app/page.js이다.

- /about 라우트는 app/about/page.js이다.

- /blog/[slug] 라우트는 app/blog/[slug]/page.js이다.

서버 컴포넌트와 클라이언트 컴포넌트

서버 컴포넌트_{Server Component}[15]는 리액트의 새로운 기능이다. 이를 활용하면 서버에서 실행되는 상태가 없는 리액트 컴포넌트를 만들 수 있다. 이 컴포넌트들은 리액트 아키텍처에 서버 사이드 프로세싱의 능력을 더해주며, 이를 통해 몇 가지 계산 및 데이터 가져오기 태스크를 클라이언트로부터 서버로 옮긴다. 한편, 클라이언트 컴포넌트_{Client Component}[16]는 클라이언트 사이드에서 실행되면서 애플리케이션의 상호작용(예: 사용자 입력 및 동적 업데이트 등)을 처리한다.

Next.js 앱 라우터를 사용하면 서버 컴포넌트/클라이언트 컴포넌트 모두를 강력하고 효율적인 방법으로 활용할 수 있다. 서버 컴포넌트는 기본값이지만, 클라이언트 컴포넌트를 만들려면 파일 첫 부분에 "use client" 지시자_{directive}를 사용해서 옵트인_{opt-in}해야 한다.

클라이언트 컴포넌트

```
"use client"

import { useState } from "react";

export default function Counter() {
  const [count, setCount] = useState(0);
```

---

15 https://nextjs.org/docs/app/building-your-application/rendering/server-components
16 https://nextjs.org/docs/app/building-your-application/rendering/client-components

```
    return (
      <div>
        <p>Count: {count}</p>
        <button
          onClick={() => setCount(count + 1)}
        >
          Increment
        </button>
      </div>
    );
}
```

데이터 가져오기

서버 컴포넌트를 사용하면 컴포넌트 안에서 직접 데이터를 가져올 수 있고,[17] Next.js는 자동으로 서버에서 데이터 가져오기를 처리한다.

Next.js의 확장된 가져오기 함수를 사용해 서버에서 데이터 가져오기

```
async function getProduct(id) {
  const res = await fetch(
    `https://api.example.com/products/${id}`,
  );

  if (!res.ok) {
    throw new Error("Failed to fetch data");
  }

  const productData = await res.json();

  return productData;
}

async function ProductPage({ params }) {
  const product = await getProduct(params.id);

  return (
    <div>
      <h1>{product.name}</h1>
      <p>{product.description}</p>
    </div>
  );
}
```

---

17 https://nextjs.org/docs/app/building-your-application/data-fetching

```
export default ProductPage;
```

상태 로딩하기와 에러 핸들링

앱 라우터 설정은 상태 로딩과 에러 처리에 관한 관습을 제공한다. loading.js[18]와 error.js[19] 파일을 작성해 이 상태들을 처리할 수 있다.

loading.js 및 error.js 파일

```
app/
├── products/
│   └── [id]/
│       ├── page.js     # /products/:id에 대한 메인 페이지
│       ├── loading.js  # /products/:id에 대한 로딩 UI
│       └── error.js    # /products/:id에 대한 에러 UI
```

Next.js는 자동으로 데이터 가져오기를 진행하는 동안 로딩 UI를 보여주고, 처리되지 않은 에러가 발생하면 에러 UI를 보여준다.

모범 사례들

Next.js 앱 라우터와 리액트 서버 컴포넌트를 사용할 때는 다음 모범 사례와 잠재적인 이점을 고려하자.

1. 기본적으로 서버 컴포넌트를 사용하되 상호작용이나 클라이언트 상태 관리가 필요할 때만 클라이언트 컴포넌트로 '옵트인'한다. 이를 통해 클라이언트 사이드 자바스크립트 번들을 가볍게 유지할 수 있다.

2. 서버 컴포넌트와 클라이언트 컴포넌트 사이의 경계에 유의하라. 서버 컴포넌트는 클라이언트 사이드 API 혹은 상태를 유지 및 사용할 수 없다는 것을 기억하자.

3. loading.js와 error.js 파일을 활용해 데이터 가져오기 및 에러 처리를 하는 동안 보다 나은 사용자 경험을 제공하자.

4. Link 컴포넌트[20]를 사용해 라우트 사이에서 클라이언트 내비게이션을 하라. 이 방법으로 사용하면 앱 라우터가 내비게이션을 최적으로 처리한다.

---

18 https://nextjs.org/docs/app/building-your-application/routing/loading-ui-and-streaming
19 https://nextjs.org/docs/app/api-reference/file-conventions/error
20 https://nextjs.org/docs/app/building-your-application/routing/linking-and-navigating#link-component

5. 서버 컴포넌트는 심지어 클라이언트 사이드 내비게이션에 대해서도 항상 서버에서 렌더링된다는 것을 기억하자. 따라서 여러분은 서버 사이트 컴포넌트를 가볍게 유지하고 무거운 계산을 피해야 한다.

6. 서버 컴포넌트와 클라이언트 컴포넌트 사이에서 데이터를 전달할 때는 조심하라. 큰 데이터를 전송하면 성능에 영향을 줄 수 있다. 초기 렌더링이 필요하지 않다면 클라이언트 컴포넌트에서 데이터를 가져오는 것도 고려하자.

7. 캐싱 메커니즘[21]을 활용해 서버 컴포넌트에서 데이터를 가져옴으로써 서버에 대한 불필요한 왕복round trip을 피하자.

8. 서버 컴포넌트 사이에서 상태를 공유해야 한다면 해당 상태를 공유된 클라이언트 컴포넌트로 전달하는 것을 고려하자.

9. 정기적으로 애플리케이션의 성능을 감시하고 측정해 병목을 식별하고 최적화하자.

결론

Next.js 앱 라우터는 리액트 애플리케이션의 라우팅 처리 방법의 중요한 진화를 보여준다. 앱 라우터는 서버 컴포넌트와 클라이언트 컴포넌트를 혁신적으로 사용함으로써 서버 사이드 효율성과 클라이언트 사이드의 상호작용성을 합쳤다. 파일 시스템 기반 라우팅과 서버 컴포넌트의 견고한 기능을 활용함으로써 데이터 가져오기와 계산에 필요한 부담을 서버로 이동시켰으며, Next.js는 다양한 웹 애플리케이션에서의 성능을 최적화하는 동시에 사용자 경험을 개선한다.

이 가이드에서는 몇 가지 기본 기능과 그 구현에 관해 설명했다. Next.js 앱 라우터는 훨씬 심오한 기능들을 제공하며, 이를 통해 한층 고급의 니즈를 만족시킨다. 종합적인 가이드 및 추가 기능들을 확인하고 싶다면 공식 문서[22]를 참조하자.

16.3 정리

라우팅은 대규모 리액트 애플리케이션의 핵심적인 측면이다. 라우팅을 사용하면 사용자들은 다양한 뷰와 컴포넌트를 이동할 수 있으며 매끄럽고 직관적인 사용자 경험을 제공한다. 대규모 리액트 애플리케이션을 구축한다면 다음 사항들을 유념하자.

---

21 https://nextjs.org/docs/app/building-your-application/data-fetching/fetching-caching-and-revalidating#caching-data
22 https://nextjs.org/docs/app/building-your-application/routing

1. 애플리케이션 요구사항(성능, SEO, 서버 사이드 렌더링 등)에 기반해 적절한 라우팅 접근법을 선택하라.

2. 중첩된 라우팅의 능력을 활용해 모듈화되고 유지보수 가능한 애플리케이션 구조를 만들라.

3. 지연 로딩, 코드 분할 및 다른 성능 최적화 기법들을 구현해 애플리케이션의 로딩 시간과 사용자 경험을 개선하라.

4. 라우팅과 데이터 가져오기, 상태 관리 및 애플리케이션의 필수적인 측면들을 통합해 응집되고 효율적인 개발 경험을 만들라.

5. 라우트와 컴포넌트를 충분히 테스트해서 버그를 찾아냄으로써 신뢰성을 보장하고, 높은 품질의 코드베이스를 유지하라.

대규모 리액트 애플리케이션의 성공적인 라우팅의 핵심은 단순함, 성능, 유지보수성의 올바른 균형을 찾는 것에 있음을 기억하자. 모범 사례들을 따르고, 강력한 도구와 라이브러리를 활용하고, 지속적으로 라우팅 구현을 다듬음으로써 여러분은 뛰어난 사용자 경험을 제공하는 강건하고 확장 가능한 애플리케이션을 만들 수 있다.

17

사용자 중심 API 디자인

APIapplication programming interface를 사용하면 서로 다른 소프트웨어 시스템 사이에서 통신할 수 있다. API는 메서드와 데이터 구조를 지정하며, 개발자들은 이를 사용해 서비스 혹은 플랫폼과 상호 작용할 수 있다.

API 디자인은 모던 소프트웨어 개발의 가장 중요한 기반 요소이다. API는 서로 다른 시스템들이 통신하고 기능을 공유할 수 있게 한다. 여러분은 REST, GraphQL, gRPC API들을 여러 차례 사용했을 것이다. API 디자인의 품질은 개발 프로세스, 사용자 경험, 그리고 장기적인 유지보수성에 큰 영향을 준다. 이번 장에서는 API 디자인의 몇 가지 세부 사항에 관해 살펴보면서 효과적이고 사용자 친화적인 API를 만들기 위한 간단한 가이드를 제공한다.

API는 내부 애플리케이션과 도구를 위한 빌딩 블록(조직 내 다양한 시스템들이 매끄럽게 함께 작동하게 하는)인 동시에, 종종 **제품 그 자체**이기도 하다. 많은 경우 API는 기업의 서비스와 사용자가 상호 작용하는 주된 방법이다. 특히 데이터 서비스, 결제 및 지불 처리, 혹은 다른 클라우드 기반 기능을 제공하는 기업에게 그렇다.

예를 들면 Stripe,[1] PayPal[2] 같은 기업들은 결제 프로세싱 API를 제공하며, 개발자들은 이를 애플

---

1   https://stripe.com/resources/more/payment-application-program-interfaces-apis
2   https://developer.paypal.com/docs/api/payments/v2/

리케이션에 통합해 트랜잭션을 처리할 수 있다. 구글 지도가 제공하는 API[3]를 사용하면 웹과 모바일 애플리케이션에 지도와 위치 기반 서비스를 내장할 수 있다. Twilio가 제공하는 커뮤니케이션 API[4]를 사용하면 개발자들은 SMS, 음성, 비디오 기능을 애플리케이션 안에 통합할 수 있다. 앞서 든 예에서는 API 자체가 제품이며, 개발자들은 이를 구입하고 활용해 자신의 애플리케이션에 핵심적인 기능을 추가한다. 좋은 API 디자인은, API가 제품이자 서비스 자체인 경우 고객 만족과 비즈니스 성공에 직접적인 영향을 주기 때문에 특별히 중요하다.

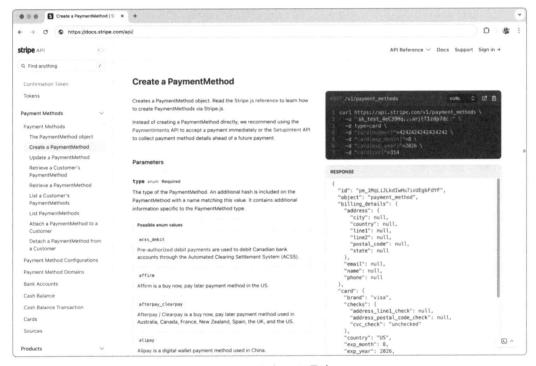

그림 17-1 Stripe API 문서

잘 정의된 API는 효율적인 개발과 강건한 애플리케이션을 만드는 데 도움이 된다. 한편, 잘 정의되지 않은 API는 유지보수의 악몽을 만든다. API 디자인은 개발자가 이를 얼마나 쉽게 이해하고 사용할 수 있는지에 영향을 주며, 이는 결과적으로 생산성과 애플리케이션 품질에 직접적인 영향을 준다.

또한 사려 깊은 디자인에 들이는 시간과 노력은 장기적인 안정성과 사용자 만족을 가져다준다. 개발 초기부터 API 품질에 투자함으로써 이후의 수많은 이슈들을 방지할 수 있다. 이는 명확하고 일

---

3   https://developers.google.com/maps?hl=ko
4   https://www.twilio.com/

관성 있는 명명 규칙, 충분한 문서, 사려 깊은 에러 핸들링 같은 측면의 고려를 포함한다.

이어지는 몇 개의 절에서는 사용자 중심 API(즉 직관적이고, 사용하기 쉽고, 개발자 경험을 염두에 두고 설계된 API)를 만드는 몇 가지 전략에 관해 살펴본다. 사용자 중심 API 디자인에 초점을 둠으로써 기능적일 뿐만 아니라 즐겁게 사용할 수 있는 API를 만들 수 있다. 이는 차례로 긍정적인 개발자 경험을 늘리고, 도입을 촉진하며, 여러분의 API 소프트웨어 프로젝트에 장기적인 성공을 보장한다.

이번 장에서 사용하는 코드 예시는 REST 기반 API이다. 하지만 우리가 논의하는 개념들은 여러분이 만들 어떤 타입의 API에도 적용된다. API 구축은 서버 사이드(Node.js)의 기술이며 리액트에 관한 기술은 아니다. 비록 이 책의 범위를 벗어나지만 이 원칙을 이해하는 것은 클라이언트 사이드 리액트에서 작업할 때도 중요하다. API와 상호작용하는 것은 일반적이고도 꼭 필요한 태스크이기 때문이다.

17.1 일관성

일관성consistency은 매끄럽고 직관적인 개발자 경험을 만드는 데 매우 중요하다. API가 다양한 컴포넌트에서 일관성을 유지하면 개발자의 인지 부하를 줄이므로, 개발자들은 API를 보다 쉽게 이해하고 사용할 수 있다. 이번 절에서는 일관성이 반드시 필요한 세 가지 영역에 관해 살펴본다. 그 세 가지 영역은 명명 규칙, 리소스 구조, 응답 형식이다.

명명 규칙

명확하고 일관성 있는 명명 규칙을 사용하면 개발자들은 API를 보다 효과적으로 이해하고 사용할 수 있다. 일관성 있고 직관적인 이름은 API가 스스로 설명하게 함으로써 개발자의 학습 곡선을 줄이고 오해나 에러의 가능성을 최소화한다. API의 명명 규칙을 만들 때는 다음 원칙을 고려하자.

명확한 설명적 이름을 사용하라

리소스 혹은 액션을 정확하게 설명하는 이름을 선택하라. 사용자에게 혼란을 줄 수 있는 약어, 암호 같은 줄임말은 피하라.

- **나쁨**: `/u`, `/p`
- **좋음**: `/users`, `/products`

소문자와 하이픈만 사용하라

여러 단어로 구성된 리소스 이름에서는 소문자와 하이픈을 사용하라. 이는 가독성을 높이며 일반적인 URL 규칙을 준수한다.

- **나쁨**: /orderItems, /ShippingAddresses
- **좋음**: /order-items, /shipping-addresses

리소스 이름에는 명사를 사용하라

리소스는 전형적으로 시스템의 엔티티들을 나타내므로 이들의 이름에는 명사를 사용하라. 리소스는 액션이 아닌 사물임을 명확하게 해준다.

- **나쁨**: /getCustomers, /createOrder
- **좋음**: /customers, /orders

CRUD 조작에 맞지 않는 액션에 대해서는 동사를 사용하라

HTTP 메서드HTTP method(GET, POST, PUT 등)[5]에 자연스럽게 매핑되지 않는 조작에 대해서는 동사를 사용해 해당 액션을 기술하라. 이는 이 액션들이 표준 CRUD(생성하기create, 읽기read, 업데이트하기update, 삭제하기delete) 조작과는 다른 특별한 액션임을 구분하는 데 도움을 준다.

- **나쁨**: /order-cancellation, /password-reset
- **좋음**: /orders/{orderId}/cancel, /users/{userId}/reset-password

복수를 일관성 있게 표현하라

리소스 이름을 표현할 때 단수 혹은 복수를 선택하고 API 전체에서 일관성을 유지하라. 이를 통해 개발자들에게 서로 다른 리소스들과 상호작용하는 방법을 예상하는 데 도움을 줄 수 있다.

- **나쁨(혼합)**: /customer, /orders, /product
- **좋음(모두 복수)**: /customers, /orders, /products
- **좋음(모두 단수)**: /customer, /order, /product

다음은 이 명명 규칙을 실제 API에 적용한 예시이다.

---

5 https://developer.mozilla.org/ko/docs/Web/HTTP/Methods

customer, order, product 도메인을 갖는 API 예시

```
GET /customers
POST /customers
GET /customers/{customerId}
PUT /customers/{customerId}
DELETE /customers/{customerId}
GET /customers/{customerId}/orders
POST /customers/{customerId}/orders
GET /orders/{orderId}
PUT /orders/{orderId}
DELETE /orders/{orderId}
POST /orders/{orderId}/cancel
GET /products
GET /products/{productId}
GET /products/{productId}/reviews
POST /products/{productId}/reviews
```

리소스 구조

API 리소스 구조는 일관성을 통해 사용성을 크게 향상시킬 수 있는 또 하나의 영역이다. 잘 구조화된 API는 리소스를 논리적이고 직관적인 방법으로 조직하며, 이는 개발자들이 서로 다른 엔티티 사이의 관계와 API를 탐색하는 방법을 쉽게 이해하도록 돕는다. API 리소스 구조를 디자인할 때는 다음을 고려하자.

계층을 사용해 관계를 나타내라
중첩된 리소스는 소속 혹은 조합을 나타낸다.

중첩된 리소스

```
/customers/{customerId}/addresses
/orders/{orderId}/items
```

이 구조는 address가 customers에, items가 order에 속해 있다는 것을 명확하게 보여준다.

URL을 가능한 한 짧게 유지함으로써 명확성을 유지하라
중첩은 유용할 수 있지만 너무 긴 URL을 사용하는 것은 피하라.

중첩된 URL의 좋은 예와 나쁜 예

```
// 좋음
/orders/{orderId}/items
```

```
// 나쁨
/customers/{customerId}/orders/{orderId}/items/{itemId}/variants
```

필터링, 정렬, 페이징을 위해 매개변수를 사용하라

이를 통해 베이스 URL을 명확하게 유지할 수 있고, 유연한 질의를 가능하게 할 수 있다.

쿼리 매개변수 사용하기

```
GET /products?category=electronics&sort=price&page=2&limit=20
```

유사한 리소스에 대해 일관성 있는 패턴을 사용하라

두 리소스가 유사한 구조를 갖는다면 이들을 표현하는 방식에도 일관성을 유지하라.

유사한 구조를 갖는 두 리소스

```
GET /users/{userId}/profile
GET /companies/{companyId}/profile
```

다음은 이 원칙들을 적용해 e-커머스 API를 구조화한 예시이다.

일관성 있는 리소스 구조를 갖는 e-커머스 API 예시

```
/users
/users/{userId}
/users/{userId}/orders
/users/{userId}/addresses

/products
/products/{productId}
/products/{productId}/reviews

/orders
/orders/{orderId}
/orders/{orderId}/items
/orders/{orderId}/shipments

/categories
/categories/{categoryId}
/categories/{categoryId}/products
```

응답 형식

일관성 있는 응답 형식을 제공함으로써 개발자들이 API에 무엇을 기대할 수 있는지 보장할 수 있다. 응답이 일관성 있는 구조를 따르면, 개발자들은 훨씬 쉽게 API가 반환하는 데이터를 파싱하고 다룰 수 있다. 다음은 응답 형식에서 일관성을 유지하기 위한 몇 가지 고려 사항이다.

모든 응답에 대해 일관성 있는 구조를 사용하라

성공과 에러 응답에 대해 유사한 형식을 유지하라.

성공 및 에러 응답 예시

```
// 성공 응답
{
  "status": "success",
  "data": {
    "id": 123,
    "name": "John Doe",
    "email": "john@example.com"
  }
}

// 에러 응답
{
  "status": "error",
  "data": {
    "message": "User not found",
    "code": "NOT_FOUND"
    }
  }
```

리소스에 대해 일관성 있는 필드명을 사용하라

여러 리소스가 유사한 속성을 갖는다면 같은 속성 이름을 사용하라.

서로 다른 리소스에서 creatdAt과 updatedAt 사용하기

```
// User
{
  "id": 123,
  "createdAt": "2023-07-01T12:00:00Z",
  "updatedAt": "2023-07-02T14:30:00Z",
  "name": "John Doe"
}

// Product
```

```
{
  "id": 456,
  "createdAt": "2023-06-15T09:00:00Z",
  "updatedAt": "2023-06-16T11:45:00Z",
  "name": "Smartphone X"
}
```

일관성 있는 날짜와 시간 형식을 사용하라

모든 날짜와 시간 필드에 대해 ISO 8601[6] 같은 표준 형식을 준수하라.

서로 다른 데이터 필드에 대한 ISO 8601 형식 유지하기

```
{
  "createdAt": "2023-07-01T12:00:00Z",
  "updatedAt": "2023-07-02T14:30:00Z",
  "scheduledFor": "2023-07-10T09:00:00+02:00"
}
```

일관성 있는 메타데이터를 제공하라

페이지네이션 정보 혹은 요청 식별자 같은 메타데이터를 모든 목록 응답에 일관성 있게 포함하라.

페이지네이션 정보를 포함한 메타데이터

```
{
  "status": "success",
  "data": [
    // 아이템 배열
  ],
  "metadata": {
    "page": 2,
    "perPage": 20,
    "totalItems": 157,
    "totalPages": 8
  },
  "requestId": "req_abc123"
}
```

명명 규칙, 리소스 구조, 응답 형식에 대한 일관성 원칙을 준수함으로써 쉽게 이해하고, 사용하고, 유지보수 가능한 API를 만들 수 있다. 이 일관성은 개발자 경험을 개선함은 물론 API의 전반적인 신뢰성과 사용성을 향상한다.

---

6   https://ko.wikipedia.org/wiki/ISO_8601

17.2 에러 핸들링

에러 핸들링error handling은 개발자 경험과 API의 사용성에 직접적인 영향을 미치는 매우 중요한 요소이다. 잘 디자인 된 에러 응답은 개발자로 하여금 빠르게 이슈를 식별하고 해결하도록 도와주며, 전체적인 개발자 경험을 개선한다. 이번 절에서는 API에서의 에러 핸들링 디자인에 관한 몇 가지 모범 사례를 살펴본다. 여기에는 일관성 있는 에러 구조, 의미 있는 에러 메시지, 적절한 HTTP 상태 코드의 사용 등이 포함된다.

적절한 HTTP 상태 코드를 사용하라

HTTP 상태 코드HTTP status code[7]는 요청 결과에 대한 표준화된 방법을 제공한다. 이들은 일관성 있고 적절하게 사용되어야 한다.

- **2xx**는 요청 성공을 의미한다(예: `200 OK`, `201 Created` 등)
- **4xx**는 클라이언트 에러를 의미한다(예: `400 Bad Request`, `404 Not Found` 등)
- **5xx**는 서버 에러를 의미한다(예: `500 Internal Server Error` 등)

상세한 에러 메시지를 제공하라

에러 메시지는 간결하고 필요한 정보를 담고 있어야 한다. 개발자들이 무엇이 잘못되었는지 어떻게 수정해야 하는지 이해할 수 있도록 충분한 콘텍스트를 제공해야 한다. 에러 메시지에 민감한 정보들이 노출되지 않도록 주의하라.

상세한 정보를 담은 명확한 에러 페이로드

```
{
  "status": "error",
  "message": "Invalid email format",
  "code": "INVALID_EMAIL",
  "details": "Provided email 'johndoe@example' is missing a domain"
}
```

---

7 https://developer.mozilla.org/ko/docs/Web/HTTP/Status

일관성 있는 에러 메시지 구조를 사용하라

모든 에러 응답이 일관성 있는 형태를 준수함을 보장하라. 이를 통해 개발자들은 프로그래밍 적으로 에러를 쉽게 파싱하고 다룰 수 있다.

에러 응답 구조

```
{
  "status": "error",
  "message": "string",
  "code": "string",
  "details": "string",
  "requestId": "string"
}
```

고유한 에러 코드를 포함하라

가능하다면 다른 타입의 에러에 대해 고유한 에러 코드를 할당하라. 이를 통해 개발자들은 특정한 에러 시나리오를 쉽게 식별하고 처리할 수 있다.

잔액 부족에 대한 고유한 에러 코드

```
{
  "status": "error",
  "message": "Insufficient funds",
  "code": "INSUFFICIENT_FUNDS",
  "details": "Your account balance is $50, but the transaction requires $100"
}
```

검증 에러를 처리하라

여러 필드를 포함한 요청에 대해서는 각 필드마다 개별적으로 전달하지 말고 모든 검증 에러를 한번에 전달하라. 이는 개발자들의 시간을 아껴주고 불필요한 API 호출을 줄이는 데 도움이 된다.

2개의 다른 폴 필드에 대한 검증 에러

```
{
  "status": "error",
  "message": "Validation failed",
  "code": "VALIDATION_ERROR",
  "errors": [
    {
```

```
      "field": "email",
      "message": "Invalid email format"
    },
    {
      "field": "password",
      "message": "Password must be at least 8 characters long"
    }
  ]
}
```

디버깅을 위해 에러를 기록하라

API 소비자에게 명확한 에러 메시지를 제공하는 것은 중요하다. 그리고 디버깅을 위해 서버 사이드에 상세한 에러 정보를 기록함을 보장하는 것도 중요하다. 이를 통해 API 사용자에게 민감한 정보를 노출하지 않고 보다 효과적으로 이슈를 조사하고 해결할 수 있다. 내부 로그에 스택 추적 trace, 요청 매개변수, 시스템 상태 등을 포함할 수 있지만 비밀번호나 API 키 같은 민감한 데이터는 기록하지 않도록 유의해야 한다.

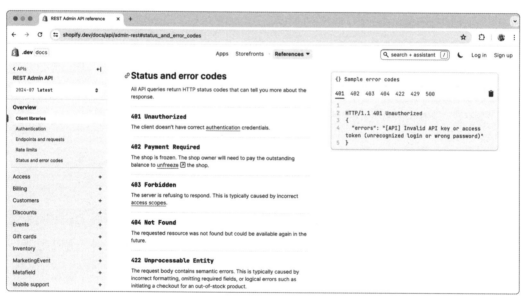

그림 17-2 Shopify의 READ Admin API — 상태 및 에러 코드

17.3 문서화

종합적이고 잘 구조화된 문서는 사용자 중심 API를 만드는 데 필수적이다. 이런 문서는 개발자들이 여러분의 API를 효과적으로 사용하는 방법을 이해하기 위한 기본 리소스의 역할을 한다. 좋은 문서는 학습 곡선을 상당히 줄이고, 지원 요청을 최소화하고, 도입 비율을 높여준다. API를 위한 문서를 작성할 때 고려해야 할 핵심적인 측면들을 살펴보자.

명확한 개요를 만들라

API에 대한 고수준의 개요에서 시작하라. 고수준 개요는 API의 목적과 주요 기능, 인증 메서드, 기본 URL, 버전 관리 정보, 일반적인 유스 케이스 혹은 예시 시나리오를 포함한다. 이 개요를 통해 개발자들은 여러분의 API가 무엇을 제공하는지, 자신들의 프로젝트에 API를 어떻게 통합할 수 있는지 빠르게 이해할 수 있다.

예를 들면 다음과 같이 문서 작성을 시작할 수 있다.

> Example E-commerce API를 사용하면 개발자들은 우리 제품 카탈로그, 주문 관리, 고객 데이터를 그들의 애플리케이션에 통합할 수 있다. 모든 API 요청의 기본 URL은 `https://api.example.com/v1`이며 인증을 위해서는 OAuth2.0 을 사용한다.

상세한 엔드포인트 문서

각 엔드포인트에 관해 총체적인 정보를 제공하라. 이 정보에는 HTTP 메서드와 전체 URL, 엔드포인트의 목적 설명, 요청 매개변수(경로, 쿼리, 헤더, 바디), 응답 형식 및 가능한 상태 코드를 포함해야 한다. 예시 요청과 응답을 포함해 해당 엔드포인트가 실제로 작동하는 방식을 포함하라.

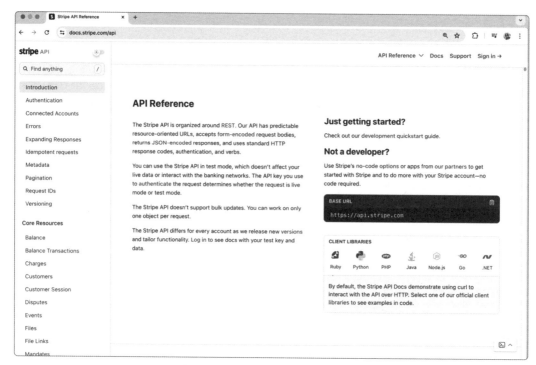

그림 17-3 **Stripe API reference/overview 절**

예를 들면 'Get Product Detail' 엔드포인트를 문서화하면서 HTTP 메서드(`GET`), URL(`/products/{productId}`), 엔드포인트가 하는 일에 대한 설명, 엔드포인트가 받는 매개변수, 응답 형태 등을 포함하는 식이다.

코드 샘플을 포함하라

잘 알려진 프로그래밍 언어를 사용한 코드 샘플을 제공해 여러분의 API를 사용하는 방법을 보여주라. 이를 통해 개발자들은 여러분의 API를 그들이 선호하는 언어 혹은 프레임워크에 통합하는 방법을 신속하게 이해할 수 있다. 예를 들면 Node.js를 사용해 여러분의 API에 요청을 남기는 방법을 보여주는 자바스크립트 스니핏 혹은 리액트 같은 자바스크립트 클라이언트 라이브러리를 보여줄 수 있다.

인증에 관해 설명하라

API에 대한 인증 방법을 명확하게 설명하라. 여기에는 API 키 또는 토큰을 얻는 단계, 요청에 인증을 포함하는 방법, 보안 모범 사례 등을 포함한다. 적절한 인증 문서를 통해 개발자들은 처음부터 여러분의 API를 안전하게 사용할 수 있다.

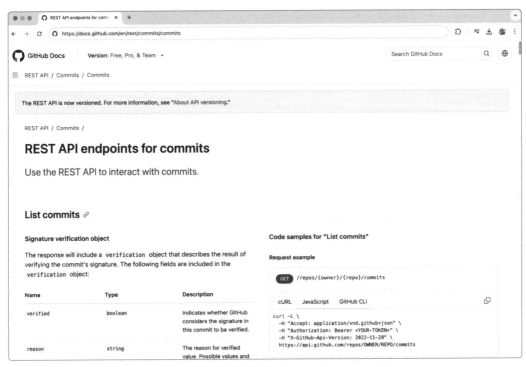

그림 17-4 깃허브에서 제공하는 커밋 REST API 엔드포인트

17.4 버저닝

버저닝versioning은 API에서 매우 중요하다. 버저닝은 기존의 사용자에게 혼란을 주지 않으면서 API의 변경과 업데이트를 관리할 수 있게 해준다. API가 비즈니스의 핵심 전략 제품 혹은 서비스 역할을 하는 경우 이는 특히 중요하다. 고객의 유지보수 안정성과 신뢰성이 기업의 성공과 평판에 필수적이기 때문이다.

잘 고안된 버저닝 전략을 사용하면 새로운 기능과 개선 사항을 도입하면서도 하위 호환성backward compatibility을 유지할 수 있다. 이번 절에서는 API를 위한 몇 가지 모범 사례(다양한 버저닝 전략, 버저닝 전략 구현 방법, 변경 사항을 개발자들과 소통하는 방법 등)에 관해 살펴본다.

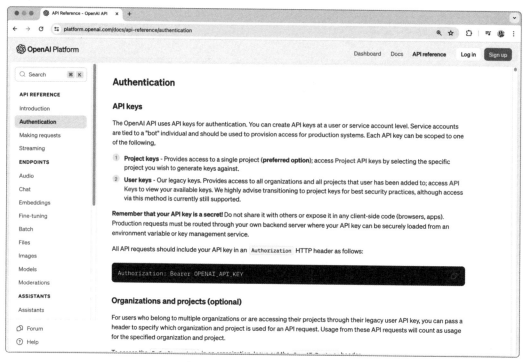

그림 17-5 인증에 관한 OpenAI API 문서

버저닝 전략

API 버저닝 전략은 다양하며 각 전략은 장단점을 갖는다. 가장 일반적인 전략에는 URL 버저닝, 쿼리 매개변수 버저닝, 헤더 버저닝이 있다.

URL 버저닝

URL 버저닝URL versioning은 API의 기본 URL에 버전 번호를 포함한다. 가장 직관적이고 널리 사용되는 버저닝 전략이다.

URL 버저닝 예시

```
GET /v1/users/123
GET /v2/users/123
```

장점

- 쉽게 이해하고 구현할 수 있다.
- 상이한 버전들을 명확하게 분리할 수 있다.

- 상이한 버전들을 상당히 다르게 변경할 수 있다.

단점

- URL의 숫자가 많아질 수 있다.
- 사소한 변경에 덜 유연하다.

쿼리 매개변수 버저닝

쿼리 매개변수 버저닝query parameter versioning은 요청 URL에 API 버전을 매개변수로 지정한다.

쿼리 매개변수 버저닝 예시

```
GET /users/123?version=1
GET /users/123?version=2
```

장점

- 기본 URL을 깔끔하게 유지할 수 있다.
- 쉽게 구현하고 사용할 수 있다.
- 세세한 버전 관리를 할 수 있다.

단점

- 개발자들이 쉽게 놓칠 수 있다.
- 캐싱 전략을 복잡하게 만들 수 있다.
- 주요 버전을 명확하게 구별하기 어렵다.

헤더 버저닝

헤더 버저닝header versioning은 커스텀 HTTP 헤더에 API 버전을 지정한다.

헤더 버저닝 예시

```
GET /users/123
Header: API-Version: 1
```

장점

- URL을 명확하고 깔끔하게 유지할 수 있다.
- 버전 관리와 리소스 식별자를 분리할 수 있다.

단점

- 쉽게 간과할 수 있다.

- 브라우저에서 테스트하기 어려울 수 있다.

- 서버에서 커스텀 헤더를 처리해야 한다.

여러분이 개발하는 API의 니즈와 특성에 따라 적절한 버저닝 전략을 선택해야 한다. URL 버저닝은 단순함과 명확함 때문에 가장 많이 선호된다. 한편, 쿼리 매개변수 버저닝과 헤더 버저닝은 특정한 시나리오에서 훨씬 더 많은 유연함을 제공한다.

URL 버저닝의 간단한 예시로 우리가 계속해서 `products` API를 변경하는 상황에 있다고 가정하자.

GET /v1/products

```
// GET /v1/products
// 응답:
{
  "data": [
    { "id": 1, "name": "Product A" },
    { "id": 2, "name": "Product B" }
  ]
}
```

버전 2에서는 `id`, `name` 필드를 변경한다.

```
// GET /v2/products
// 응답:
{
  "products": [
    { "productId": 1, "productName": "Product A" },
    { "productId": 2, "productName": "Product B" }
  ]
}
```

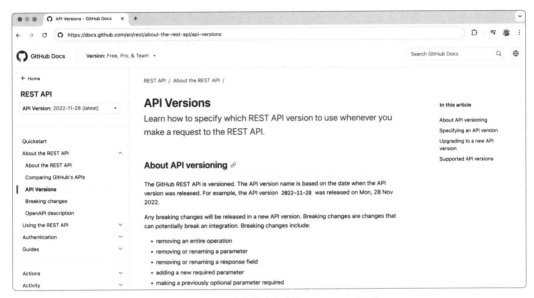

그림 17-6 **API 버전에 관한 깃허브 REST API 문서**

구식화와 종료

새로운 버전을 도입할 때는 이전 버전의 구식화_{deprecation} 및 궁극적인 종료_{sunsetting}에 관한 명확한 정책을 마련해야 한다. 이 정책에는 다음 항목들을 포함한다.

1. **구식화 고지하기**: 해당 버전이 구식화될 것이며 궁극적으로 제거될 것임을 명확하게 소통한다.
2. **타임라인 제공하기**: 사용자에게 새로운 버전으로 마이그레이션할 수 있는 유예 기간을 제공한다.
3. **구식화 관련 경고 보내기**: 가능하다면 API 응답에 오래된 버전에 대한 구식화 경고를 포함한다.
4. **마이그레이션 지원 제공하기**: 사용자가 새로운 버전으로 마이그레이션할 때 참고할 수 있는 문서, 도구, 지원을 제공한다.

사려 깊은 버저닝 전략을 구현함으로써 시간에 따라 API를 변경할 수 있고, 기존 사용자들에게 지속적으로 긍정적인 개발자 경험을 제공할 수 있다. 이 접근법을 활용하면 기존 통합을 깨뜨릴 걱정 없이 API를 혁신하고 개선할 수 있다.

17.5 보안

API 디자인에서 보안은 중요한 측면이다. 잘 디자인된 API는 충분한 기능을 제공하고 사용자 친화적일 뿐만 아니라 안전하다. 강건한 보안 정책을 구현함으로써 API 제공자와 그 사용자를 잠재적인 위협과 취약점으로부터 보호할 수 있다. API 보안과 관련된 주제는 매우 다양하며, 이번 절에서는 몇 가지 핵심 포인트만 강조한다.

인증과 허가

인증과 허가는 API 보안의 기본 요소이다.

인증authentication은 사용자 혹은 서비스의 신원을 검증하는 것이다. 접근을 요청하는 엔티티가 그들이 신고한 것과 일치하는지 확인한다. 이 프로세스는 합법적인 사용자들만 여러분이 제공하는 데이터나 기능에 접근할 수 있기 때문에 API 보안을 유지하는 데 매우 중요하다. 인증은 애플리케이션의 복잡성이나 요구사항에 따라 다양한 방법으로 구현할 수 있다.

- **API 키**[8]: 간단한 애플리케이션에 사용한다.
- **OAuth 2.0**[9]: 위임된 접근을 요구하는 보다 복잡한 시나리오에 사용한다.
- **JSON 웹 토큰**JSON web token, JWT[10]: 상태를 갖지 않는 인증에 사용한다.

다음은 Node.js에서 JWT를 사용하는 간단한 인증 엔드포인트의 예시이다. 이 엔드포인트는 사용자 로그인 요청을 처리한다. 사용자 크리덴셜을 검증하고, 해당 크리덴셜이 유효하면 JWT를 생성한다.

Node.js에서 JWT를 사용한 간단한 인증 엔드포인트

```
// 인증 엔드포인트
app.post("/login", (req, res) => {
  const { username, password } = req.body;

  // 사용자가 존재하고, 비밀번호가 올바른지 확인한다.
  const user = findUserByUsername(username);
  if (
    user &&
    verifyPassword(
      password,
      user.hashedPassword,
    )
  ) {
    // JWT 토큰을 생성하고 전송한다.
```

---

8 https://en.wikipedia.org/wiki/API_key
9 https://oauth.net/2/
10 https://jwt.io/

```
    const token = generateJWT(user);
    res.json({ token });
  } else {
    res
      .status(401)
      .json({ error: "Invalid credentials" });
  }
});
```

요청이 인증된 뒤에는 **허가**authorization를 구현해 사용자 혹은 서비스가 액션을 수행하거나 데이터에 접근할 수 있는 올바른 권한을 가지고 있음을 보장할 수 있다. 다음은 앞의 인증에 이어 사용자를 허가하는 API 엔드포인트의 의사 코드 예시이다.

Node.js에서 허가를 사용해 보호된 라우트

```
// 허가를 필요로 하는 보호된 라우트
app.get(
  "/api/protected-resource",
  authenticateToken,
  (req, res) => {
    // 사용자가 필요한 권한을 갖고 있는지 확인한다.
    if (req.user.role === "admin") {
      // 보호된 리소스에 대한 접근을 제공한다.
      res.json({
        data: "This is sensitive information",
      });
    } else {
      res
        .status(403)
        .json({
          error: "Insufficient permissions",
        });
    }
  },
);

// JWT 토큰을 인증하기 위한 미들웨어
function authenticateToken(req, res, next) {
  const token = req.headers["authorization"];

  if (!token)
    return res
      .status(401)
      .json({ error: "No token provided" });
```

```
  verifyJWT(token, (err, user) => {
    if (err)
      return res
        .status(403)
        .json({ error: "Invalid token" });
    req.user = user;
    next();
  });
}
```

이 코드 예시는 인증과 허가를 모두 요구하는 보호된 라우트를 보여준다. `authenticationToken()` 미들웨어는 가장 먼저 요청 헤더에서 JWT 토큰을 검증한다. 해당 토큰이 유효하면 사용자 정보를 요청 객체에 추가한다. 다음으로 라우트 핸들러는 사용자의 역할(`user.role`)을 확인하고 보호된 리소스에 접근하는 데 필요한 권한을 갖고 있는지 결정한다. 사용자가 관리자(`admin`)이면 접근 권한을 받는다. 그렇지 않으면 충분한 권한을 갖고 있지 않다는 에러 메시지를 받는다.

보안 헤더

보안 헤더security header를 구현하면 클릭재킹clickjacking, 사이트 간 스크립팅cross-site scripting, XSS 및 사이트 간 삽입cross-site injection 같은 특정한 유형의 공격으로부터 API를 보호하는 데 도움이 된다. 이런 헤더들은 `Content-Security-Policy`,[11] `Content-Type`,[12] `Strict-Transport-Security`[13] 같은 항목들을 포함한다.

Express.js에서 보안 헤더 설정하기

```
app.use((req, res, next) => {
  res.setHeader(
    "Content-Security-Policy",
    "default-src 'self';",
  );

  res.setHeader(
    "Content-Type",
    "application/json",
  );
```

---

11 https://developer.mozilla.org/ko/docs/Web/HTTP/CSP
12 https://developer.mozilla.org/ko/docs/Web/HTTP/Headers/Content-Type
13 https://developer.mozilla.org/ko/docs/Web/HTTP/Headers/Strict-Transport-Security

```
  res.setHeader(
    "Strict-Transport-Security",
    "max-age=63072000; includeSubDomains; preload",
  );

  // ...
  // ...
});
```

입력 검증과 안전성 검사

보안 헤더 구현과 함께 사용자 입력을 검증하고 안전성 검사sanitization를 함으로써 삽입 공격이나 다른 악의적 활동으로부터 API를 보호하는 것이 중요하다. 효과적인 검증을 통해 입력되는 데이터가 기대하는 타입, 형식, 값의 범위를 갖는지 보장할 수 있다. 안전성 검사는 특수문자들을 제거하거나 변환해 이들이 애플리케이션에서 위험한 동작을 촉발하지 않도록 막는 것을 포함한다.

다음은 사용자 등록 엔드포인트에 대한 입력 검증을 수행하는 간단한 예시이다.

Node.js에서의 입력 검증 예시
```
app.post("/register", (req, res) => {
  const { username, email, password } =
    req.body;

  // 입력 검증
  if (
    !isValidUsername(username) ||
    !isValidEmail(email) ||
    !isStrongPassword(password)
  ) {
    return res
      .status(400)
      .json({ error: "Invalid input" });
  }

  // 입력 안정성 검사
  const sanitizedUsername =
    sanitizeString(username);
  const sanitizedEmail = sanitizeEmail(email);

  // 사용자 등록을 진행한다.
  // ...
});
```

```javascript
function isValidUsername(username) {
  return /^[a-zA-Z0-9_]{3,20}$/.test(username);
}

function isValidEmail(email) {
  return /^[^\s@]+@[^\s@]+\.[^\s@]+$/.test(
    email,
  );
}

function isStrongPassword(password) {
  return (
    password.length >= 8 &&
      /[A-Z]/.test(password) &&
      /[a-z]/.test(password) &&
      /[0-9]/.test(password)
  );
}
```

교차 출처 리소스 공유

교차 출처 리소스 공유cross-origin resource sharing, CORS[14]는 웹페이지의 리소스를 자신의 출처가 아닌 다른 출처에서 요청되는 것을 허용 또는 제한하는 보안 기능이다. 이는 상이한 도메인에서 호스팅되는 API와 상호작용하는 모던 웹 애플리케이션에서 매우 중요하다.

Node/Express.js 애플리케이션에서 CORS를 설정하는 간단한 예시

```javascript
const cors = require("cors");

// CORS 옵션을 설정한다.
const corsOptions = {
  origin: "https://example.com", // 이 출처는 허용한다.
  optionsSuccessStatus: 200, // 레거시 지원용
};

app.use(cors(corsOptions));

app.get("/api/data", (req, res) => {
  res.json({
    message:
    "This is data accessible from example.com.",
  });
});
```

---

14 https://developer.mozilla.org/ko/docs/Web/HTTP/CORS

레이트 제한

레이트 제한rate limiting을 구현하면 API를 오용이나 잠재적인 서비스 거부 공격denial-of-service, DoS에서 보호할 수 있다. 지정한 시간 이내에 클라이언트가 요청할 수 있는 요청 숫자를 제한하는 형태로 구현한다.

Node.js에서의 레이트 제한 예시

```
const rateLimit = require("express-rate-limit");

const apiLimiter = rateLimit({
  windowMs: 15 * 60 * 1000, // 15분
  max: 100, // 각 IP에 대해 windowMS당 요청을 100개로 제한한다.
  message:
    "Too many requests from this IP, try again later",
});

// 모든 요청에 대해 레이트 제한을 적용한다.
app.use(apiLimiter);
```

보안은 API 디자인에서 매우 중요하며 간과해서는 안 된다. 이번 장에서 살펴본 몇 가지 기본적인 보안 프랙티스와 함께 항상 HTTPS[15]를 사용함으로써 전송 중인 데이터를 보호하는 동시에 이 보안 수단들을 활용해 여러분의 API와 그 사용자를 잠재적인 위협과 취약점으로부터 보호해야 한다.

책에서 다룬 내용은 하나의 시작점에 지나지 않는다. API 보안은 폭넓은 주제이며 다양한 사항들을 고려해야 한다. 이 주제에 관해 더 많이 알고 싶다면 OWASP Cheat Sheet Series를 참조하자. 특히 REST Security Cheat Sheet[16], GraphQL Cheat Sheet[17]는 REST API와 GraphQL API를 보호하는 데 도움이 되는 좋은 모범 사례들을 제공한다.

17.6 이해관계자 참여

사용자 중심 API를 개발할 때는 기술적인 사항에 관해 고려하는 것은 물론, **이해관계자**stakeholder의 니즈를 이해하고 만족시켜야 한다. 효과적인 이해관계자 참여는 목적하는 바를 정확하게 제공하고 사용자를 만족시키는 API를 만드는 데 필수적이다.

---

15 https://developer.mozilla.org/ko/docs/Glossary/HTTPS
16 https://cheatsheetseries.owasp.org/cheatsheets/REST_Security_Cheat_Sheet.html
17 https://cheatsheetseries.owasp.org/cheatsheets/GraphQL_Cheat_Sheet.html

먼저 모든 관련된 이해관계자를 식별하라. 여기에는 전형적으로 내부 팀(제품 관리자, 개발자, 고객 지원 등), API를 사용할 외부 개발자, 여러분의 API를 자신들의 애플리케이션에 통합할 잠재적 최종 사용자가 포함된다. 각 그룹은 모두 상이한 관점과 요구사항을 갖고 있다.

일찍, 빈번하게 피드백을 수집하라. API 디자인을 완료하기 전에 API 명세 초안을 핵심 이해관계자들에게 공유하라. 모의 엔드포인트를 만들거나 대화형 API 문서를 작성해 이해관계자들이 제안된 API 구조를 살펴보고 테스트할 수 있게 하는 과정을 포함할 수 있다. Swagger, Postman 같은 도구들을 활용할 수 있다.

외부 개발자의 니즈를 예의 주시하라. 개발자 릴레이션developer relation 프로그램을 만들어 여러분의 API 사용자와 지속적인 소통을 하는 것을 고려하라. 개발자 포럼, 정기적인 피드백 세션, 혹은 새로운 API 기능을 출시하기 전 테스트를 위한 베타 프로그램들을 포함할 수 있다.

내부에서의 정렬alignment도 중요하다. 여러분의 API 디자인이 여러분이 속한 기업의 전반적인 제품 전략 및 기술 로드맵과 정렬되어 있게 하라. 제품 관리자 및 다른 내부 팀과 정기적인 확인check-in 을 통해 API가 보다 넓은 비즈니스 목표를 지원하는 방향으로 진화하고 있는지 보장하는 데 도움을 얻을 수 있다.

이해관계자 참여는 현재 진행형 프로세스임을 기억하라. API가 진화하는 동안 계속해서 피드백을 찾고 실세계의 사용 형태와 변경되는 요구사항에 기반해 조정할 준비를 하라. 이 반복적 접근법은 여러분의 API가 시간이 지나도 가치 있고 관련성이 높은 상태를 유지하는 데 도움이 된다.

17.7 최종 고려 사항

사용자 중심 API 디자인과 관련된 몇 가지 핵심적인 측면을 다뤘다. 그러나 API를 만들고 다루는 과정에서 염두에 두어야 할 다른 중요한 사항들도 많다. 여기에는 성능 최적화, 분석 및 모니터링 설정 등도 포함된다.

사용자 중심 API를 만드는 것은 현재 진행형 프로세스임을 기억하자. 새롭게 나타나는 트렌드, 사용자 피드백, 진화하는 비즈니스 니즈에 지속적으로 반응하고 적응해야 한다. 이러한 변화에 예의 주시하고 능동적으로 대응함으로써 여러분의 API가 관련성 있고, 효과적이며, 개발자들이 즐겁게 사용할 수 있는 것임을 보장할 수 있다.

17.8 더 읽을 거리

- API design[18]

- Designing for humans: better practices for creating user-centric API experiences[19]

- Designing Good API Experiences[20]

- RESTful 웹 API 디자인[21]

- Best Practices in API Design[22]

---

18 https://www.postman.com/api-platform/api-design/

19 https://blog.postman.com/designing-for-humans-better-practices-user-centric-api-experiences/

20 https://www.youtube.com/watch?v=TQpC1o1dFic

21 https://learn.microsoft.com/ko-kr/azure/architecture/best-practices/api-design

22 https://swagger.io/resources/articles/best-practices-in-api-design/

18

리액트의 미래

지금까지 대규모 리액트 자바스크립트 애플리케이션을 관리하는 데 중요한 일련의 도구들과 기법들에 관해 살펴봤다. 우리는 이 방법론들이 단지 이론에 그치지 않는다는 것을 봐왔다. 이들은 엄격하게 사용되고 있으며 오늘날 업계에서 높은 가치를 갖고 있다.

2013년 등장한 리액트는 개발자들이 사용자 인터페이스를 구현하는 방법에 혁신을 가져왔다. 선언적인 컴포넌트 기반 모델은 복잡하고 동적인 웹 애플리케이션을 구현하는 효율적이고 직관적인 방법을 제공했다. 해가 지남에 따라 리액트는 기하급수적으로 성장했다. 단순히 인기만 높아진 게 아니라 종합적인 생태계로 진화했으며 전 세계에 걸쳐 수많은 도구, 라이브러리, 시스템, 애플리케이션의 네트워크를 지원하고 있다.

지금 우리는 리액트의 진화의 기로에 서 있다. 리액트 생태계의 앞에 중요한 업데이트와 변화가 예정되어 있기 때문이다.

이 책은 업계 표준과 모범 사례를 다루는 데 초점을 두고 있지만, 리액트를 둘러싼 환경의 변화에 관해 반드시 짚고 가야 한다고 생각한다. 그래서 이번 장에서는 이후 일어날 변화에 관해 소개하고자 한다. 이런 개발이 개발자로서의 여러분에게, 업계에게 어떤 의미를 갖는지 그리고 이들이 앞으로의 리액트 애플리케이션 디자인과 개발에 관한 우리의 사고 방식에 어떤 영향을 미칠지 살펴보고자 한다.

18.1 무엇이 달라지는가?

2024년 초 리액트의 핵심 팀 멤버인 앤드루 클라크_{Andrew Clark}는 X에 간결한 글을 포스팅했다. 2024년 말, 개발자들에게 친숙한 여러 리액트 API와 패턴들을 사용할 수 없게 되거나 상당히 달라질 것이라는 내용이었다.[1]

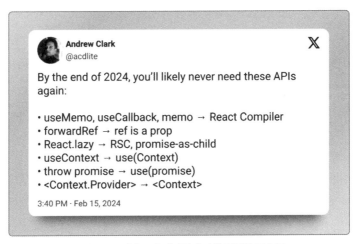

그림 18-1 **리액트의 변경점에 관해 언급한 포스트**

이 변경 사항들은 크게 세 가지 카테고리로 분류할 수 있다.

- 새로운 훅과 API
- 리액트 컴파일러
- 리액트 서버 컴포넌트

이번 장의 나머지 부분에서는 이 세 가지 카테고리에 관해 각각 살펴보자.

18.2 새로운 훅과 API

리액트의 훅과 API는 강건한 프레임워크를 제공하며, 이를 활용하면 함수형 컴포넌트 안에서 상태와 이펙트를 관리할 수 있다. 오늘날 리액트는 새로운 기능들을 도입했으며, 이는 우리가 리액트 컴포넌트를 구현하는 방법을 변경하고 개선한다. 새로운 훅과 API를 일일이 나열하는 대신 어떤 기

---

[1] https://x.com/acdlite/status/1758229889595977824

능들이 전통적으로 구현되었고 새로운 훅과 API들이 우리가 구현하는 방법(더 효율적이고, 가독성이 높고, 유지보수 가능한 코드를 구현하는 방법)을 바꾸는지에 관해 살펴볼 것이다

비동기 폼 제출

오늘날 우리가 웹 애플리케이션을 사용하는 방식의 많은 부분은 사용자 인증, 데이터 제출, e-커머스 트랜잭션, 피드백 수집, 검색 쿼리 등 다양한 목적으로 폼form을 사용하는 것을 포함한다. 그 결과 리액트 컴포넌트 개발은 매우 일반적으로 일종의 제출 폼을 만들고, 폼이 제출되었을 때 수행할 비동기 업데이트를 처리하는 과정을 포함한다. 이를 위해서는 로컬 상태 변경을 관리하고, 사용자 입력을 검증하고, 제출과 관련된 다양한 상태(로딩, 성공, 에러 상태 포함)를 처리하는 로직을 구현해야 한다.

> 이전 업무 환경에서 한 엔지니어링 관리자는 우리가 하는 작업의 90%가 사용자 데이터 캡처와 폼 제출에 집중되어 있다고 말하곤 했다. 이는 우리 프로젝트의 일상적이면서도 중요한 측면이었고, 이를 통해 효율적인 폼 관리의 중요성과 그 과정을 최적화하는 데 리액트가 강력한 역할을 수행한다는 사실이 명확하게 드러났다.
>
> — 하산 지르데

간단한 컴포넌트의 전통적인 예시를 따라가보자. 이 컴포넌트는 하나의 폼을 전송하고 폼이 제출되었을 때 비동기 업데이트를 처리한다. submitForm() 함수는 폼 전보를 서버에 전송하고 응답을 반환한다고 가정한다. 이 컴포넌트는 formState, isPending이라는 두 상태 속성을 관리하며 이를 통해 사용자들에게 폼 제출과 관련된 현재 상태를 전달하고, 해당 데이터가 처리되었는지, 제출이 성공적으로 완료되었는지 혹은 에러가 발생했는지에 관한 피드백을 제공한다.

비동기 폼 제출 처리를 위한 간단한 컴포넌트

```
import React, { useState, useCallback } from 'react'

const submitForm = async () => {/* 폼 제출 */}

export function Component() {
  // 폼 상태를 생성한다.
  const [formState, setFormState] = useState(null)
  const [isPending, setIsPending] = useState(false)

  // 폼 제출을 처리한다.
  const formAction = useCallback(async (event) => {
    // ...
```

```
  }, [])

  // 폼 템플릿을 표시한다.
  return (
    <form onSubmit={formAction}>
      {/* 폼 템플릿 */}
    </form>
  )
}
```

폼이 제출되면 컴포넌트 `formAction()` 메서드가 트리거되고 여기에서 대기 상태_{pending state}를 설정하고, 폼을 제출하고, 최종적으로 응답(혹은 에러)에 기반해 폼 상태를 업데이트할 수 있다.

폼이 제출되었을 때 상태 변경 처리하기

```
import React, { useState, useCallback } from "react";

const submitForm = async () => {
  /* 폼을 제출한다. */
};

export function Component() {
  // 폼 상태를 생성한다.
  const [formState, setFormState] = useState(null);
  const [isPending, setIsPending] = useState(false);

  // 폼 제출을 처리한다.
  const formAction = useCallback(async (event) => {
    event.preventDefault();
    setIsPending(true);
    try {
      const result = await submitForm();
      setFormState(result);
    } catch (error) {
      setFormState({
        message: "Failed to complete action",
      });
    }
    setIsPending(false);
  }, []);

  // 폼 템플릿을 표시한다.
  return (
    <form onSubmit={formAction}>
      {/* 폼 템플릿 */}
    </form>
```

```
  );
}
```

앞의 코드를 보고 기대한 대로 UI가 변경되면 이 UI 동작이 **전환**transition이라는 것을 이해할 수 있다. 즉, UI가 어떤 뷰에서 다른 뷰로 천천히 전환된다. 리액트는 최근 변경에 따라 전환에서 비동기 함수를 사용할 수 있으며, 여기에서 useTransition[2] 훅을 활용해 비동기로 데이터를 가져오는 동안 로딩 인디케이터나 플레이스홀더의 렌더링을 관리할 수 있다.

useTransition 훅을 활용할 때는 시간이 걸릴 수 있는 상태 업데이트에 표시를 할 수 있다. 이 설정을 사용하면 직접 대기/로딩 상태 속성을 직접 만들고 관리하지 않아도 된다. useTransition 훅이 전환 진행 여부를 나타내는 '대기' 플래그를 제공하기 때문이다.

useTransition 훅을 사용해 비동기 업데이트 처리하기

```
import { useState, useTransition } from "react";

const submitForm = async () => {
  /* 폼을 제출한다. */
};

export function Component() {
  const [formState, setFormState] = useState(null);
  const [isPending, startTransition] =
    useTransition();

  const formAction = (event) => {
    event.preventDefault();

    startTransition(async () => {
      try {
        const result = await submitForm();
        setFormState(result);
      } catch (error) {
        setFormState({
          message: "Failed to complete action",
        });
      }
    });
  };
```

---

[2] https://react.dev/reference/react/useTransition

```
  return (
    <form onSubmit={formAction}>
      {/* 폼 입력 */}

      {/* ... */}

      {isPending ? <h4>Pending...</h4> : null}
      {formState?.message && (
        <h4>{formState.message}</h4>
      )}
    </form>
  );
}
```

리액트의 최근 개선과 함께 전환의 개념이 일어났다. 비동기 전환을 사용하는 함수는 이제 **액션**
action이라 불린다. 몇 가지 최적화된 훅을 사용해서 액션을 관리할 수 있는데, 여기에서는 가장 먼
저 useActionState 훅에 관해 살펴보자.

useActionState 훅

useActionState 훅[3]은 리액트에서 새롭게 선보이는 훅이며, 이를 사용하면 폼 액션의 결과에 기반
해 상태를 업데이트할 수 있다. 이 훅은 3개의 매개변수를 받는다.

1. **하나의 액션 함수**: 이 함수는 폼 액션이 트리거되면 실행된다.
2. **하나의 초기 상태 객체**: 이 객체는 사용자 상호작용이 일어나기 이전의 시작 상태를 설정한다.
3. **(옵션) 하나의 영구 링크**: 이 링크는 이 폼이 수정할 고유한 페이지 URL을 가리킨다.

그리고 3개의 값을 하나의 튜플로 반환한다.

1. 폼의 현재 상태
2. 폼 액션을 트리거하는 하나의 함수
3. 액션의 대기 여부를 나타내는 하나의 불리언값

useActionState 훅 시그니처

```
import { useActionState } from "react";
```

---

[3] https://react.dev/reference/react/useActionState

```
export function Component() {
  const [state, dispatch, isPending] = useActionState(
    action,
    initialState,
    permalink,
  );

  // ...
}
```

`useActionState` 훅에 첫 번째 인자로 제공되는 `action` 함수는 폼 제출 시 활성화된다. 이 함수는 기대하는 폼 상태 전환 및 폼 제출 성공 혹은 에러로 인한 실패 여부를 결정한다. 이 함수는 2개의 매개변수(폼의 현재 상태, 액션이 시작될 때의 폼 데이터)를 받는다.

앞에서 논의했던 폼 예시를 다시 살펴보자. 여기에서는 대신 `submitForm()` 함수를 트리거하는 액션을 만들 수 있다. `submitForm()` 함수는 이어서 API 호출을 트리거 해서 폼 데이터를 서버로 전송한다. 액션이 성공하면 하나의 폼 상태 객체를 반환한다. 이 상태 객체는 폼의 다음 상태를 나타낸다. 액션이 실패하면 에러 상태를 나타내는 폼 상태 객체를 반환한다. 에러 상태는 에러 메시지 혹은 해당 이슈를 수정할 수 있는 사용자 가이드를 나타낼 수 있다.

폼 제출을 처리하는 액션 함수 만들기

```
import { useActionState } from "react";

const submitForm = async () => {
  /* 폼을 제출한다. */
};

const action = async (currentState, formData) => {
  try {
    const result = await submitForm(formData);
    return { message: result };
  } catch {
    return { message: "Failed to complete action" };
  }
};

export function Component() {
  const [state, dispatch, isPending] = useActionState(
    action,
    null
  );
```

```
    // ...
  }
```

앞의 예시와 같은 `useActionState` 훅 설정을 사용하면 이후 폼 state, dispatch, isPending 값을 폼 템플릿에서 사용할 수 있다.

<form> 액션

`<form>` 태그는 이제 action prop을 가지며 폼이 제출되었을 때 트리거되는 액션 함수를 받을 수 있다. 다음은 `dispatch` 함수를 `useActionState` 훅에 전달하는 예시이다.

dispatch를 <form> 액션 prop에 전달하기

```
import { useActionState } from "react";

const submitForm = async () => {
  /* 폼을 제출한다. */
};

const action = async (currentState, formData) => {
  try {
    const result = await submitForm(formData);

    return { message: result };
  } catch {
    return { message: "Failed to complete action" };
  }
};

export function Component() {
  const [state, dispatch, isPending] = useActionState(
    action,
    null
  );

  return (
    <form action={dispatch}>
      {/* ... */}
    </form>
  )
}
```

이제 폼 템플릿의 임의의 위치에서 `state`를 표시할 수 있고, 비동기 액션이 수행되고 있는 동안 사용자에게 전달할 `isPending` 값을 사용할 수 있다.

템플릿에서 폼 state와 isPending 상태를 표시하기

```
import { useActionState } from "react";

const submitForm = async () => {
  /* 폼을 제출한다. */
};

const action = async (currentState, formData) => {
  try {
    const result = await submitForm(formData);

    return { message: result };
  } catch {
    return { message: "Failed to complete action" };
  }
};

export function Component() {
  const [state, dispatch, isPending] = useActionState(
    action,
    null,
  );

  return (
    <form action={dispatch}>
      <input
        type="text"
        name="text"
        disabled={isPending}
      />

      <button type="submit" disabled={isPending}>
        Add Todo
      </button>

      {/*
        폼 제출이 성공 혹은 실패했을 때 전달할 폼 상태 메시지를 출력한다.
      */}
      {state.message && <h4>{state.message}</h4>}
    </form>
  );
}
```

와우! 리액트의 이런 새로운 변경으로 인해 이제는 더 이상 폼 안에서의 비동기 전환을 다룰 때 상태, 에러, 순차적인 요청 대기를 수동으로 처리하지 않아도 된다. `useActionState` 훅을 사용해 이 값들에 직접 접근하기만 하면 된다!

useFormStatus 훅

우리는 전통적으로 콘텍스트 API를 사용해 부모 컴포넌트로부터 상태 또는 데이터를 깊게 중첩된 자식 컴포넌트로 전파했다. 책의 전반부에서 봤듯이 이 방법은 여러 컴포넌트들이 props를 여러 수준에 수동으로 전달하지 않고 공유된 데이터에 접근해야 하는 상황에서 특히 유용하다.

하지만 리액트는 폼을 위해 새로운 `useFormStatus`[4] 훅을 제공하기 시작했다. 이 훅은 중첩된 컴포넌트 안에서의 폼 제출로부터 상태 정보에 접근할 수 있도록 특별히 디자인되었다. 이 훅은 콘텍스트 공급자와 비슷한 기능을 한다. 폼 안의 자식 컴포넌트가 제출 상태 데이터에 직접 접근할 수 있게 해준다.

useFormStatus 훅을 사용해 부포 폼 제출 상태에 접근하기

```
import { useFormStatus } from "react";

export function NestedComponent() {
  /* 마지막 폼 제출 정보에 접근한다. */
  const { pending, data, method, action } =
    useFormStatus();

  return (
    /* ... */
  )
}
```

`useFormStatus`는 반드시 컴포넌트 안에서 호출되어야 한다. 이 컴포넌트는 `<form>` 안에서 렌더링 되고 그 부모 `<form>`으로부터의 상태 정보만 반환한다. 콘텍스트 API를 사용해 여전히 폼 상태 및 다른 데이터를 자식에게 아래로 전달할 수 있지만, `useFormStatus`를 사용하면 직접 콘텍스트를 설정하지 않아도 되고 폼과 관련된 상태 관리를 직접적으로 간소화할 수 있다.

---

4 https://react.dev/reference/react-dom/hooks/useFormStatus

낙관적 업데이트

낙관적 업데이트optimistic update는 사용자 경험 향상 기법의 하나로, 비동기 조작과 UI 업데이트가 해당 조작의 실제 성공을 확인하기 전에 이미 성공한 것으로 가정한다. 리액트의 새로운 훅인 useOptimistic 훅[5]은 이 패턴을 촉진하며, 이를 사용하면 쉽게 낙관적 업데이트를 구현할 수 있다.

한 컴포넌트가 있다고 가정하자. 이 컴포넌트는 폼이 제출되면 비동기 호출을 한 뒤 상태 메시지를 업데이트한다.

폼 제출 이후 message prop을 업데이트하는 컴포넌트

```
import React, { useState } from "react";

export function Component({
  message,
  updateMessage,
}) {
  const [inputMessage, setInputMessage] =
    useState("");

  const submitForm = async (event) => {
    event.preventDefault();
    const newMessage = inputMessage;

    // API 제출이 해결되면 상태를 업데이트한다.
    const updatedMessage =
      await submitToAPI(newMessage);

    updateMessage(updatedMessage);
  };

  return (
    <form onSubmit={submitForm}>
      {/* 현재 메시지를 보여준다. */}
      <p>{message}</p>

      <input
        type="text"
        name="text"
        value={inputMessage}
        onChange={(e) =>
          setInputMessage(e.target.value)
        }
```

---

5   https://react.dev/reference/react/useOptimistic

```
      />
      <button type="submit">Add Message</button>
    </form>
  );
}
```

앞의 단순한 폼 예시에서, 제출을 누르는 순간 서버가 응답할 때까지 기다리지 않고 메시지 업데이트가 수락되었음을 사용자에게 시각적으로 확인하고 싶다고 가정해보자. 이럴 상황에서 useOptimistic 훅을 사용할 수 있다. 미리 가정하고 있는 성공 시의 결과를 UI에 즉시 반영할 수 있다.

비동기 폼 제출을 하는 동안 실시간으로 템플릿을 낙관적 업데이트하기

```
import React, {
  useState,
  useOptimistic,
} from "react";

export function Component({
  message,
  updateMessage,
}) {
  const [inputMessage, setInputMessage] =
    useState("");

  const [
    optimisticMessage,
    setOptimisticMessage,
  ] = useOptimistic(message);

  const submitForm = async (event) => {
    event.preventDefault();
    const newMessage = inputMessage;

    /* API 변경을 트리거하기 전에,
       낙관적으로 값을 설정한다. */
    setOptimisticMessage(newMessage);

    // API 제출이 해결되면 상태를 업데이트한다.
    const updatedMessage =
      await submitToAPI(newMessage);
    updateMessage(updatedMessage);
  };

  return (
```

```
    <form onSubmit={submitForm}>
      {/* 낙관적 값을 보여준다. */}
      <p>{optimisticMessage}</p>

      <input
        type="text"
        name="text"
        value={inputMessage}
        onChange={(e) =>
          setInputMessage(e.target.value)
        }
      />
      <button type="submit">Add Message</button>
    </form>
  );
}
```

앞의 예시에서 사용자가 "Add Message" 버튼을 클릭해 폼을 제출하면 submit() 함수가 트리거된다. API 요청을 시작해서 메시지를 업데이트하기 전에 폼 데이터에서 얻은 새로운 message 값을 전달해 setOptimisticMessage() 함수를 호출한다. 이는 낙관적 변경을 반영해 UI를 즉시 업데이트해 사용자에게 즉각적인 피드백을 제공한다.

업데이트가 종료되거나 에러가 발생하면 리액트는 자동으로 템플릿에서 사용된 optimisticMessage를 message prop의 값으로 바꾼다.

use API

새로운 리액트 API인 use[6]는 콘텍스트, 프로미스 같은 리소스로부터 값을 읽을 수 있는 다양한 방법을 제공한다.

이 책의 앞부분(7장)에서 리액트의 콘텍스트를 사용해 명시적으로 prop을 트리의 모든 계층에 전달하지 않고도 콘텍스트 사이에 값을 공유하는 방법에 관해 살펴봤다.

콘텍스트 API를 사용하는 많은 경우 콘텍스트 객체를 만들고 콘텍스트 공급자[7]를 사용해 컴포넌트를 감싸서 중첩된 모든 컴포넌트에서 이 데이터를 사용할 수 있게 하곤 했다. 리액트의 최근 변경을 통해 이제 <Context.Provider>를 사용하지 않고 <Context>를 직접 렌더링할 수 있게 됐다.

---

6   https://react.dev/reference/react/use
7   https://react.dev/reference/react/createContext#provider

리액트에서 콘텍스트를 사용해 데이터 전달하기(부모 컴포넌트)

```
import React, {
  useState,
  createContext,
} from "react";

// 콘텍스트를 생성한다.
const MessageContext = createContext();

function App() {
  const [message, setMessage] = useState(
    "Hello World!",
  );

  return (
  // 중첩된 컴포넌트들에게 상태를 제공한다.
    <MessageContext
      value={{ message, setMessage }}
    >
      <Child1>
        <Child2>
          <Child3>
            <DeeplyNestedChild />
          </Child3>
        </Child2>
      </Child1>
    </MessageContext>
  );
}
```

콘텍스트값을 읽기 위해 더 이상 useContext 훅을 사용할 필요가 없으며, 단순히 해당 콘텍스트를 use()에 전달하기만 하면 된다. use() 함수는 컴포넌트 트리를 따라 올라가면서 가장 가까운 콘텍스트 공급자를 찾는다.

use를 사용해 콘텍스트 읽기(자식 컴포넌트)

```
import { use } from "react";
import { MessageContext } from "./context";

function DeeplyNestedChild() {
  // 새로운 use() API를 사용해 데이터에 접근한다.
  const { message, setMessage } = use(
    MessageContext
  );
```

```
  return (
    <div>
      <h1>{message}</h1>
      <button
        onClick={() =>
          setMessage(
            "Hello from nested component!",
          )
        }
      >
        Change Message
      </button>
    </div>
  );
}
```

콘텍스트를 읽는 useContext 훅과 달리 use() 함수는 컴포넌트 안의 조건문이나 루프에서도 사용할 수 있다!

조건 안에서 콘텍스트 읽기(자식 컴포넌트)

```
import { use } from "react";
import { MessageContext } from "./context";

function DeeplyNestedChild() {
  // 새로운 use() API를 사용해서 데이터에 접근한다.
  const { message, setMessage } = use(
    MessageContext
  );

  return (
    <div>
      <h1>{message}</h1>
      <button
        onClick={() =>
          setMessage(
            "Hello from nested component!",
          )
        }
      >
        Change Message
      </button>
    </div>
  );
}
```

`use()` 함수는 Suspense 및 에러 경계와 매끄럽게 통합되어 프로미스를 읽을 수 있다. 여기에 관해서는 이어질 18.4절에서 자세히 살펴본다.

18.3 리액트 컴파일러

리액트 컴파일러 React Compiler[8]는 리액트 팀이 만든 실험적인 컴파일러로, **최적화 프로세스를 자동화함으로써** 리액트 애플리케이션 성능을 크게 개선하는 것을 목적으로 한다. 리액트 컴파일러의 도입은 패러다임의 이동을 의미한다. 성능 튜닝의 책임을 오롯이 개발자가 지는 게 아니라 프레임워크도 어느 정도는 진다는 것이다.

메모이제이션

선언적 모델declarative model[9]을 중심으로 사용자 인터페이스를 구축하는 리액트의 디자인은 UI 개발을 크게 변화시켰다. 컴포넌트 기반 아키텍처를 위한 DOM의 직접적인 조작을 추상화함으로써 개발자들은 UI를 일련의 명령적 업데이트가 아니라 상태의 반영으로 생각할 수 있게 되었다. 이 모델은 개발자들의 멘탈 모델, 특히 애플리케이션의 복잡성이 증가할 때의 멘탈 모델을 크게 단순화시켰다.

다음 예시를 살펴보자. API로부터 얻은 `todos` 리스트를 표시하는 전형적인 리액트 컴포넌트의 예시이다.

TodoList 리액트 컴포넌트

```
import React, {
  useState,
  useEffect,
} from "react";

const TodoList = () => {
  const [todos, setTodos] = useState([]);

  useEffect(() => {
    const fetchTodos = async () => {
      try {
        const response = await fetch(
```

---

8 https://react.dev/learn/react-compiler
9 https://react.dev/learn/reacting-to-input-with-state#how-declarative-ui-compares-to-imperative

```
        "https://dummyjson.com/todos",
      );
      const data = await response.json();
      setTodos(data.todos);
    } catch (error) {
      console.error(
        "Error fetching todos:",
        error,
      );
    }
  };

  fetchTodos();
}, []);

return (
  <div>
    <ul>
      {todos.map((todo) => (
        <li key={todo.id}>{todo.todo}</li>
      ))}
    </ul>
  </div>
);
};

export default TodoList;
```

리액트 함수 컴포넌트인 `TodoList` 컴포넌트는 API로부터 `todo` 아이템의 리스트를 가져와서 표시하게 디자인되었다. 이 컴포넌트는 `useState` 훅을 활용해 `todos`의 상태를 관리하고, `useEffect` 훅을 사용해 컴포넌트가 처음 마운트되었을 때 가져오기 동작을 수행한다. 리액트의 재렌더링 기능은 컴포넌트의 UI가 항상 현재 상태를 반영하는 것을 보장한다.

앞의 컴포넌트 예시는 단순하다. 하지만 리액트 애플리케이션이 확장되고 많은 데이터셋을 다루거나 무거운 계산을 수행하게 됨에 따라, 컴포넌트의 기본 렌더링 동작은 때로 성능 병목이 되기도 한다. 리액트의 렌더링 모델은 상태가 변경될 때마다 컴포넌트 하위 트리 전체를 재렌더링한다. 이는 소규모 컴포넌트와 데이터셋에서는 효율적이지만 보다 큰 데이터셋이나 복잡한 UI에서는 많은 비용을 초래할 수 있다.

최적화에 관해 더 깊이 살펴보기 전에 메모이제이션memoization에 관해 이해해야 한다. 메모이제이션[10]은 최적화 기법의 하나이다. 값비싼 함수 호출의 결과를 저장한 뒤 동일한 입력이 발생했을 때 캐시해 둔 결과를 반환함으로써 컴퓨터 프로그램의 속도를 높인다.

리액트의 콘텍스트에서 메모이제이션을 사용하면 복잡한 함수나 컴포넌트의 입력이 변경되지 않았을 때 캐싱함으로써 불필요한 계산과 재렌더링을 줄일 수 있다. 앞서 살펴봤던 `TodoList` 컴포넌트 예시의 경우, 메모이제이션을 통해 여러 부분에서 이득을 얻을 수 있다.

예를 들면 `useEffect`의 데이터 가져오기 함수는 `todos`를 처음 가져온 뒤, 데이터를 다시 가져와야 할 특별한 이유(예: 데이터 새로고침 등)가 없는 한 재실행할 필요가 없다. 이 효과는 `useEffect`의 빈 의존성 배열empty dependency array에 의해 본질적으로 '메모화memoized'되며 컴포넌트가 마운트된 뒤 한 번만 실행되는 것이 보장된다.

useEffect의 빈 의존성 배열

```
useEffect(() => {
  const fetchTodos = async () => {
    // ...
  };

  fetchTodos();
  /*
    빈 의존성 배열은 이 효과가 컴포넌트가 마운트된 뒤
    단 한 번만 실행되는 것을 보장한다.
  */
}, []);
```

아이템의 `todo` 리스트가 커짐에 따라 각 `todo` 아이템을 렌더링하는 것은 성능에 영향을 줄 수 있다. 리스트 아이템들이 보다 복잡한 렌더링 로직을 포함하는 경우에는 더욱 그렇다. 이런 상황에서는 `memo()`[11] 함수를 사용해서 부모 `TodoList` 컴포넌트가 재렌더링될 때가 아닌 각 `TodoItem` 컴포넌트의 속성이 변경되었을 때만 재렌더링되도록 보장할 수 있다.

React.memo를 사용해 컴포넌트 함수를 메모화하기

```
import React, {
  useState,
  useEffect,
```

---

10 https://ko.wikipedia.org/wiki/메모이제이션
11 https://react.dev/reference/react/memo

```
    memo,
} from "react";

const TodoItem = memo(({ todo }) => {
  return <li>{todo}</li>;
});

const TodoList = () => {
  // ...
  // ...

  return (
    <div>
      <ul>
        {todos.map((todo) => (
          <TodoItem
            key={todo.id}
            todo={todo.todo}
          />
        ))}
      </ul>
    </div>
  );
};

export default TodoList;
```

리액트의 memo 함수는 컴포넌트의 불필요한 재렌더링을 막기 위해 사용하는 한편, useMemo[12] 훅을 사용하면 컴포넌트는 안의 모든 계산된 값을 메모화할 수 있다. useMemo는 메모화된 값을 반환하며 그 값의 의존성에 변경이 있을 때만 값을 재계산한다. 예를 들면 TodoList 컴포넌트에서 완료한 todo의 숫자를 표시하고 싶다고 가정하자. 리스트가 늘어남에 따라 완료한 todo의 수를 계산하는 비용이 많이 든다면, useMemo 훅을 사용해서 todo에 실질적인 변화가 있을 때만 완료한 todo의 수를 재계산하도록 보장할 수 있다.

useMemo 훅을 사용해 컴포넌트값 메모화하기

```
import React, {
  useState,
  useEffect,
  useMemo,
```

---
12 https://react.dev/reference/react/useMemo

```
} from "react";

const TodoList = () => {
  const [todos, setTodos] = useState([]);

  // ...
  // ...

  const completedCount = useMemo(() => {
    return todos.filter(
      (todo) => todo.completed,
    ).length;
  }, [todos]);

  return (
    <div>
      {/* ... */}
      <div>
        Completed Todos: {completedCount}
      </div>
    </div>
  );
};

export default TodoList;
```

마지막으로 useMemo 훅이 컴포넌트 안의 계산된 값을 메모화하는 것과 마찬가지로, useCallback[13] 훅은 컴포넌트 안의 함수 참조를 메모화한다.

리액트 컴파일러를 사용한 자동 메모이제이션

역사적으로 리액트 개발자들은 React.memo, useMemo, useCallback을 사용해서 불필요한 재렌더링, 컴포넌트 안의 컴포넌트 및 값과 함수의 불필요한 계산을 방지했다. 이 기법들은 효과적이지만 무엇을 언제 메모화할지는 개발자가 직접 결정해야만 한다. 이 수동 프로세스는 시간이 들 뿐만 아니라 실수를 발생시킬 수 있고 이는 모두 애플리케이션의 성능을 저하시킬 수 있다.

이런 이유에서 리액트 컴파일러가 등장했다. 리액트 컴파일러는 '리액트의 규칙Rules of React'[14]을 이해하며, 고급 정적 분석을 활용해 컴포넌트와 리액트 애플리케이션의 훅 사이에 메모이제이션을

---

13 https://react.dev/reference/react/useCallback
14 https://react.dev/reference/rules

지능적으로 적용한다.

리액트 컴파일러의 가장 뛰어난 부분은 무엇을 메모화해야 하는지에 관한 의사 결정을 **자동화한다**는 점이다! 이는 우리의 짐을 덜어주고, 수작업에 의한 최적화와 관련된 휴먼 에러 발생 리스크와 오버헤드를 최소화한다. 최소한의 노력으로 최적화된 성능을 낼 수 있으며, 가장 큰 영향을 미치는 부분에 메모이제이션이 정밀하고 효율적으로 적용되는 것을 보장할 수 있다.

`TodoList` 컴포넌트 예시에서 이는 리액트 컴파일러가 메모이제이션 함수를 명시적으로 사용하지 않고도 `TodoItem` 자식 컴포넌트 혹은 `completedCount` 같은 계산된 값을 언제 업데이트해야 하는지 자동으로 결정할 수 있다는 의미이다.

TodoList에서 memo 및 userMemo 함수 제거하기

```
import React, {
  useState,
  useEffect,
} from "react";

// memo()가 필요하지 않다.
const TodoItem = ({ todo }) => {
  return <li>{todo}</li>;
};

const TodoList = () => {
  const [todos, setTodos] = useState([]);

  useEffect(() => {
    // ...
  }, []);

  // useMemo()가 필요하지 않다.
  const completedCount = todos.filter(
    (todo) => todo.completed,
  ).length;

  return (
    <div>
      <ul>
        {todos.map((todo) => (
          <TodoItem
            key={todo.id}
            todo={todo.todo}
          />
        ))}
```

```
      </ul>
      <div>
        Completed Todos: {completedCount}
      </div>
    </div>
  );
};


export default TodoList;
```

리액트 컴파일러는 컴포넌트가 상태 및 props를 사용하는 것을 분석함으로써 효과적으로 재렌더링을 최적화할 수 있다. 리액트 컴파일러는 todos에 대한 변화가 DOM의 특정한 부분에만 영향을 주는 것을 식별하고, 실제로 변경되는 todos의 부분에 의존하는 컴포넌트들만 재렌더링하도록 지능적으로 결정할 수 있다. 리액트 문서에서는 이를 종종 '세분화된 반응fine-grained reactivity'[15]이라 부른다.

외부 함수 메모이제이션

리액트 컴파일러는 컴포넌트 트리의 불필요한 재렌더링을 건너뜀으로써 리액트 컴포넌트 메모이제이션을 자동화할 뿐만 아니라, 컴포넌트 안에서 사용되는 값비싼 외부 함수의 메모이제이션도 해결한다. 예를 들면 앞의 TodoList 컴포넌트가 getPriorityTodos()라는 외부 함수에 의존한다고 가정해보자. getPriorityTodos() 함수는 몇 가지 기준에 따라 todos의 우선순위 리스트를 계산하고 반환하는, 계산적으로 값비싼 태스크를 수행한다.

TodoList에서 가상의 값비싼 함수 사용하기
```
import React from "react";

// 리액트 컴파일러는 함수 자체를 메모화하지는 않는다.
const getPriorityTodos = (todos) => {
  // ...
};

const TodoList = () => {
  // ...

  // 리액트 컴파일러는 함수 호출을 메모화한다.
  const priorityTodos = getPriorityTodos(items);
```

---

15 https://react.dev/learn/react-compiler#optimizing-re-renders

```
    return <div>{/* ... */}</div>;
};

export default TodoList;
```

리액트 컴파일러는 `TodoList` 컴포넌트 안에서의 `getPriorityTodos()` 호출을 메모화함으로써 (입력 변경에 따라) 필요할 때만 재렌더링한다.

이 최적화는 컴포넌트 안에서의 함수 사용과 특히 관련 있다는 것을 염두에 두자. 리액트 컴파일러는 `getPriorityTodos()` 호출은 메모화하지만 함수 그 자체는 메모화하지 않는다. 리액트 문서[16]에서는 여러 다른 컴포넌트들에서 하나의 값비싼 함수를 사용할 것으로 예상한다면, 해당 함수 자체에 대한 메모이제이션을 구현함으로써 특정한 사용 콘텍스트에 관계없이 전방위적 효율성을 보장하는 방법을 고려할 것을 안내하고 있다.

useEffect에서 사용되는 의존성 메모이제이션

이번 절 앞부분에서 `useEffect` 콘텍스트 안에서의 메모이제이션의 역할 및 사용하는 의존성에 관해 간략하게 논의했다. 전통적으로 `useEffect` 훅에서 사용되는 의존성들을 메모화하는 것은 해당 이펙트가 정말 필요할 때만 재실행되는 것으로 보장하는 데 도움이 되었다. 하지만 리액트 컴파일러는 `useEffect` 안에서의 의존성 자동 메모이제이션을 처리하지 않으므로 이 영역의 연구 및 개발은 현재 진행형이다.[17]

컴파일러의 핵심 가정

리액트 컴파일러는 리액트 애플리케이션을 자동으로 최적화하는 한편, 처리 대상 코드에 대한 몇 가지 핵심적인 가정[18]에 의존한다. 컴파일러의 능력을 최대한 활용하고 최적의 성능을 보장하기 위해서는 이 가정들을 이해하고 준수해야 한다.

유효한 시맨틱 자바스크립트

리액트 컴파일러는 컴파일러가 처리하는 코드가 유효하며, 시맨틱 자바스크립트 원칙sematic JavaScript principle을 따른다고 가정한다.

---

16 https://react.dev/learn/react-compiler#expensive-calculations-also-get-memoized
17 https://github.com/reactwg/react-compiler/discussions/5
18 https://react.dev/learn/react-compiler#what-does-the-compiler-assume

널러블 값의 안전한 처리

안정성을 보장하기 위해, 컴파일러는 자신들이 코드를 처리하기 전에 해당 코드가 널러블nullable 값과 옵셔널optional 값에 대한 안전 확인을 포함한다고 가정한다.

예를 들면 널러블/옵셔널에 대한 안전 확인은 다음 조건 확인을 통해 수행할 수 있다.

속성 존재 여부를 조건으로 확인하기

```
/*
  nullableProperty가 null 혹은 undefined가 아니면 'foo' 속성에 접근한다.
*/
if (object.nullableProperty) {
  return object.nullableProperty.foo
}
```

혹은 옵셔널 체이닝optional chaining을 사용할 수 있다.

옵셔널 체이닝을 사용해 속성에 안전하게 접근하기

```
/*
   옵셔널 체이닝을 사용해 'foo' 속성에 안전하게 접근한다.
*/
return object.nullableProperty?.foo
```

리액트/타입스크립트 설정에서는 strictNullChecks[19] 컴파일러 옵션을 활성화해 널러블 및 옵셔널 값을 안전하게 처리함을 보장할 수 있다.

리액트의 규칙을 따른다

리액트 컴파일러는 처리 대상 코드가 유효하고, 의미론적으로semantically 올바른 자바스크립트인 동시에 '리액트의 규칙'을 준수한다고 가정한다. 이 규칙들은 컴포넌트와 훅들이 예측대로, 유지보수 가능하게 작동하는 것을 보장하는 데 매우 중요하다. 그리고 컴파일러가 효과적으로 최적화를 수행하는 데 필수적이다.

컴파일러는 이 규칙을 위반한 코드를 만나면 코드가 컴파일되도록 강제하는 시도를 하지 않는다. 대신 안전하게 해당 컴포넌트나 훅의 처리를 건너뛰고 나머지 코드를 계속 컴파일한다.

---

19 https://www.typescriptlang.org/tsconfig/#strictNullChecks

이 규칙에는 컴포넌트와 훅이 리액트 안에서 의도된 디자인 패턴과 일관되게 사용되었음을 보장하는 것들이 포함되어 있다.

- 컴포넌트와 훅은 순수해야 한다.
- 컴포넌트는 멱등성idempotence을 가져야 한다.
- props와 상태는 불변하게 다뤄져야 한다.
- 훅은 '최상위 레벨' 및 '리액트 함수'에서만 호출되어야 한다.
- 기타 등등

이 원칙들을 구현하는 방법과 전체 규칙 리스트에 관해 더 자세히 알고 싶다면 '리액트의 규칙' 문서를 확인하자.

사용해보기

리액트 컴파일러는 현재 메타Meta의 프로덕션에서 사용하고 있기는 하지만, 컴파일러 자체는 아직 실험 단계에 있으며 폭넓게 도입될 만큼 안정적이지는 않다는 점을 강조해야 하겠다.

리액트 컴파일러를 공식 릴리스 이전에 경험해보고 싶은 분들을 위해 리액트 팀에서는 초기 설정에 도움을 줄 종합적인 가이드를 제공한다.

- React Compiler Getting Started[20]
- Successfully rolling out the compiler to your codebase[21]

리액트 컴파일러를 프로덕션 리액트 애플리케이션에 통합하는 데 관심이 있는 팀들은 리액트 컴파일러 워킹 그룹[22]에 합류함으로써 리액트 팀과 직접 협업할 수 있다. 마지막으로 컴파일러 사용에 관한 더 많은 정보를 알고 싶다면 핵심 리액트 팀 멤버들의 이야기를 확인해보자.

- Forget About Memo[23]
- React Compiler Deep Dive[24]

---

20 https://react.dev/learn/react-compiler#getting-started
21 https://github.com/reactwg/react-compiler/discussions/8
22 https://github.com/reactwg/react-compiler
23 https://www.youtube.com/watch?v=T8TZQ6k4SLE&t=12020s
24 https://www.youtube.com/watch?v=0ckOUBiuxVY&t=9313s

18.4 리액트 서버 컴포넌트

리액트 서버 컴포넌트는 리액트 생태계에서 가장 중요한 진보 중 하나로 이로 인해 어떤 개발자들은 리액트 웹 애플리케이션을 구현하는 방법 자체를 바꿨다. 브라우저에서만 독립적으로 실행되는 전통적인 리액트 컴포넌트와 달리, 리액트 서버 컴포넌트를 사용하면 서버 사이드 렌더링을 리액트 아키텍처에 매끄럽게 통합할 수 있다.

리액트 서버 컴포넌트에 관해 구체적으로 살펴보기 전에, 웹 애플리케이션의 전통적인 패러다임 중 하나인 서버 사이드 렌더링을 기본적으로 이해하자.

서버 사이드 렌더링

전통적으로 리액트 애플리케이션은 주로 클라이언트 렌더링을 활용했다. 막대한 로직과 컴포넌트 렌더링 처리가 사용자의 브라우저에서 이뤄졌다. 이 접근법은 강건한 상호작용성과 사용자 경험을 제공했지만 초기 로딩 시간과 성능을 희생하곤 했다.

한편, 서버 사이드 렌더링은 애플리케이션의 컴포넌트를 서버에서 처리하고, 완전히 형성한 HTML을 브라우저로 전송함으로써 초기 로딩 시간과 SEO 가시성을 개선하지만 때때로 상호작용성과 응답성을 희생해야 했다.

서버 사이드 렌더링이 작동하는 방식은 예시를 통해 가장 잘 설명할 수 있다. 여기에서는 한 블로그 애플리케이션, 즉 서버에서 렌더링되는 리액트 애플리케이션을 구축하는 간단한 예시를 통해 살펴보자. 이번 예시에서는 구체적으로 `/blog/:id` 페이지에 초점을 둘 것이다. 이 페이지는 한 블로그 포스트의 세부 정보와 본문 내용을 표시한다.

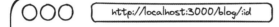

Lorem ipsum dolor sit amet, consectetur adipiscing elit, sed do
eiusmod tempor incididunt ut labore et dolore magna aliqua. Ut
enim ad minim veniam, quis nostrud exercitation ullamco laboris nisi
ut aliquip ex ea commodo consequat. Duis aute irure dolor in
reprehenderit in voluptate velit esse cillum dolore eu fugiat nulla
pariatur. Excepteur sint occaecat cupidatat non proident, sunt in
culpa qui officia deserunt mollit anim id est laborum.

Sed ut perspiciatis unde omnis iste natus error sit voluptatem
accusantium doloremque laudantium, totam rem aperiam, eaque ipsa
quae ab illo inventore veritatis et quasi architecto beatae vitae
dicta sunt explicabo.

그림 18-2 예시 블로그 포스트

사용자가 이 가상 블로그의 /blog/:id 페이지를 방문하면, 이 URL에 다음 패턴을 따라 요청이 발생한다.

1. **클라이언트(예: 브라우저)는 특정 페이지를 서버에 요청한다:** 이는 서버에 초기 콘텐츠를 꺼내도록 지시한다.

2. **서버는 초기 요청을 처리한다:** 페이지의 구조적 레이아웃을 꺼내고, 구조화된 HTML을 클라이언트에 전송한다. 서버는 페이지의 구조화된 레이아웃(콘텐츠를 제공하는 HTML 프레임워크 등)을 꺼내고, 아직 세부적인 블로그 포스트 데이터는 가져오지 않는다.

3. **클라이언트는 HTML을 받고, 페이지를 흡수하고, API 요청을 보내 데이터를 수집한다:** 초기 HTML을 처리한 뒤 리액트는 해당 컴포넌트를 클라이언트 사이드에 흡수한다. 흡수hydration란 브라우저가 서버에서 렌더링된 HTML을 받고 이벤트 핸들러와 다른 브라우저 전용 상호작용을 붙이는 처리이다. 그 뒤 클라이언트는 서버에 API 요청을 해서 URL의 ID를 사용해 블로그 포스트에 관한 실제 정보를 가져온다. 서버는 클라이언트에 요청된 데이터를 JSON 페이로드 형태로 보낸다. 이 데이터는 페이지를 완전히 표시하기 위해 필요한 정보를 모두 포함한다.

4. **클라이언트는 콘텐츠를 동적으로 렌더링한다**: API 요청으로부터 받은 데이터를 사용해 클라이언트는 동적으로 블로그 포스트 세부 사항을 담은 페이지의 콘텐츠 영역을 형성한다. 이 단계에서 리액트는 클라이언트 사이드 스크립팅과 렌더링을 사용한다.

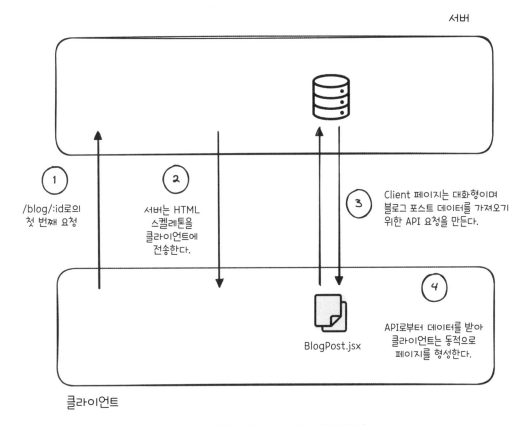

그림 18-3 서버 사이드 렌더링 흐름 다이어그램

몇 가지 세부 사항들은 생략했지만 앞서 설명한 요청 흐름 요약은 서버 사이드 렌더링 리액트 애플리케이션 안에서 클라이언트와 서버 사이의 상호작용의 중요한 단계들을 포함하고 있다.

서버는 HTML을 반환하지만, **그 뒤** 클라이언트가 API 요청을 **다시** 서버로 보내 데이터를 가져와야 한다는 것이 흥미롭지 않은가? **서버의 첫 응답**에 이 데이터를 가져올 수 있다면 보다 효율적이고, 프로세스를 간소화하고, 여러 요청을 보낼 필요가 줄어들 것이다.

Next.js는 전통적으로 이 중복된 라운드 트립을 getServerSideProps()[25]라는 함수를 사용해 피

---

25 https://nextjs.org/docs/pages/building-your-application/data-fetching/get-server-side-props

했다. getServerSideProps()는 서버 사이드에서 필요한 정보를 가져온 뒤 페이지를 렌더링함으로써 필요한 모든 정보들이 첫 번째 서버 응답에 포함되어 있는 것을 보장했다. 이는 렌더링 프로세스를 간소화하고 애플리케이션의 전반적인 성능을 향상하는 데 도움을 주었다.

Next.js 같은 서드파티 프레임워크가 제공하는 이런 뛰어난 기능이 아니었다면, 리액트 클라이언트는 데이터 가져오기와 렌더링을 별도로 처리해야 했을 것이다. 서버 사이드 데이터 가져오기를 직접적으로 컴포넌트 렌더링과 통합한 리액트 표준 방법이 있다면 멋지지 않겠는가? 이를 해결하고자 하는 것이 리액트 서버 컴포넌트이다.

리액트 서버 컴포넌트

리액트 서버 컴포넌트 React Server Components, RSC[26]는 리액트의 새로운 기능으로, 이를 활용하면 상태를 갖지 않는 리액트 컴포넌트를 만들 수 있다. 이 컴포넌트는 **서버에서 실행**된다. 이 컴포넌트는 리액트 아키텍처에 서버 사이드 프로세싱 능력을 가져다준다. 이를 활용하면 특정한 계산과 데이터 가져오기의 부담을 클라이언트에서 서버로 옮길 수 있다. 이는 클라이언트에 전달되는 코드양을 줄이고, 로딩 시간을 줄이며, 심지어 전체적인 애플리케이션 성능을 개선한다.

앞서 봤던 렌더링 사이클에서 서버는 구조화된 HTML을 보낼 분만 아니라, 블로그 포스트의 실제 콘텐츠를 서버 사이드에서 처리하고 렌더링한다. 결과적으로 데이터 가져오기와 컴포넌트 렌더링을 관리하는 방법이 조금 달라진다.

리액트 서버 컴포넌트를 활용한 서버 렌더링 리액트 애플리케이션인 경우, /blog/:id URL에 대한 요청은 다음과 같은 패턴을 따라 진행된다.

1. **클라이언트(예: 브라우저)는 특정 페이지를 서버에 요청한다**: 이는 서버에 초기 콘텐츠를 꺼내도록 지시한다(기존과 동일).

2. **서버는 리액트 서버 컴포넌트를 준비하고 제공한다**: 서버는 구조화된 HTML만을 보내는 대신, 리액트 서버 컴포넌트를 사용해 보다 복잡한 요소(데이터 가져오기 컴포넌트를 직접 포함)를 렌더링한다. 즉, 서버는 컴포넌트 수준의 로직을 실행하고, 필요한 데이터를 가져오고, 이를 직접 렌더링된 출력에 통합할 수 있다.

3. **클라이언트는 서버로부터 HTML과 관련된 데이터를 받는다**: 서버는 HTML 구조와 완전히 형성한

---

26 https://react.dev/reference/rsc/server-components

블로그 포스트 콘텐츠를 포함한 응답을 전송한다. 이 접근법 덕분에 클라이언트는 구조화된 HTML을 로딩한 뒤 블로그 콘텐츠를 가져오기 위해 별도의 API를 호출할 필요가 없다. 클라이언트는 서버의 응답을 받은 뒤 리액트 컴포넌트를 흡수한다.

4. **클라이언트는 최종 콘텐츠를 렌더링한다**: 클라이언트 사이드 리액트 애플리케이션은 초기 렌더링 이후 발생하는 사용자 상호작용과 모든 동적 변경을 처리한다. 예를 들면 사용자가 댓글을 게시하거나 페이지를 조작하면, 이 동작들은 클라이언트 사이드 업데이트를 트리거한다(기존과 동일).

앞에서 다뤘던 가상의 블로그 애플리케이션에서, `BlogPost.js`라는 이름의 리액트 서버 컴포넌트 코드는 다음과 같은 형태가 될 것이다.

BlogPost 서버 컴포넌트

```
import db from "./database";

// 리액트 서버 컴포넌트
async function BlogPost({ postId }) {
  // 데이터베이스에서 블로그 포스트 데이터를 로딩한다.
  const post = await db.posts.get(postId);

  return (
    <div>
      <h2>{post.title}</h2>
      <p>{post.summary}</p>
      <p>Written by {post.author}</p>
      <p>{post.content}</p>
    </div>
  );
}
```

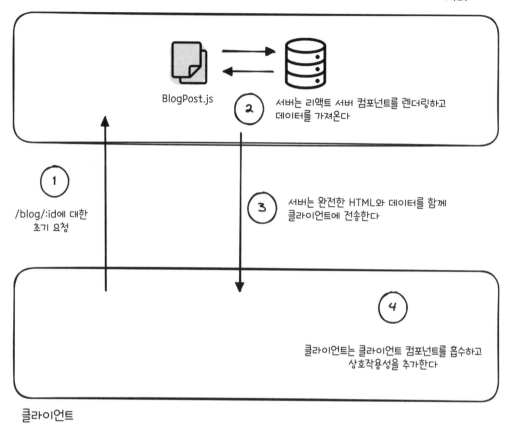

서버

BlogPost.js

② 서버는 리액트 서버 컴포넌트를 렌더링하고 데이터를 가져온다

① /blog/:id에 대한 초기 요청

③ 서버는 완전한 HTML와 데이터를 함께 클라이언트에 전송한다

④ 클라이언트는 클라이언트 컴포넌트를 흡수하고 상호작용성을 추가한다

클라이언트

그림 18-4 **리액트 서버 컴포넌트를 사용한 서버 사이드 렌더링 흐름의 다이어그램**

`BlogPost.js` 코드 스니핏에서 `BlogPost` 함수는 리액트 서버 컴포넌트로 정의되었다. 이 컴포넌트는 제공된 `postId`를 사용해 데이터베이스에서 블로그 포스트 데이터를 비동기로 가져온다. 포스트에 대한 데이터(`title`, `summary`, `author`, `content` 등)는 이후 `div` 요소 안에서 렌더링된다.

멋지지 않은가! 리액트 서버 컴포넌트를 사용하며 API 엔드포인트를 노출하거나 컴포넌트에 직접 데이터를 로딩하기 위한 로직을 클라이언트 사이드에 추가하지 않아도 된다. 모든 데이터 처리를 서버가 수행해준다.

리액트 서버 컴포넌트는 서버에서 배타적으로 실행되기 때문에 전통적인 클라이언트 컴포넌트와 비교해 그 동작에 다소 차이가 있다.

클라이언트 사이드 리액트 API에 접근할 수 없다

서버 컴포넌트는 브라우저가 아니라 서버에서 실행되므로 `useState` 같은 전통적인 리액트 컴포넌트 API를 사용할 수 없다. 리액트 서버 컴포넌트 설정에서 상호작용을 도입하려면 상호작용성을 다루는 클라이언트 컴포넌트를 활용해서 서버 컴포넌트를 보완해야 한다. 앞의 블로그 포스트 예시에 이어서 설명하자면 `Comment` 클라이언트 컴포넌트를 갖도록 할 수 있다. 이 컴포넌트는 몇 가지 상태와 상호작용성을 포함해 렌더링된다.

Comment 클라이언트 컴포넌트 목록을 렌더링하는 BlogPost

```
import db from "./database";

// 리액트 서버 컴포넌트
async function BlogPost({ postId }) {
  const post = await db.posts.get(postId);

  // 데이터베이스에서 포스트에 대한 댓글을 로딩한다.
  const comments =
    await db.comments.getByPostId(postId);

  return (
    <div>
      <h2>{post.title}</h2>
      <p>{post.summary}</p>
      <p>Written by {post.author}</p>
      <p>{post.content}</p>

      // Comment 클라이언트 컴포넌트 목록을 렌더링한다.
      <ul>
        {comments.map((comment) => (
          <li key={comment.id}>
            <Comment {...comment} />
          </li>
        ))}
      </ul>
    </div>
  );
}
```

댓글 기능을 포함하도록 `BlogPost` 서버 컴포넌트를 업데이트했으니 이제 사용자는 각 포스트에 관련된 상호작용을 볼 수 있다. 새로운 `Comment` 클라이언트 컴포넌트는 몇 가지 클라이언트 상태와 상호작용성을 포함할 수 있다.

Comment 클라이언트 컴포넌트

```
"use client";
import { useState } from 'react'

// 리액트 클라이언트 컴포넌트
export function Comment({ id, text }) {
  const [likes, setLikes] = useState(0);

  function handleLike() {
    setLikes(likes + 1);
  }

  return (
    <div>
      <p>{text}</p>
      <button onClick={handleLike}>
        Like ({likes})
      </button>
    </div>
  );
}
```

앞의 코드는 BlogPost를 서버 컴포넌트로 렌더링하면서 시작한다. 이어서 번들러를 구성해서 Comment 클라이언트 컴포넌트를 위한 번들을 조립한다. 브라우저 안에서 Comment 컴포넌트는 BlogPost 서버 컴포넌트의 출력을 props로 받는다.

Comment 컴포넌트 파일 맨 첫 부분에서 "use client" 선언을 한 점에 주목하자. 리액트 서버 컴포넌트를 사용할 때 "use client"[27]는 이 컴포넌트가 클라이언트 컴포넌트라는 것을 나타낸다. 즉, 이 컴포넌트는 상태를 관리할 수 있고, 사용자 상호작용을 처리할 수 있고, 브라우저에 특화된 API를 사용할 수 있음을 의미한다. 이 지시자는 명시적으로 리액트 프레임워크와 번들러에게 이 컴포넌트를 서버 컴포넌트(즉, 상태를 갖지 않고 서버에서 실행되는 컴포넌트)와 다르게 처리하라고 지시한다.

하지만 서버 컴포넌트는 기본이므로 "use server"[28]라는 지시자를 서버 컴포넌트 파일의 맨 윗부분에 기술하지 않는다. 대신 "use server" 지시자는 클라이언트 컴포넌트에서 호출될 수 있는 서버 사이드 함수를 표시할 때만 사용해야 한다. 이는 서버 액션이라 불린다(잠시 후 더 자세히 설명한다).

---

27 https://react.dev/reference/rsc/use-client
28 https://react.dev/reference/rsc/use-server

비동기 서버 컴포넌트

서버 컴포넌트는 **비동기**로 작동할 수 있으며 이를 활용해 데이터 가져오기, 계산 및 다른 태스크들을 서버 실행 중에 직접 수행할 수 있다. 이 접근법은 클라이언트에 콘텐츠가 보내지기 전에 복잡한 조작을 처리할 수 있어, 렌더링 프로세스를 최적화하고 웹 애플리케이션의 전체적인 성능을 최적화한다.

비동기 서버 컴포넌트는 데이터 가져오기, 처리 및 다른 비동기 태스크를 처리하는 비동기 함수를 정의함으로써 작동한다. 다음은 이런 내용을 구현하는 예시이다.

comments가 아닌 post 콘텐츠를 기다리기

```
import { Suspense } from "react";
import { Comments } from "./comment";
import db from "./database";

// 비동기 컴포넌트
async function BlogPost({ postId }) {
  // 여기에서 기다린다.
  const post = await db.posts.get(postId);

  // 여기에서는 기다리지 않는다.
  const comments = db.comments.getByPostId(postId);

  return (
    <div>
      <h2>{post.title}</h2>
      <p>{post.summary}</p>
      <p>Written by {post.author}</p>
      <p>{post.content}</p>
      <Suspense
        fallback={<p>Loading comments...</p>}
      >
        <Comments commentsPromise={comments} />
      </Suspense>
    </div>
  );
}
```

이 예시는 `await` 키워드를 사용해 메인 `post` 콘텐츠를 가져온다. 즉 서버 컴포넌트는 데이터베이스에서 데이터를 꺼낼 때까지 대기함으로써 블로그 포스트의 필수 요소(`title`, `summary`, `author`, `content` 등)를 완전히 로딩한 뒤 컴포넌트를 렌더링한다. 이 접근법은 초기 렌더링 이후 즉시 접근해야 하는 중요한 콘텐츠를 처리하는 데 핵심적이며, 지체 없이 완전하고 정보가 풍부한 포스트를 표시함으로써 사용자 경험을 개선한다.

한편 댓글 영역은 다르게 처리된다. await를 사용하지 않고 댓글 가져오기를 시작하기 때문에, 이 요청은 블로킹되지 않는다. 즉, 서버 컴포넌트는 댓글이 로딩되는 것을 기다리지 않고 렌더링 프로세스를 진행한다. 대신, 이 댓글들은 리액트 Suspense 컴포넌트에 의해 비동기로 가져오고 관리되며, 댓글이 표시되기 전까지는 대체 로딩 메시지가 표시된다.

comments의 콘텐츠는 서버에서 처리가 시작되지만 기다려지지는awaited 않으므로, 클라이언트에 비동기로 전달될 수 있다. 여기에서 리액트의 use() 함수가 등장한다. Comment 클라이언트 컴포넌트 안에서 use() 함수는 댓글의 비동기 로딩 관리의 중요한 역할을 한다. use(comments)를 사용하면 컴포넌트는 서버 컴포넌트에서 전달된 프로미스를 구독한다. 결과적으로 클라이언트 컴포넌트는 댓글을 사용할 수 있게 되는 순간 곧바로 댓글을 렌더링하며, 페이지의 나머지 부분에 대한 초기 렌더링은 블로킹되지 않는다.

use()를 사용해 프로미스 구독하기

```
"use client";
import { use } from "react";
import { Comment } from "./Comment";

// 리액트 클라이언트 컴포넌트
export function Comments({ commentsPromise }) {
  const comments = use(commentsPromise);

  return (
    <ul>
      {comments.map((comment) => (
        <li key={comment.id}>
          <Comment {...comment} />
        </li>
      ))}
    </ul>
  );
}
```

앞과 같이 설정하면 포스트 콘텐츠는 즉시 로딩되고 보여진다. 서버에서 포스트 콘텐츠를 대기하므로 첫 번째 렌더링 시 주요 정보를 사용할 수 있음을 보장한다. 한편 댓글은 비동기로 로딩되고 사용 가능하게 되었을 때 표시된다. 따라서 포스트 콘텐츠의 렌더링을 지연시키지 않는다. 이 패턴은 점진적 향상_{progressive enhancement} 원칙을 내포한다. 점진적 향상 원칙에서는 기본 콘텐츠 기능은 한 번에 제공하고, 추가적인 기능들은 점진적으로 제공한다.

서버 액션

서버 액션_{Server Action}[29]을 사용하면 클라이언트 컴포넌트가 서버 사이드 함수를 직접 호출하게 할 수 있다. 이를 활용하면 때때로 서버 사이드 처리와 클라이언트 사이드의 동적 응답성의 장점을 조합할 수 있다.

서버 액션은 서버 컴포넌트 안에서 `"use server"` 지시자를 사용해 정의할 수 있다. 앞의 블로그 포스트 예시에 서버 액션을 추가해 좋아요 기능을 처리해보자.

서버 컴포넌트 안에서 생성된 서버 액션

```
import { Comments } from "./Comments";
import db from "./database";

async function BlogPost({ postId }) {
  // ...

  // 서버 액션
  async function upvoteAction(commentId) {
    "use server";
    await db.comments.incrementVotes(
      commentId,
      1,
    );
  }

  return (
    <div>
      {/* ... */}

      {/* 서버 액션은 props로서 아래로 전달된다. */}
      <Comments
        commentsPromise={comments}
        upvoteAction={upvoteAction}
      />
    </div>
  );
}
```

---

29 https://react.dev/reference/rsc/server-actions

우리가 정의한 서버 액션은 props로서 아래로 전달되며 클라이언트 컴포넌트에서 사용할 수 있다. Comments 컴포넌트가 이 액션을 활용할 수 있도록 업데이트하자.

Comments 클라이언트 컴포넌트에서 사용된 서버 액션

```
"use client";
import { use } from "react";

export function Comments({
  commentsPromise,
  upvoteAction,
}) {
  const comments = use(commentsPromise);

  return (
    <ul>
      {comments.map((comment) => (
        <li key={comment.id}>
          {comment.text} (Votes: {comment.votes})
          <button onClick={upvoteAction}>
            Upvote
          </button>
        </li>
      ))}
    </ul>
  );
}
```

Comments 클라이언트 컴포넌트에서 직접 upvoteAction()을 각 댓글의 좋아요 버튼에 대한 onClick 핸들러로 사용했다. commentId는 버튼을 클릭했을 때 액션에 전달된다.

"Upvode" 버튼을 클릭하면 upvoteAction() 서버 액션이 호출되고, 서버 사이드 동작을 트리거 해서 특정 댓글의 좋아요 횟수를 증가시킨다. 이 프로세스는 전체 페이지 재로딩을 요구하지 않으며, 클라이언트 사이드 상호작용의 실시간 응답성과 데이터 무결성 및 서버 사이드 동작의 처리 능력을 결합한 매끄러운 사용자 경험을 제공한다.

서버 액션을 서버 컴포넌트에서 클라이언트 컴포넌트로 전달하는 것에 더해, 클라이언트 컴포넌트 또한 "use server" 지시자를 선언한 파일에서 직접 서버 액션을 임포트할 수 있다.

별도 파일에 정의된 서버 액션

```
"use server";
```

```
import db from "./database";

export async function upvoteAction(commentId) {
  await db.comments.incrementVotes(
    commentId,
    1,
  );
}

export async function downvoteAction(
  commentId,
) {
  await db.comments.incrementVotes(
    commentId,
    -1,
  );
}
```

리액트 서버 컴포넌트는 리액트를 사용한 구축의 미래인가?

앞에서 살펴봤듯 리액트 서버 컴포넌트는 리액트 개발의 지평을 바꾸었다. 리액트 서버 컴포넌트를 사용하면 서버 사이드 렌더링과 클라이언트 사이드 렌더링을 조합해 성능과 사용자 경험을 최적화할 수 있다. 리액트 서버 컴포넌트는 리액트 개발에 다음과 같이 여러 가지 이익을 가져다준다.

1. **성능 개선**: RSC는 복잡한 계산과 데이터 가져오기를 서버에 넘김으로써, 클라이언트에 전달할 자바스크립트의 양을 줄인다. 이는 빠른 초기 로딩 시간과 성능 개선을 가져오며, 특히 느린 연결이나 디바이스를 사용하는 사용자에게 효과가 있다.

2. **SEO 향상**: 서버 사이드 렌더링은 콘텐츠가 이미 검색 엔진에서 읽을 수 있는 상태임을 보장하므로 SEO를 향상하고 애플리케이션을 보다 잘 발견되게 만든다.

3. **데이터 가져오기 단순화**: RSC는 데이터 가져오기를 컴포넌트 렌더링 프로세스에 직접 통합하므로, 클라이언트는 별도의 API 호출을 할 필요가 없다. 이 간소화된 접근법은 클라이언트 사이드의 상태와 데이터 동기화를 관리하는 복잡성을 줄인다.

리액트 서버 컴포넌트는 컴포넌트 안에서 서버 코드를 실행하는 비교적 새로운 접근법임을 언급해야 하겠다. 이 패러다임 전환은 기회와 어려움을 함께 가져다준다. 클라이언트 사이드 리액트 개발에 익숙한 개발자라면 RSC를 충분히 활용하기 위해서는 멘탈 모델과 프랙티스를 바꿔야 할 것이다. 라이브러리와 도구들을 포함한 리액트 생태계는 RSC 기반 개발을 지원하고, RSC 기반 개발을 위해 최적화되어야 할 것이다. RSC가 보다 널리 도입됨에 따라 새로운 모범 사례와 패턴이 나타날 것이고, 우리가 리액트 애플리케이션을 구조화하고 구축하는 방법을 바꿀 것이다.

또한 현재 RSC를 사용하기 위해서는 호환되는 서버 및 클라이언트 환경이 필요하다. 즉, 특정 프레임워크에 의존해야 함을 의미한다. 상당한 시간 동안 Next.js만이 유일하게 RSC를 지원했으며 그 도입을 도와왔다. 하지만 리액트 19가 안정화에 들어가면서 다른 프레임워크들(RedwoodJS, Waku, Gatsby 등)도 RSC를 지원하기 시작했다. 앞으로 더 많은 프레임워크들이 RSC를 지원할 것이며, 개발자들의 선택지를 넓혀줄 것이라 기대한다.

이 시점에서 중요한 질문이 하나 떠오른다. RSC가 리액트를 사용한 구축의 미래인가? 늘 그렇듯, 상황에 따라 다르다.

리액트 서버 컴포넌트는 분명 리액트 개발에서 흥미로운 진화이지만 반드시 이것만 사용해야 하는 것은 아니다. 리액트는 여전히 클라이언트 애플리케이션에서도 강력한 유틸리티이며 독립적인 클라이언트 라이브러리로서 사용될 수 있다. 개발자들은 여전히 RSC를 도입할 필요 없이 리액트를 사용해 단일 페이지 애플리케이션을 만들거나 서버 사이드 렌더링 애플리케이션을 만들 수 있다.

리액트의 강점은 다양한 개발 접근법을 수용할 수 있는 다재다능함과 능력에 있다. 리액트는 라이브러리로서 애플리케이션 구축의 다양한 방법을 활성화하는 환상적인 일을 했다. 이 유연성을 보여주는 기본적인 예가 클래스 기반 컴포넌트에 대한 지원을 계속한다는 것이다. 2018년 함수형 컴포넌트와 훅의 확산에 따라 클래스 기반 컴포넌트는 대부분 구식이 되었지만 여전히 리액트는 지원하고 있다!

결론적으로 리액트 서버 컴포넌트는 강력한 이익을 제공하며 점점 확산될 것이지만 이들은 리액트 생태계에 추가된 또 하나의 도구일 뿐, 기존 패턴들을 반드시 대체해야 하는 것은 아니다. 리액트를 사용한 구축의 미래는 더 확산될 것이다. 개발자들은 그들의 프로젝트 요구사항에 맞는 최적의 접근 방법(RSC를 사용하든, 전통적인 클라이언트 사이드 렌더링을 사용하든, 하이브리드 접근법을 사용하든)을 찾을 것이다.

18.5 더 읽을 거리

- React Server Components[30]

- Server Actions[31]

- Understanding React Server Components[32]

- When to use Server and Client Components?[33]

- Making Sense of React Server Components[34]

- React Server Components: A comprehensive guide[35]

30 https://react.dev/reference/rsc/server-components
31 https://react.dev/reference/rsc/server-actions
32 https://vercel.com/blog/understanding-react-server-components
33 https://nextjs.org/docs/app/building-your-application/rendering/composition-patterns#when-to-use-server-and-client-components
34 https://www.joshwcomeau.com/react/server-components
35 https://blog.logrocket.com/react-server-components-comprehensive-guide

CHAPTER 19

맺음말

이제 이 책을 마무리하고자 한다. 마지막으로 하루가 다르게 변화하는 대규모 자바스크립트 리액트 애플리케이션 구축에 관해 무엇을 살펴봤는지 되새겨보자. 웹 개발은 항상 바뀌고 있다. 규모가 크면서도 유지보수하기 쉽고 매끄럽게 실행되는 앱을 구축하기란 쉬운 일이 아니다. 많은 생각을 하고 계획을 세워야 한다.

우리는 이 책에서 여러 가지 개념들을 다뤘으며, 각 개념들은 모두 대규모 애플리케이션을 구축하는데 대단히 중요하다. 그중에서도 우리는 데이터 가져오기, 애플리케이션의 클라이언트 사이드 상태 관리하기, 코드가 전 세계를 대상으로 작동하게 만들기, 테스팅과 올바른 도구 사용하기에 관해 논의했다.

대규모 리액트 애플리케이션을 구축하는 여정을 걸을 때는 많은 것을 고려해야 한다. 고려해야 할 몇 가지 포인트를 생각해보자.

시작하기

여러분의 애플리케이션이 달성하고자 하는 것은 무엇인지 생각하라. 그리고 첫 번째 코드를 작성하기 위한 접근법에 관한 첫 번째 측면에 관해 생각하라.

- 이 애플리케이션이 의도한 사용자는 누구인가?
- 이 애플리케이션에 반드시 있어야 하는 기능은 무엇인가?

- 이 애플리케이션이 사용자를 위해 해결해야 할 문제는 무엇인가?
- 사용자 인터페이스와 경험을 어떻게 대상 사용자에게 제공하는가?
- 애플리케이션의 첫 번째 릴리스 범위와 장기적인 비전은 무엇인가?

이 질문에 답하는 것은 단순한 사전 준비에 그치지 않는다. 이는 이후의 모든 작업의 기반이 된다. 개념화의 조기 단계는 애플리케이션 디자인, 기능, 사용자 경험에 관한 토대를 마련하는 위치이다.

코드 조직화하기

코드를 조직화할 때는 가독성, 유지보수성, 확장성을 향상하는 것뿐만 아니라 팀 스타일에 잘 맞추는 것을 고려하라. 애플리케이션을 모듈화된 컴포넌트로 나누고, 명확하고 논리적인 디렉터리 레이아웃을 설정하고, 모두가 합의한 명명 규칙을 준수하는 것들을 포함할 수 있다.

코딩 스타일을 확립하고 준수하는 것도 중요하다. 이 가이드는 모범 사례, 코딩 규칙, 여러분의 팀이 합의한 패턴들을 포함한다.

타입 안전성

여러분과 여러분의 팀이 모든 개발 코드에 타입스크립트를 사용할 것인가? 타입스크립트를 사용하기 위해서는 몇 가지 추가적인 설정이 필요하다. 하지만 타입 안전한 코드를 갖게 되었을 때의 장기적인 이점에 관해 생각하라.

데이터 가져오기

여러분의 리액트 애플리케이션이 그 데이터를 어떻게 가져올 것인지에 관해 생각하라. 하나 혹은 여러 API와 연결하는가? 어떤 형태의 API(RESTful, GraphQL, 혹은 다른 어떤 것)인가?

데이터 가져오기 유틸리티의 복잡성은 많은 영향을 미치므로 견고한 기반을 만드는 것이 필수적이다. 처음부터 올바른 라이브러리와 패턴을 선택하고 데이터 가져오기와 관련된 캐싱 전략, 에러 핸들링, 상태 관리에 관한 측면들을 고려하라.

라우팅

대규모 리액트 애플리케이션을 구축할 때 내비게이션과 URL 관리 처리 방법에 관해 고려할 것이다. 리액트 라우터와 같은 라이브러리를 사용할 것인가, 혹은 Next.js 같은 프레임워크의 라우팅 기능을 활용할 것인가?

여러분이 선택한 라우팅 전략이 코드 분할, 지연 로딩, 애플리케이션의 전체 성능에 어떤 영향을 미칠 것인지 생각하라. 또한 여러분이 선택한 라우팅 해결책이 동적 라우트, 중첩된 라우트, 라우트 기반 코드 분할을 어떻게 처리해서 사용자 경험과 애플리케이션 로딩 시간을 최적화할지 생각하라.

모던 프레임워크와 서버 컴포넌트 활용하기

Next.js와 같은 완전한 기능을 갖춘(서버 사이드 렌더링, 정적 사이트 생성, API 라우트를 기본 제공함) 프레임워크 사용을 고려할 수도 있다. Next.js 버전 13 이후부터 리액트 서버 컴포넌트가 도입되었다. 이를 사용하면 서버에서 컴포넌트를 렌더링할 수 있으며, 이를 통해 클라이언트에 보내는 자바스크립트를 줄이고 성능을 개선할 수 있다.

애플리케이션 아키텍처를 계획할 때는 이 고급 기능들이 여러분의 프로젝트에 필요한지, 애플리케이션 성능과 개발자 경험에 이익을 가져다줄 것인지 고려하라.

클라이언트 사이드 상태 관리하기

여러분은 애플리케이션의 클라이언트 사이드 상태를 어떻게 다룰 것인가? 데이터 가져오기 라이브러리의 캐싱에 의존할 것인가, 아니면 리덕스 같은 보다 강력한 무엇인가가 필요한가?

추가적으로 `useReducer`, `useContext` 같은 네이티브 리액트 훅의 강력함도 고려하라. 이 훅들이 제공하는 단순하지만 효과적인 방법을 활용해 상태를 관리할 수 있다. 리덕스가 제공하는 대규모 해결책이 필요하지 않은 시나리오에서 특히 적합하다.

디자인 시스템과 컴포넌트 라이브러리

제품 및 디자인팀과 밀접하게 협업할 때는 애플리케이션의 시각적, 기능적 일관성을 정렬align하는 것이 매우 중요하다. 내부 컴포넌트 라이브러리나 디자인 시스템을 가지고 있는가? 그렇지 않다면 서드파티 라이브러리, CSS 프레임워크 등의 사용도 고려하라. 이들은 가치 있는 시작점을 제공하며 이를 활용하면 개발 (및 디자인) 프로세스를 간소화할 수 있다.

국제화/접근성

애플리케이션의 사용자는 누구인가? 글로벌로 애플리케이션을 제공한다면, 시작할 때부터 국제화를 고려해야만 한다.

성능

애플리케이션의 성능을 어떻게 측정하고 추적하겠는가? Lighthouse 같은 도구를 사용하는가, 시간에 따라 이 지표들을 어떻게 측정하겠는가?

테스팅

어떤 테스팅 계획을 갖고 있는가? 단위 테스트와 엔드-투-엔드 테스트를 조합한, 통합 테스트에 초점을 두는가? 이를 위해 어떤 테스팅 도구를 사용하는가?

사용자 행동 이해하기

사용자 행동과 선호도에 대한 통찰을 어떻게 얻을 것인가? 사용자 설정 추적, 개인화 혹은 A/B 테스트를 수행할 계획이 있는가?

위 사항은 여러분의 사용자가 어떤 기능을 사랑하는지, 어떤 기능에 노력을 투입해야 하는지 확인하는 데 매우 중요하다.

애플리케이션 제공하기

마지막으로 여러분은 코드를 사용자에게 어떤 방법으로 제공할 것인가? 코드를 병합하고 리뷰하기 위해 여러분의 팀은 어떤 프랙티스를 따를 것인가? 개발 전략은 조기에 확립하는 것이 중요하다. 이는 개발 프로세스의 매끄러운 실행에 큰 차이를 만들 수 있기 때문이다.

앞서 언급한 내용은 모두 단지 시작점에 지나지 않는다는 것을 기억하라. 여러분이 갖고 있는 고유한 어려움, 그리고 팀의 역동성이 조합될 때 마법이 일어난다. 리액트 개발에서 모든 곳에 사용할 수 있는 단일한 해결책은 존재하지 않는다. 프로젝트 규모가 클수록 더욱 그렇다. 앞에서 나눈 질문들을 항상 염두에 두라. 새로운 아이디어에 개방되어 있으라. 학습이 이뤄지면서 여러분의 전략을 수정하는 것을 두려워하지 말라.

더 읽을 거리

- Designing very large (JavaScript) applications[1]

- Examples of large production-grade, open-source React apps[2]

- Twitter Lite and High Performance React Progressive Web Apps at Scale[3]

- Lessons learned: how I'd rebuild a social web app like Twitter today[4]

- How to Organize a Large React Application and Make It Scale[5]

---

1   https://www.youtube.com/watch?v=z4mRkhhHdWo
2   https://maxrozen.com/examples-of-large-production-grade-open-source-react-apps
3   https://medium.com/@paularmstrong/d28a00e780a3
4   https://paularmstrong.dev/blog/2022/11/28/lessons-learned-how-i-would-rebuild-twitter-today/
5   https://www.sitepoint.com/organize-large-react-application/

찾아보기